GNOSTIKA GNOSTIKA GNOSTIKA

ZEITSCHRIFT FÜR SYMBOLSYSTEME

JG. 28 · GNOSTIKA 70 · JAHRGANGSBAND 2024 · 978-3-937592-56-5

Druck: Libri Plureos GmbH, Friedensallee 273, 22763 Hamburg

IMPRESSUM

GNOSTIKA – Die Zeitschrift für Symbolsysteme – wird herausgegeben vom Archiv für Altes Gedankengut und Wissen. Herausgeber: Dr. Wolfram Frietsch unter Mitarbeit von Dr. H. T. Hakl. Soweit nicht anders angegeben, liegen die Übersetzungsrechte der Artikel bei AAGW. Die Inhalte geben nicht notwendigerweise die Meinung der Herausgeber wieder und liegen in der Verantwortung des jeweiligen Verfassers. GNOSTIKA ist derzeit als Jahrgangsband erhältlich. Alle Nummern und Informationen siehe: www.

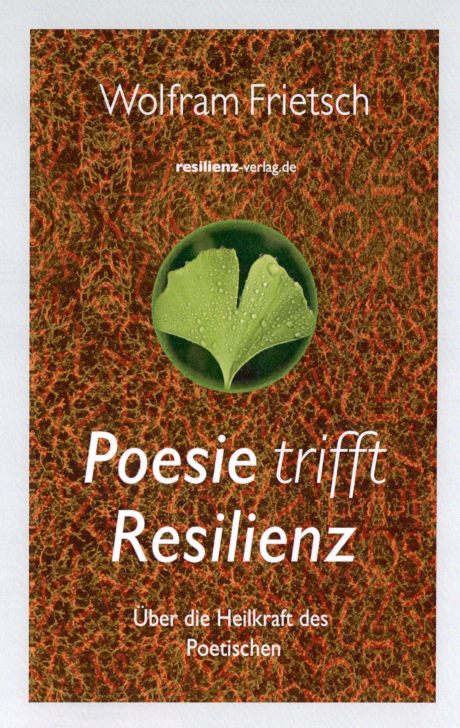

Wolfram Frietsch

resilienz-verlag.de

Poesie *trifft* Resilienz

Über die Heilkraft des Poetischen

192 Seiten / 978-3-911069-069 / Bestellen bitte über: www.resilienz-verlag.de

Editio

Selbstsuche ist eines der zentralen Schlagworte der 80er-Jahre, das sich danach jahrzehntelang als programmatischer Leitfaden durch eine Kultur ziehen sollte, die sich als Eso-, New Age- oder Alternativkultur definierte. Voller Optimismus wurde mit Erleuchtung, Satori oder Allbewusstsein gehandelt, die mittels Meditation, Workshops, Seminaren, Lebensstil oder zeitweiligem Rückzug aus der Welt der Erscheinungen ihrer Verwirklichung harrten. Man erhoffte sich eine Welt des inneren Friedens, der Befreiung, der Einheit, eine Welt, in der Objekt und Subjekt verschmelzen, in der sich das Licht der Sonne und des Mondes in einem Kelch der Güte und Liebe vereinen.

Angesichts der aktuellen Weltlage kann nach 40 Jahren diagnostiziert werden, dass das Programm der Selbstsuche gescheitert ist. Gescheitert ist der Aufbruch in eine neue Zeit, die all das verhieß, was an Hoffnung im eigenen Innern liegt, damit sich von dort aus das Vertrauen in sich selbst Bahn brechen konnte. Die Gebete für den Weltfrieden, die Lichterketten, die Meditationen, die eigene Suche, die doch ein Finden ist, all das hoffnungsvolle, vor Optimismus und Zuversicht strotzende, sich gegen Widerstände behauptende Programm liegt heute darnieder, unfähig, den letzten Atemzug auszuhauchen. Anfortas wartet auf Parsifal, der die entscheidende Frage an den Oheim richten soll. „We are the world", ist das die Frage?

Die Globalisierung des Bewusstseins ist vorbei. Die Lokalisierung hat sich wieder durchgesetzt. Glaubenskriege, die davon leben, dass geglaubt wird, dass Kriege geführt werden müssen, um endlich eine Endlösung zu finden, sind eine dunkle Chimäre, die nur von der Hoffnung auf ihre Überwindung am Leben gehalten wird. Aber Luke

Skywalker ist alt geworden, *Matrix* hat eine bedeutungslose vierte Staffel erhalten, Indiana Jones muss animiert werden, Lichtgestalten sind Fußballer, Helden sind nur noch die, die andere unterdrücken. Zurückhaltung ist wieder Schwäche geworden. Wer zuerst bremst, hat verloren.

Eine Welt der Bedrohung? Nein. Eine Welt der Finsternis? Auch nicht. Es ist, wie es ist. Machen wir das Beste daraus? Nein, auch das nicht. Die Gründe liegen auf der Hand. Das Beste, das war bereits. Was also dann?

Der faustische Drang nach Wissen, dem die Weisheit folgen soll, ist ebenso zur Allegorie der Ohnmacht geworden wie die Suche nach der verlorenen Zeit, die in ihren Epiphanien Wege verspricht, die keiner gehen will. Warum sollte man auch jahrelang im Bett liegen, um ein Werk zu schreiben, wenn es eine KI in Sekundenschnelle erledigen kann? Ein flüchtiger (oder flüchtender?) Blick genügt, um etwas zu identifizieren. Aber dieses Etwas besteht nicht mehr darin, den Code innerer Befreiung zu entschlüsseln, sondern darin, diesen Code zu meiden. Warum soll ich mir selbst vertrauen, wenn ich in der Abwechslung lebe?

Die Mission der Selbstsuche ist gescheitert. Jämmerlich gescheitert, weil vor lauter Innenschau unbemerkt das Außen die Oberhand gewann. Ein Außen, das es zu vermeiden galt, denn die Werte, die heute verkündet werden, sind nicht selbstloser Ausdruck einer nach Reinheit strebenden Menschheit, sondern das genaue Gegenteil. Vielleicht wäre ein Räucherstäbchen weniger und ein Blick mehr auf die Welt da draußen, wohin der Rauch sich verzieht, sinnvoller gewesen?

Was hätte man dann gesehen? Eine Welt, die so vielschichtig ist, dass sie keiner verborgenen Seiten bedarf. Das Angebot an Möglichkeiten liegt bereit für den, der es nutzen will. In der Tat, die gezielte Selbstkasteiung im Sinne einer Reduktion von Interessen, um das große Ziel zu erreichen, ist vorbei. Inzwischen hat sich das, was die Esoteriker aller Länder vereinte, als Chimäre erwiesen, als fast sinnlose Reduktion des Möglichen. Während die Fülle, das Pleroma, sich aufdrängte, hatte man sich für die Abkehr entschieden.

Doch die Welt ist rätselhaft und geheimnisvoll genug. Sie braucht kein weiteres Mysterium.

Esoterische Praktiken gibt es. Ob ich sie nutze oder nicht, ist mir überlassen. Dass man sich heute nicht mehr auf diese Aura des Verborgenen abstimmt, scheint offensichtlich. Wenn überhaupt, dann tut man es öffentlich.

Nur, in Tik-Tok-Videos oder auf Instagram, da, wo die Welt zu Hause zu sein scheint, da ist keine Minute an Ruhe oder Besinnung möglich. Hier geht es darum, Klicks zu akquirieren, Follower zu generieren, sich in Szene zu setzen. Dass dahinter ein Arbeitsprozess steht, der seinesgleichen sucht, sei nur ganz am Rande erwähnt. Die Suche nach sich selbst ist deshalb tot, weil sie keinen Raum mehr hat. Der Optimismus, dass eine reflektierte Kultur eine neue Welt schafft, ist von der Weltlage und der Medienkultur erstickt worden. Wenn also die leisen Töne nicht mehr gehört werden ... Warum nicht die Stimme erheben und tun, was notwendig ist? Der Mensch ist mehr als Klicks und Produktplatzierung. In diesem Sinne ist die Selbstsuche zwar gestorben, aber aus ihrer Asche kann auferstehen, was immer dahinter stand: der Mensch.

Wer kümmert sich um den Menschen in seiner Komplexität? Um seine Tiefen, seine Gedanken, seine Ängste, seine Hoffnungen, seinen Optimismus und sein Vertrauen? Wenn etwas erreicht werden soll, dann ist es einmal mehr der Mensch, der lebt.

Das Leitthema dieser *Gnostika* lautet: *Theosophia revelata* – die offenbarte oder aufgedeckte Theosophie. Der Ausspruch stammt von Jakob Böhme, einem Esoteriker, der keiner sein wollte, weil er so schrieb, wie es ihm aufgetragen war, menschlich wahrhaftig. Damit ist die Suche nach sich selbst zu Ende, und das Zeitalter des Menschseins dämmert herauf. Jetzt heißt es aufstehen und mitmachen, um dem Unmenschlichen zu widerstehen, aus der absichtslosen Meditation herauszutreten und für das Menschliche einzustehen. Menschsein ist Hoffnung.

Poesie trifft Resilienz / Über die Heilkraft des Poetischen.
Der Autor zeigt an über 100 Gedichten erstmals Resilienzstrategien in der Poesie auf, die für das eigene Leben nutzbar
gemacht werden können. Mit anderen Worten: Die Beschäftigung mit Resilienz und Poesie fördert ein tieferes Verständnis des Lebens ...

192 S. / Pb / Mit einem Vorwort / 9783-911069-069 / Auch eBook

**Das Resilienzbuch der Literatur / Wie Resilienz-Strate-
gien in Romanen, Erzählungen oder Gedichten gefunden
und praktisch genutzt werden können.** In 18 Romanen der
Literatur macht der Autor Resilienzstrategien sichtbar, die
einen völlig neuen Zugang zu den Texten und zur Literatur
überhaupt eröffnen ...

224 S. / Pb / Vorwort / Einführung / 9783-911069-007 / eBook

Resilienz und Literatur. Mit diesem Buch lege ich die me-
thodisch-theoretischen Grundlagen dar, Resilienz und Literatur zu verbinden. Mein Thema ist es, ein anderes Textver-
ständnis zu ermöglichen, mit der Öffnung des Textes hin zur
Lebenswelt und zum Diskurs der Resilienzforschung, ohne
dass der Text von seiner Eigenart entfremdet wird ...

248 S. / Pb / Mit einem Vorwort / 9783-911069-0 / Auch eBook

Jean-Jacques Rousseau: *Einsame Spaziergänge.* Seine
„einsamen Spaziergänge" der späteren Lebensjahre seien für
ihn das Bedeutsamste ..., schrieb Rousseau. Sie sind in scho-
nungsloser Offenheit geschrieben. Hier geht es um Schick-
salsschläge und Widerstände. Rousseaus Worte ermutigen,
eigene Herausforderungen anzugehen ...

186 Seiten / Pb / Mit Illustrationen / Vorwort / 9783-911069-021

Wolfram Frietsch mit 4 Titeln zu 1 Thema: Resilienz und Literatur / www.resilienz-verlag.de

KÜNSTLICHE
INTELLIGENZ
UND RELIGIONS-
WISSENSCHAFT

https://de.freepik.com/fotos-kostenlos/die-gruene-waldstatue-symbolisiert-von-ki-erzeug
te-spiritualitaet-und-religion_47198298.htm

KI

Paradigmenwechsel oder Technologie mit Grenzen? Zahlreiche Mythen rund um die generative künstliche Intelligenz haben sich auch im Hochschulbereich breit gemacht und teilweise religiöse Züge angenommen: von der Warnung vor KI als größter Bedrohung der Menschheit bis hin zur KI als „Erlöserfigur" für alle vom Menschen verursachten Probleme. Nun hat das EUROPÄISCHE PARLAMENT im Dezember 2023 den Entwurf für das **erste Gesetz zur Regulierung des Einsatzes von Künstlicher Intelligenz** (KI) veröffentlicht. Das Dokument klassifiziert Bedrohungen durch KI-Systeme in drei Stufen: „inakzeptables Risiko", „hohes Risiko" und „minimales Risiko". Als „inakzeptabel" stuft die EU die kognitive Manipulation des Verhaltens bestimmter schutzbedürftiger Personen oder Gruppen, die Klassifizierung von

Personen aufgrund ihres Verhaltens, ihres sozioökonomischen Status oder ihrer persönlichen Merkmale sowie biometrische Echtzeit- und Fernidentifizierungssysteme ein. Darüber hinaus werden KI-Systeme, die sich negativ auf die Sicherheit oder die Grundrechte von Personen auswirken können, als „hochriskant" eingestuft. Der Europäische Forschungsrat hat seit 2007 zwei Milliarden Euro in die KI-Forschung investiert. Fast über Nacht sind KI-basierte Technologien Teil unseres digitalen Alltags geworden. Doch welche Chancen und Risiken birgt die generative KI in den Humanwissenschaften, denn erstmals wurden auch diesen Forschungsfeldern Gelder reserviert?

- Auf welche Weise werden generative KIs in der Religionsgeschichte eingesetzt?
- Bedeutet der Einsatz von KI zwangsläufig einen Fortschritt bei der Auswahl von Themen für die Religionsgeschichte?
- Könnte KI einen Interpretationsrahmen schaffen, der neue hermeneutische Horizonte eröffnet?
- Gibt es deontologische Risiken bei der Verwendung generativer KI-Tools, zusätzlich zu beispielsweise Plagiaten oder der unbemerkten Erstellung von Inhalten durch Chatbots?

Das jährliche Onlinemagazin *Civiltà e Religioni* (Zivilisationen und Religionen, ISSN 2421-3152) plant für 2025 ein *Sonderheft* zu diesen Fragen und bittet interessierte Wissenschaftler Titel, Abstract und Manuskript bis zum 5. Mai 2025 an den Gastherausgeber PROF. ANTÓN ALVAR NUÑO: anton.alvar@ uma.es zu senden.

    Die RUHR UNIVERSITÄT BOCHUM nutzt die KI-Ausschüttungen, die erstmals auch den Humanwissenschaften zugeteilt werden, und bietet eine Konferenz an: *Words in Numbers / Datengestützte Ansätze für Texte in den Geistes- und Sozialwissenschaften* vom 27./28. März 2025 – auf dem Gelände vom ZukunftsZentrumZollverein Essen. Die Tagung zu Methoden quantitativer Textanalyse richtet sich explizit auch an Forschende aus der Religionswissenschaft. Hier stehen datenwissenschaftliche Methoden in Disziplinen wie Theologie, Religionswissenschaften, Geschichtswissenschaften, Sprachwissenschaften, Sozialwissenschaften und Rechtswissenschaften im

Vordergrund und es gilt, den Umgang mit methodischen Herausforderungen zu diskutieren. Genaues dazu: https://methoden.ruhr-uni-bochum.de/media/call-for-papers_words-in-numbers.pdf.

In einem Interview fasst der Religionssoziologe ROBERTO CIPRIANI (Universität Roma III) eine aktuelle **Studie zur Religiosität in Italien** zusammen, wobei die Erhebungsjahre 1991, 2007 und 2017 den Vergleichszeitraum bilden. So waren es 1991 noch 31,1 %, die 1 x pro Woche eine Messe besuchten. Die Zahl der Atheisten lag bei 8 %. 30,6 % zeigten sich unsicher. Bis 2007 stieg der Grad der Unsicherheit auf 36,9 % und erreichte 2017 38,6 %. „Dieses Wachstum zeigt, dass sich die Realität verändert hatte. Neu ist also ein unsicherer Glaube … Was ist ein unsicherer Glaube? Vergleichsweise gibt es in Amerika das, was die ‚Goldene Regel' genannt wird: Es ist nicht so sehr die Zugehörigkeit zu einer Konfession, sondern die Befolgung des Gebotes: *‚Du sollst anderen nicht antun, was du dir selbst nicht antun möchtest'*. Es ist sozusagen die Regel des Respekts, eine Regel, die alle vereint, die eine religiöse oder spirituelle Einstellung haben. Es ist eine Haltung von Ablehnung der Kirche, aber von Akzeptanz der Religion", so Cipriani. Ein Vergleich zur Beliebtheit der Päpste ergab, dass bei Benedikt XVI. die Sympathie für die Kirche und für den Papst fast gleich groß war, während Johannes Paul II. und Franziskus viel beliebter sind als die Kirche als Institution. Franziskus wurde sogar als „Aperitif-Papst" bezeichnet, weil er eine freundliche, vertraute und angenehme Person sei, mit der man sich in einer Bar gut unterhalten könne. Skandale, wie die Aufdeckung eines Kardinals mit überdimensionierter Penthouse-Wohnung oder die Pädophilie-Affären hinterließen einen immensen Eindruck mit ebensolcher Betroffenheit. Die interessanten Ergebnisse zu den Fragen: Wie begegnen die Italiener Gott? Wie stellen sie sich ein Leben nach dem Tod vor? Welchen Einfluss haben nicht-christliche oder nicht-abrahamitische Religionen, insbesondere der Islam? können dank der DEUTSCH-ITALIENISCHEN KULTURGESELLSCHAFT HANNOVER mit deutschen Untertiteln nachgelesen/gehört werden: https://www.youtube.com/watch?v=4aKBRWAxK4g&t=3131s.

IN MEMORIAM PIERLUIGI ZOCCATELLI (1965–2024)

„PierLuigi Zoccatelli ‚war' CESNUR. Er war auch ein brillanter Wissenschaftler und ein außergewöhnlicher und mitfühlender Mensch", schreibt Massimo Introvigne, der mit ihm fast 30 Jahre lang Seite an Seite alle akademischen Projekte und Aktivitäten des ZENTRUMS FÜR STUDIEN DER NEUEN RELIGIONEN geplant hatte. PierLuigi Zoccatelli stand mit seinem klugen Rat, enzyklopädischem Wissen, immenser Erfahrung und aufrichtiger Freundschaft zur Seite. Er starb im Alter von 59 Jahren an Herzversagen. Von Jugend an prägten ihn Musik, Fotografie und Esoterik. Seine Heimat fand er schließlich in einem soliden katholischen Glauben. Er liebte die traditionelle Liturgie, war aber auch aktives Mitglied und später Historiker der katholischen Laienbewegung Alleanza Cattolica. Seine Arbeit galt der Esoterik, dem religiösen Pluralismus, dem guten und schlechten Gebrauch von Religions-Statistiken, der Religionsfreiheit und der Erforschung

des Buddhismus in Italien. Er war Autor bzw. Herausgeber von 18 Büchern und weltweit führender Experte für den Symbolismusgelehrten Louis Charbonneau-Lassay (1871–1946). Seine Forschungen zum problematischen Verhältnis von Katholizismus und Esoterik gipfelten in dem 1999 erschienenen Buch *Le lièvre qui rumine*. „Der wiederkäuende Hase" spielt auf das Problem der Vereinbarkeit von Esoterik und Katholizismus an. Zoccatelli gehörte zu den besten Kennern von Guénon, Crowley und Gurdjieff. Und er überredete Introvigne, sich auf das scheinbar unmögliche Abenteuer einer *Enzyklopädie der Religionen in Italien* einzulassen. Introvigne kennt auch die vielen anderen Seiten von PierLuigi Zoccatelli: Er war ein Familienmensch, großzügig und immer bereit, zu ermutigen und zu helfen und ein kompetenter Beobachter. So bildete er junge Wissenschaftler und Führungskräfte für die Stadt Turin aus, kannte sich gut aus mit katholischer Liturgie und klösterlichen Traditionen, mit moderner Kunst und der Geschichte des Terrorismus in Italien, und er war ein Experte für den Fußball. Im Jahr 2004 verfasste er gar ein maßgebliches Handbuch über kubanische Zigarren. Erst vor kurzem fand seine Arbeit ihre wohlverdiente Anerkennung: 2016 wurde er Professor an der Päpstlichen Universität der Salesianer in Turin und 2020 an der Universität Turin. 2023 ernannte ihn die italienische Regierung zum Mitglied der Kommission für religiöse Minderheiten und Religionsfreiheit. Wir danken Prof. Introvigne (Religionssoziologe, Gründer und Direktor des CESNUR) für diese Angaben aus seinen Nachrufen auf PierLuigi Zoccatelli in **Bitter Winter**, dem Onlinemagazin für Religionsfreiheit und Menschenrechte (https://bitterwinter.org) und auf der CESNUR-Website www.cesnur.org.

Peter-R. König, PierLuigi Zoccatelli, Massimo Introvigne in Cefalù. Quelle: https://www.parareligion.ch/cefalu.html

REINTÖNIGER KULTGESANG

Es ist das einzige Kloster der Bulgarischen Orthodoxen Metropolie in West- und Mitteleuropa und steht in der Tradition der Athos-Klöster: das **deutsch-orthodoxe Dreifaltigkeitskloster Buchhagen**. Hier hat man in den 1980er-Jahren begonnen, neben dem Gesang der byzantinischen Liturgie auch eine deutsche Choraltradition zu entwickeln, die auf der Naturtonreihe mit den Grundlagen der pythagoreischen Harmonik basiert. Das **naturtönende Singen** wird im Kloster auch im täglichen Gottesdienst praktiziert. Das Dreifaltigkeitskloster Buchhagen wird von ABT JOHANNES PFEIFFER geleitet, der in Berlin Musik und Religionswissenschaften studiert hatte und nach seiner Konversion zur Orthodoxie auf dem Berg Athos zum Mönch geweiht wurde. Weitgehend in Eigenarbeit errichteten dann die Mönche in Buchhagen nach und nach eine Klosteranlage. Die Gesänge der Mönche gelten als geistige Übung und gehen über die üblichen Hörgewohnheiten hinaus; sie können eine besondere meditative Sogwirkung entfalten. Man erhält Einblick in einen neuen Ansatz musikalischen Schaffens jenseits der Moderne, der wiederum erst durch die vielschichtigen Erfahrungen der Moderne möglich wurde. Es lohnt sich, den Tonbeispielen direkt hier zuzuhören: https://www.orthodox.de/hoerbeispiele.php

Zum Buch von Archimandrit Johannes: *Der Weg zum naturtönigen Kultgesang*, 280 Seiten mit Ledereinband, Verlag Kloster Buchhagen, 2012, ISBN 978-3926236098 gibt es auch 2 CDs *Naturtöniger Kultgesang – die 8 Kirchentonarten*. Beides ist im klostereigenen Verlag erhältlich. Informationen dazu: https://orthodox.de/index.php

ECHOS DES WANDELS

Das MARBURGER ZENTRUM FÜR ALTERTUMSWISSENSCHAFTEN forscht

unter dem Titel **Echos des Wandels** über die Dynamik religiöser Atmosphären und bietet vom 15.–17. Mai 2025 die Internationale Konferenz **Inszenierung religiöser Atmosphären in antiken Kulturen** an. Der Redner Libanius aus dem vierten Jahrhundert weist auf die religiöse Qualität von Tempelbauten hin, die eine Wahrnehmung der Verbindung über die Zeiten hinweg ermöglicht. „Die Tempel, Sire, sind die Seele des Landes: Sie markieren den Beginn seiner Besiedlung und wurden über viele Generationen an die Menschen von heute weitergegeben" (Libanius, *Orationes*, 30.9). Sie scheinen ein Bewusstsein zu erzeugen, eine „Atmosphäre", die über bloße Ziegel und Mörtel hinausgeht. Die Konferenz wird sich mit den Stadien befassen, die religiöse Atmosphären durchlaufen: Konzeption, Kreation, Kuration, Transformation, Scheitern, Untergang und Reste. Die Konferenz steht allen interessierten Wissenschaftlern offen. Konferenzsprache ist Englisch, deutsche Beiträge werden ebenfalls akzeptiert. Das Ergebnis soll in einen Tagungsband münden. Genaueres dazu: https://www.uni-marburg.de/de/mcaw/grk2844

MEDITATION & WISSENSCHAFT 2025

Ein groß angelegter interdisziplinärer Kongress zur Bewusstseinsforschung hat die gesellschaftliche Relevanz von Meditation im Blick. **Aufbruch ins Ungewisse** heißt es vom 16.–17. Mai 2025 in Berlin. „Probleme kann man niemals mit derselben Denkweise lösen, durch die sie entstanden sind, wusste Einstein. Alles in uns und um uns ist bezogen. Die relationale – und damit modernste – Quantentheorie besagt, dass es nichts wirklich Objektives gibt und dass alles nur in Bezug auf etwas anderes existiert – subjektiv eben: in Beziehung. Und lehrt uns nicht auch die Meditation genau das? Neurowissenschaftler weisen in den letzten Jahren vermehrt darauf hin, dass Meditieren nicht nur eine persönliche Optimierungsstrategie ist, sondern im besten Fall zu einer Bewusstseinskultur inspiriert, die unsere Verbundenheit unterstützt und trägt" (www.meditation-wissenschaft.org). Die vier Veranstalter (Identity Foundation / Gemeinnützige Stiftung für Philosophie; Udo Keller Stiftung / Forum Humanum; West-Östliche Weisheit / Willigis Jäger Stiftung; Benediktushof / Zentrum für Meditation und Achtsamkeit) haben folgende Fragen zur Bearbeitung formuliert:

- Wie kann Meditation in größerem Maßstab Verbundenheit stiften?
- Wo finden wir Weisheit in einer verwirrenden Zeit?
- Was können wir aus dem Sterben für das Leben lernen?
- Wie können wir angesichts künstlicher Intelligenz und disruptiver Technologien einen klaren Geist bewahren?
- Wie kann Kontemplation zu einer gesellschaftlichen Praxis werden?
- Welche potenziellen Gefahren birgt eine intensive Meditationspraxis?

Glocken der Universität Vilnius

Die nächste *Zweijahreskonferenz der Europäischen Gesellschaft für das Studium der westlichen Esoterik* findet in Litauen an der Universität Vilnius statt. *Esoterik und Rationalität* heißt es dort vom 26.–28. Juni 2025.

Die Ankunft der Esoterik in der akademischen Welt hat Wissenschaftler dazu veranlasst, die verkürzende Art und Weise, in der sie von früheren Historiker-Generationen behandelt wurde, neu zu bewerten. Im Zentrum dieser Neubewertung steht die Rationalitätsdebatte, die Esoterik traditionell als in gewisser Weise „irrational" positioniert hat.

Das Studium der Esoterik wirft insbesondere Fragen nach der Überwindung der Binarität von Rationalität und Irrationalität und nach der Infragestellung etablierter akademischer Normen auf.

Anlässlich des 20-jährigen Bestehens der ESSWE und der 10. ESSWE-Konferenz laden die Organisatoren dazu ein, nicht nur über die bisherige Forschung zur Esoterik nachzudenken, sondern auch ihre Entwicklung und die verschiedenen methodischen Wege, die sie im Laufe der Jahre eingeschlagen hat, kritisch zu beleuchten. „Wir laden zu Beiträgen ein, die die Entwicklung der Esoterikforschung analysieren, Verschiebungen in den wissenschaftlichen Ansätzen berücksichtigen und untersuchen, wie diese Veränderungen unser Verständnis von Esoterik geprägt haben." Genauere Informationen finden Sie unter www.esswe.org.

ESOTERIK ODER OKKULTISMUS

PROF. DR. JULIAN STRUBE, ein junger deutscher Wissenschaftler, gehört nach der Generation der Gründer bereits zur Nachwuchsgeneration an Esoterikforschern. Er ist im Anschluss an seine Tätigkeit als Assistenzprofessor für Religionswissenschaft an der Universität Wien und einem Sommeraufenthalt als Gastwissenschaftler an der Harvard University nun auf den Lehrstuhl für Religionswissenschaft und Interkulturelle Theologie an die Universität Göttingen berufen worden. Strube arbeitet aus einer globalgeschichtlichen Perspektive über das Verhältnis von Religion und Politik seit dem 18. Jahrhundert und konzentriert sich dabei auf den Austausch zwischen Indien, Europa und Nordamerika. Seine Arbeitsschwerpunkte sind Hinduismus, völkische Bewegungen, Nationalsozialismus, aktueller Rechtsextremismus, Frühsozialismus und Esoterik. Eine seiner jüngsten Publikationen sei hier erwähnt, vor allem auch, weil der Aufsatz jederzeit im Open Access zum Download verfügbar ist: ***Religiöser Komparativismus, Esoterik und globaler Okkultismus: Ein methodologischer Abriss***. In diesem Artikel wird die Geschichte der Begriffe „Esoterik" und „Okkultismus" vergleichend untersucht. „Historiographischer Ausgangspunkt dieser Untersuchung war die Tatsache, dass die Begriffe ‚esoterisch' und ‚okkult' heute weltweit von Akademikern und Nichtakademikern gleichermaßen verwendet werden … Was die ‚westliche' und ‚andere' Esoterik betrifft, so zeigt dieses Quellenmaterial deutlich, dass die Diskussionen über ‚Esoterik' nicht auf ‚den Westen' beschränkt waren, und es an der Zeit ist, dass die Wissenschaft dieser Tatsache ernsthafte Aufmerksamkeit schenkt. Erschienen ist der Aufsatz im *Journal for Religion and Transformation in Contemporary Society*, 2024. Hier lesen Sie den vollständigen Text: https://brill.com/view/journals/jrat/10/1/article-p106_5.xml

Eine „der größten esoterikbezogenen Forschungsprojekte der Welt mit derzeit 14 Mitarbeitern" ist an der Friedrich-Alexander-Universität Erlangen-Nürnberg (FAU) am Werk. Die **Kollegforschungsgruppe CAS-E** hat sich die Förderung durch die DFG gesichert und steht am Beginn eines ehrgeizigen Projekts: nicht weniger als eine Neujustierung der inzwischen seit ca. 60 Jahren bestehenden akademischen Esoterikforschung. Geht man die Liste der Forscherinnen und Forscher durch, dann ist erkennbar, dass die westlich-zentrierte Betrachtungsweise (**Western Esotericism**, seit 2005) von einem *globalen Fokus* abgelöst werden soll. Man kann also auf dem tragfähigen Fundament der letzten Jahrzehnte aufbauen und die Hebel ansetzen, wo die Esoterikforschung zu überholen oder besser: zu ergänzen ist.

Diese Neujustierung ist keine Stunde Null, wie das 1965 (!) an der Sorbonne der Fall war und dann für Antoine Faivre, als er 1979 den weltweit einzigen Lehrstuhl für moderne esoterische Strömungen übernahm. Im Interview, das er für *Gnostika 2* im April 1997 gab, schätzte er die Möglichkeit für einen ähnlichen Lehrstuhl in anderen europäischen Ländern noch als sehr gering ein. Die „großen Disziplinen innerhalb der Religionsgeschichte müssen zuvor vertreten sein ... Meine Disziplin kommt sicher nicht an erster Stelle ... In Deutschland erfreut sich das Gebiet, das ich repräsentiere, einer geringeren Beliebtheit!" Dennoch gärte es im Inneren, ein Kreis formierte sich, eine Sponsorin wurde gefunden und im Jahr 2000 kam die Abteilung für die *Geschichte der Hermetischen Philosophie und verwandter Strömungen* an der Universität Amsterdam zustande. Wouter Hanegraaff wurde mit der Professur und Jean-Pierre Brach und Olav Hammer wurden mit 2 Dozentenstellen betraut. Es galt starke Fundamente zu errichten, worauf spätere Generationen aufbauen konnten – im Dienst an der Sache.

Nun ist es dem CENTER FOR ADVANCED STUDIES – ERLANGEN (CAS-E) bereits möglich, die Ziele weiter zu stecken. Man plant, *alternative Rationalitäten* und *esoterische Praktiken* und ihrer Praktiker aus *globaler Perspektive* zu vergleichen und herauszuarbeiten, warum und auf welche Weise sie in unterschiedlichen kulturellen und regionalen Kontexten erfolgreich und widerstandsfähig sind. Das Kolleg geht der grundsätzlichen Frage nach, was beispielsweise ein chinesischer Feng-Shui-Meister, ein israelischer Experte für Kabbala Ma'asit, ein deutscher Ritualmagier, ein indischer Vastu-Anbieter, ein ägyptischer Sahir, ein karibischer Brujo oder ein westafrikanischer Vodun gemeinsam haben. Lässt sich eine vergleichende Studie über die Praktiken dieser Experten durchführen, ohne dass eurozentrische Stereotypen oder ein „Imperialismus der Kategorien" die Analyse verzerren? „Da alle bisherigen Konzepte aufgrund ihrer eurozentrischen und polemischen Implikationen problematisch sind, haben wir uns dafür entschieden, den Pluralbegriff *esoterische Praktiken* als heuristische Kategorie von CAS-E zu verwenden, da er weniger wertbeladen und semantisch nuancierter ist."

Hieraus wird deutlich, dass der im westlichen akademischen Diskurs häufig verwendete Begriff *Esoterik* in Frage gestellt wird, dessen zeitgenössische Bedeutung im 19. Jahrhundert in Europa entstanden war. Neuere Forschungsarbeiten haben sich bereits vom lange vorherrschenden Ansatz von Antoine Faivre distanziert, der sechs typologische Eigenschaften der Esoterik vorschlug. Eine der Schwächen des Modells sah man darin, dass es bloße Varianten der Esoterik, die im frühneuzeitlichen Europa existierten, in den Rang von Idealtypen erhob. Gegenüber solchen phänomenologischen oder essentialistischen Ansätzen besteht in der heutigen Forschung ein generelles Unbehagen und es wird allgemein davon ausgegangen, dass esoterische Ideen und Praktiken von den herrschenden Diskursen als irrational, ineffektiv oder häretisch ausgegrenzt und marginalisiert wurden bzw. werden und somit als alternative oder abweichende Wissensformen verstanden werden müssen („verschmähtes Wissen": Hanegraaff 2012).[1]

Die Kollegforscher orientieren sich an diesen neueren Definitionen, gehen aber in einigen Punkten darüber hinaus. So stellen sie den modernen „Mythos" von der Entzauberung der Welt in Frage. Überall auf der Welt würde man auf Praktiken stoßen, die versuchen, zufällige Lebensereignisse vorherzusagen, zu kontrollieren und zu manipulieren. Diese Phänomene würden jedoch trotz eines immer dominanter werdenden wissenschaftlich-technischen Diskurses eine bemerkenswerte Beharrlichkeit aufweisen. Diese Beharrlichkeit sei nicht nur eine Frage des Überlebens in einer ansonsten „entzauberten Welt".

Ausgehend von der Annahme, dass esoterische Praktiken in der Regel eine existenzielle Funktion haben, indem sie Sinn stiften und die Wahrnehmung der eigenen Lebenswelt unmittelbar beeinflussen, hat die Arbeitsgruppe den *globalen* und *zeitgenössischen Forschungsschwerpunkt* von *eso-*

---

1 An dieser Stelle möchten wir auf den ausführlichen Aufsatz zu „Esoterik und Demokratie" von Wouter J. Hanegraaff in dieser Nummer (S. 37 ff) hinweisen.

terischen Praktiken gewählt und sich für eine Wende von der Esoterik zu *Alternativen Rationalitäten* entschieden. Die Ziele sind:

- auf das globale Feld esoterischer Praktiken zugreifen und die empirischen Grundlagen dazu umfassend erforschen;
- Praktiker und ihre Strategien vergleichen;
- eine differenzierte typologische Analysesprache für die interdisziplinäre und transkulturelle Erforschung esoterischer Praktiken entwickeln;
- eine multifaktorielle Kulturtheorie esoterischer Praktiken entwickeln, mit besonderem Schwerpunkt auf der Frage ihrer Widerstandsfähigkeit.

Wissenschaft forscht klein- und kleinstschrittig. Das ist auch im Feld der Esoterikforschung nicht anders. Doch ist jedes auch noch so bescheidene eingeforderte Umdenken ein Zeichen für Lebendigkeit. Hier ist unter der Leitung von MICHAEL LACKNER, Senior Professor und Lehrstuhlinhaber für Sinologie, ein sehr ehrgeiziges Projekt angestoßen worden, auf dessen Ergebnisse man gespannt sein darf. Siehe https://cas-e.de/about-us/project-outline/

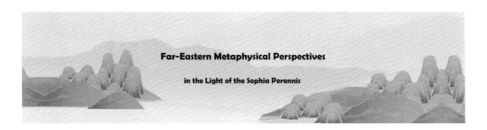

GUÉNON HEUTE IM IRAN

Eine internationale Konferenz zum Thema *René Guénon und die Wiederbelebung der ursprünglichen Tradition* wird am 17. und 18. Februar 2025 von der Abteilung für Religiöse Studien am iranischen Institut für Philosophie (IRIP) veranstaltet. Das Institut wurde 1974 von Seyyed Hossein Nasr gegründet und war viele Jahre lang das Zentrum des traditionalen Denkens nicht nur im Iran, sondern auf globaler Ebene. Als Nasr den Iran und die Akademie verließ, änderte sich ihr Charakter. Nasr ist nun jedoch der erste Name auf der Liste des internationalen wissenschaftlichen Komitees für die Konferenz, zusammen mit anderen Größen wie Philippe Faure, Herausgeber des Sammelbandes *René Guénon, l'appel de la sagesse primordiale* (René Guénon: Der Ruf der ursprünglichen Weisheit), 2015. Der wissenschaftliche Ausschuss wird von ehemaligen iranischen Mitarbeitern von Nasr geleitet.

Dass eine solche Konferenz im Iran, an der ehemaligen KAISERLICH-IRANISCHEN AKADEMIE FÜR PHILOSOPHIE stattfindet und Nasr daran teilnimmt, ist ein Großereignis. Die Konferenz wird sowohl vor Ort als auch virtuell in persischer Sprache abgehalten und es gibt eine breite Liste an Themen: https://guenon.irip.ac.ir/

Diese Nachricht verdanken wir **Traditionalists** (https://traditionalistblog.blogspot.com/), dem Blog für das Studium des Traditionalismus und der Traditionalisten, das von MARK J. SEDGWICK (britischer Religionswissenschaftler, Historiker und Hochschullehrer) moderiert wird. Er ist Autor von Forschungsarbeiten über Sufismus, islamische Mystik und westliche Esoterik, Traditionalismus und damit verbundene radikale Bewegungen.

Konferenzthemen:

Die ursprüngliche Tradition
Hinduistische Darshanas
Buddhistische Doktrin

Fernöstliche Tradition
Fahlavī- oder Khusravānī-Metaphysik
Sufismus und islamische Philosophie

Christliche Philosophie und Esoterik
Platonische Metaphysik
Hermetische Weisheit

Symbolismus und Kunst
Heilige Geometrie und Arithmetik
Traditionelles Handwerk

Kosmische Zyklen
Erklärung der modernen Welt
Kritik an der modernen Geschichtsphilosophie

Kritik an psychoanalytischen Schulen
Kritik an Theosophie
Kritik am Spiritismus

Leben und Werk von René Guénon
René Guénon und Coomaraswamy
René Guénon und seine anderen Kommentatoren

RENÉ JEAN-MARIE JOSEPH GUÉNON

René Guénon (1886–1951) sah sich als Übermittler und Botschafter einer traditionellen Lehre, die seit Anfang der Menschheitsgeschichte unverändert wirkt. Die in ihr enthaltenen Wahrheiten zeigen sich als metaphysische oder göttliche Prinzipien, die je nach Zeit und Ort in unterschiedlichen Ausprägungen auftreten. Sie bilden die Grundlage dessen, was man in den einzelnen Traditionsformen wie dem Hinduismus, Taoismus, Islam oder Christentum heute noch finden kann. Nach über 20 Jahren der Vorbereitung machte nun der Übersetzer und Herausgeber INGO STEINKE in einer *14-bändigen deutschen Ausgabe* die meisten Veröffentlichungen *René Guénons erstmals in deutscher Sprache* zugänglich. Die Übersetzungen erfolgten hier nicht aus den französischen Originaltexten, sondern aus dem Englischen. Alle Bände dieser Ausgabe sind im Verlag Books on

Demand, Norderstedt erschienen und im Buchhandel erhältlich. Im ersten Band *Osten und Westen* führt René Guénon die Wertlosigkeit und Gefahr jener Trugbilder vor Augen, auf denen sich die moderne westliche Zivilisation gründet. Dem Glauben an puren Materialismus, immerwährenden Fortschritt, uneingeschränkten Individualismus und die Unfehlbarkeit der modernen Wissenschaft stellt Guénon die unerschütterlichen Prinzipien einer traditionellen Denkweise gegenüber. Ein Blick auf die Titel der 14 Bände:

- *Osten und Westen.* 200 S., Pb. ISBN 978-3-7460-0619-2.
- *Die Krise der modernen Welt & Ergänzende Betrachtungen.* 216 S.
- *Der König der Welt / Geistige Autorität und weltliche Macht.* 192 S.
- *Die Herrschaft der Quantität und die Zeichen der Zeit.* 316 S.
- *Einführung in das Studium der hinduistischen Lehre.* 280 S.
- *Der Mensch und sein Werden nach der Vedanta.* 204 S.
- *Studien über den Hinduismus.* 172 S.
- *Die Symbolik des Kreuzes / Die Vielfalt der Zustände des Seins.* 280 S.
- *Die Große Triade.* 208 S.
- *Aspekte der christlichen Esoterik.* 212 S.
- *Einblicke in traditionelle Formen.* 216 S.
- *Einblicke in die Initiation.* 336 S.
- *Initiation und geistige Verwirklichung.* 216 S.
- *Traditionelle Symbolik.* 456 S.

MANICHÄISMUS

Die Religion des Mani (er lebte ca. 216–ca. 276 n. Chr.) war eine missionarische Religion par excellence. Manichäische Texte wurden in Ägypten in koptischer, griechischer und syrischer Sprache, in Nordafrika in lateinischer Sprache und an Stätten entlang der antiken Seidenstraße in mittelpersischer, parthischer, sogdischer, baktrischer, tocharischer B, chinesischer und uigurischer (alttürkischer) Sprache gefunden. Das Projekt *Corpus Fontium Manichaeorum* hat 2024 einen weiteren Band mit bisher nicht veröffentlichtem Material zugänglich gemacht.

Bei dieser Gelegenheit wäre auch auf die *Berliner Turfansammlung* hinzuweisen, die den weltweit umfangreichsten Schatz an Textfragmenten (mehr als 40.000) beherbergt, den manichäische Gemeinden entlang der Seidenstraße hinterlassen haben. Die Bruchstücke legen Zeugnis ab vom Schrifttum und Leben der sogdischen Manichaer in der Turfanoase.

Dieser neue Band des Brepols Verlages vereint die Arbeiten einiger der etabliertesten Gelehrten der Gnosis- und Manichäismusforschung, Iranolo-

gen und Kunsthistoriker. Er enthält zwei wichtige Kataloge von Turfan-Texten sowie Studien zu Themen wie Kosmogonie, Hymnologie und Handschriftenmalerei. Eine Reihe von Turfan-Texten in Sogdisch und Uigurisch werden hier zum ersten Mal veröffentlicht. *Varia Manichaica* bietet 308 Seiten mit 120 farbigen Abbildungen, gebunden und in den Sprachen Englisch, Französisch und Deutsch (ISBN 978-2-503-60426-8). Hier ein Blick auf die Beiträge in diesem Band:

- *Uigur-Schrift in den manichäischen Sogdentexten in manichäischer Schrift aus der Berliner Turfan-Sammlung* (Enrico Morano)
- *„Worte für die Seele". Altuigurische manichäische Fragmente* (Peter Zieme)
- *Manichäische Fragmente im Zusammenhang mit der „Barlaam und Josaphat Saga"* (Sergio Basso)
- *Fragment einer iranischen manichäischen „mündlichen Überlieferung"* (Adam Benkato)
- *Mani als Paradigma der manichäischen Kirche im Kölner Mani-Codex* (Fernando Bermejo-Rubio)
- *Die Lotus-Illustration in einem manichäischen Manuskript* (Şehnaz Biçer und Betül Özbay)
- *Strategien für den Erfolg. Der Manichäismus unter den frühen Sassaniden* (Iris Colditz)
- *Eine Aktualisierung von Mary Boyces Katalog des Manichäischen, Mittelpersischen und Parthischen* (Desmond Durkin-Meistererernst)
- *Wie ergeben Weisheit, Gesetz und Offenbarung eine Religion? Aneignung und Verdrängung in den „Chapters of the Wisdom of My Lord Mani"* (Eduard Iricinschi)
- *Die „sieben Widrigkeiten" in einem manichäischen sogdischen Hymnus* (Nicholas Sims-Williams)
- *Die Herbergs-Metapher* (Michel Tardieu)
- *Ein Katalog der uigurischen manichäischen Texte* (Samuel Nc Lieu).

Die **Eranos-Tagungen** standen seit jeher im Dienst der Vermittlung zwischen Ost und West im Ringen um den inneren Menschen. Die neue Tagungsreihe **Das Große Sein und das Große Nichts** (Sakamuni) möchte sich dieser Aufgabe in neuer Weise stellen, denn die wesentliche Frage einer fruchtbaren Auseinandersetzung ist nicht mehr nur eine seelische, sondern in der Gegenwart eine geistige. Rückblickend die Tagungthemen 2024 mit Ansätzen neuer Geistigkeit von Hugo Makibi Enomiya-Lassalle, Pierre Teilhard de Chardin, Jean Guitton, Friedrich Nietzsche, C. G. Jung, Erich Neumann sowie Jean Gebser.

- *Geist – Mensch – Maschine* (Prof. Dr. Heribert Vollmer, Hannover)
- *Der häßlichste Mensch: Ohne Gott, Güte, Geist (Nietzsche) – Grundtypen des Atheismus, ihre emotionale Wucht und argumentative Schwäche* (Prof. em. Dr. Edith Düsing, Gießen)
- *Der fremde Gast: Jungs unveröffentlichte autobiografische Novelle* (Prof. Dr. Sonu Shamdasani, London)
- *Die Geister, der Geist und das Geistige: Versuch einer Klärung auf dem Hintergrund von Gebsers Werk „Ursprung und Gegenwart"* (Dr. Rudolf Hämmerli, Bern)

Der zweite Teil dieses Tagungsthemas **Das Große Sein und das Große Nichts** folgt auf der Sommertagung vom 21.08.–24.08.2025. Das Programm dafür wird voraussichtlich im Frühjahr unter www.eranos-ascona.ch veröffentlicht. Armin Morich, Psychoanalytiker, Lehranalytiker und Präsident von Eranos weist auch auf den in diesem Jahr erschienenen Eranos-Band **Aufbruch durch Apokalypse** der Tagungen 2022/23 hin, der mit 436 Seiten unter der ISBN 978-3796551772 (Schwabe Verlag) erschienen ist.

Jan Assmann, Moshe Idel. Eranos-Tagung 1999 | Reihe 2: Jan u. Aleida Assmann, Erik Hornung

(Fotostudio Lerch, Ascona)

JAN ASSMANN (1938–2024)

Johann Christoph „Jan" Assmann war als Ägyptologe, Kultur- und Religionswissenschaftler einer der international bekanntesten deutschen Geisteswissenschaftler. Ihm verdanken wir auch den Aufsatz „Tod und Initiation im altägyptischen Totenglauben" für *Gnostika* 18 und 19 sowie ein Interview in *Gnostika* 39. Darin betont er, dass sein Interesse an der Esoterik nicht inhaltlicher, sondern struktureller Natur sei. Wichtig sei ihm die Frage, wann, wo und warum es zur Spaltung der Kultur in einen esoterischen und einen exoterischen Teil gekommen sei und welche Funktion die Geheimhaltung im Falle esoterischer Überlieferungen habe, insbesondere im Hinblick auf das *Alte Ägypten*. Jan Assmann hat die Ägyptologie von einer Randwissenschaft schlagartig ins zentrale Blickfeld gerückt und immer wieder für echte Aufregung gesorgt. Damit tauchte er in eine weithin vergessene Tiefenschicht der Kulturgeschichte Europas ein. Wo man eigentlich gewohnt war, das geistige Erbe des Kontinents in der griechischen Antike zu sehen, erinnerte er an die noch weit älteren Traditionen, die durch das Judentum hindurch ins Alte Ägypten führten – in die Welt eines monumentalen Totengedenkens, aus der Jan Assmann seine Theorie des „kulturellen Gedächtnisses" ableitete. Maßstäbe setzten dann seine Arbeiten zur *Entstehung des Monotheismus* und zum Begriff des *„kulturellen Gedächtnisses"*, den er gemeinsam mit seiner Frau Aleida entwickelte. Dabei geht es nicht um die Fakten der Geschichte, sondern um das „kollektive Erinnern" einer vergangenen Zeit. Überlieferungen können auch festgehalten werden, indem sie sich anstatt auf eine historische Wahrheit auf eine Gedächtnistradition oder Erinnerungskultur berufen. „Die Wahrheit der Erinnerung ist etwas anderes als die Wahrheit der Geschichte", so Assmann im Interview (*Gnostika* 39).

Für ihre Arbeit wurden Jan und Aleida Assmann 2018 mit dem ***Friedenspreis des Deutschen Buchhandels*** ausgezeichnet, denn sie haben – so die Begründung – internationale Debatten um Grundfragen zu den kulturellen und religiösen Konflikten der heutigen Zeit angestoßen. Die Arbeiten über den Zusammenhang von Religion und Gewalt sowie zur Genese von Intoleranz und absolutem Wahrheitsanspruch seien unverzichtbar für ein Verständnis der Friedensbereitschaft und Friedensfähigkeit der Religionen.

Auf die Frage nach der Faszination, die aus seinen Büchern spürbar wird, antwortete Jan Assmann im Interview Folgendes: „Genau das strebe ich mit meinen Büchern an: Türen zu öffnen und den Blick zu weiten. Das Geheimnis der Faszination ist, dass man über sie nicht verfügen und sie auch nicht analysieren kann ... Faszination hat auch etwas mit Ansteckung zu tun. Das läuft über persönliche Interaktion, aber manchmal aber auch nur über Lektüre ... Das wünsche ich mir auch: ansteckend zu schreiben."

Bangladesh, das am dichtesten besiedelte Land der Erde steht nach einem Studentenaufstand am Anfang zum Neuaufbau des Landes, das jahrzehntelang durch Autokratie zerstört worden war. „Unser Land hat sich in ein Land verwandelt, in dem selbst die Untergebenen eines Autokraten unvorstellbare Dinge getan haben, wie zum Beispiel durch Korruption Reichtümer im Wert von 400 crore taka [1 crore = 10 Millionen] anzuhäufen". Mit diesen Worten beginnt **Mohammad Yunus** – seit Anfang August 2024 ist er als Beauftragter der Übergangsregierung berufen – seine erste „*Rede an die Nation*". Yunus ist Gründer und ehemaliger Geschäftsführer der *Grameen Bank*, die Mikrokredite (nur) an Arme vergibt und damit einer der Begründer des Mikrofinanz-Gedankens. 2006 wurde er mit dem *Friedensnobelpreis* ausgezeichnet.

Die Mechanismen, mit denen Vorgängerregierungen den Staat lahmgelegt haben, erinnern an den Gedanken der „Angstkammer" bei Jakob Böhme. Yunus fasst zusammen: „Der Bildungssektor wurde lahmgelegt, im Banken- und Börsensektor gab es Plünderungen, und bei den Projektausgaben wurden Weltrekorde aufgestellt. Es wurde hemmungslos Geld gewaschen, die Strafverfolgungsbehörden wurden zu Marionetten einer einzigen Partei gemacht, die Redefreiheit wurde beschnitten, die Menschenrechte wurden ausgehebelt – und das ist nur die Spitze des Eisbergs. Das ganze Land ist in ein Meer von Bestechung getaucht. Geben Sie uns Ratschläge, wie wir die Bestechung abschaffen können. Ich lade Sie alle ein, sich heute mit aller Kraft für die Erfüllung dieses Traums einzusetzen … wir müssen jetzt das Bangladesch unserer Träume aufbauen … Die heutige Generation ist viel bewusster als die vorherige. Sie ist sich nicht nur der Veränderungen bewusst, die in verschiedenen Teilen der Welt stattfinden, sondern geht auch mit gutem Beispiel voran. Die Entwicklung, die sie sich vorstellen, ist nachhaltig und umweltfreundlich. Sie verstehen, dass Entwicklung die Natur nicht zerstören darf. *Das BIP allein kann nicht der Maßstab für die Entwicklung eines Landes sein. Eine Entwicklung, die Flüsse, Kanäle, Berge, Wälder, Böden und Luft zerstört und verschmutzt, ist auf Dauer nicht nachhaltig.* Die Position unserer Regierung steht im Einklang mit dem Widerstand der Umweltschützer gegen fossile Brennstoffe …" Diese hoffnungsvolle und beispielhafte Rede wird auch für andere Regierende künftig der Maßstab sein. Die vollständige Rede auf Deutsch bietet der Sonnenseite-Newsletter von Franz Alt als Download an: https://www.sonnenseite.com/de/politik/muhammad-yunus-eure-traeume-sind-unsere-traeume/

BALANCE

Seit über 30 Jahren drehte BERTRAM VERHAAG im Rahmen seiner eigenen Produktionsfirma **DENKmal-Film Verhaag** etwa 120 Dokumentarfilme. Seine Arbeit ist mit zahlreichen Preisen ausgezeichnet worden. Ernst Ulrich von Weizsäcker kommt im ersten der drei hier vorgestellten neuen Filme zu Wort und trifft damit auch Verhaags Grundanliegen: *„Wir brauchen eine neue Aufklärung*. Das ist eine ziemlich starke Forderung. Und der Kern dieser neuen Aufklärung ist: *Balance*."

Bertram Verhaag stellt Menschen in den Mittelpunkt seiner Filme, die sich bei gesellschaftlichen Fragen einmischen und hofft, anderen damit Mut zu machen. Niemand sollte sich ohnmächtig dem Dogma unterwerfen „da kann man sowieso nichts machen!"

Film 1 trägt den Titel *Und es geht doch!!!* In Hohenlohe hat ein Bauernsohn in der 14. Generation dafür gesorgt, dass Traum Realität wurde. Rudolf Bühler gründete 1988 die BESH (Bäuerliche Erzeugergemeinschaft Schwäbisch Hall) und läutete damit eine *Agrarwende in der gesamten Region* ein. Als erste Tat bewahrte er das Schwäbisch-Hällische Landschwein vor dem Aussterben. Mit seinen Ideen und den gänzlich unkonventionellen Lösungen ist hier die längst geforderte „Agrarwende" konsequent umgesetzt. Agrargifte, Massentierhaltung, Bienensterben, verunreinigte Gewässer gibt es dank der überdurchschnittlichen Rate an Biobetrieben hier nicht. Ein Leuchtturmprojekt, wie selbst Gegner der ökologischen Landwirtschaft zugeben. Zum Trailer: https://www.youtube.com/watch?v=VwG8C8GLKtI

Für den nächsten Film *Aus Liebe zum Überleben* begab sich Bertram Verhaag auf eine Reise zu acht mutigen Menschen, die sich abgewendet haben von Konventionen, von Agrargiften, von unmenschlichen Arbeitsweisen. Jeder der gezeigten Protagonisten erzählt seine persönliche Geschichte: von Äckern für die man sich einen Anzug anziehen muss, von Regenwürmern, Kuhhörnern, von der Stille, von suhlenden Schweinen und von der Ehrfurcht vor dem Leben … Der Trailer: https://www.youtube.com/watch?v=eVZ8OaGI-Qw

Film drei **Wurzeln des Überlebens** will näher mit der höchsten Form der Landwirtschaft vertraut machen. Sie ist die am meisten Unverstandene und viele tun sie als spirituell oder esoterisch ab. Ihr Leitsatz: **Den Boden besser zu hinterlassen als er vorgefunden wurde**. Es ist die Arbeit mit Präparaten unter Einbeziehung von kosmischen Kräften für die Produktion von gesunden Lebensmitteln. Es war eine besondere Herausforderung für das Filmteam, „Zweifler" mit der Sprache der Protagonisten und der Bildsprache des Films zu überzeugen. Der Trailer zum Film: https://www.youtube.com/watch?v=C-TxqHQJ9gk. Alle Informationen zu *DENKmal-Film Verhaag*: www.denkmal.film

Damit sind wir am Ende unseres Rundganges mit Vorausschau angelangt und wünschen allen unseren Leserinnen und Lesern die richtige Balance zwischen dem, was sich ändern lässt und dem, was nicht zu ändern ist.

Ihre Gnostika-Redaktion

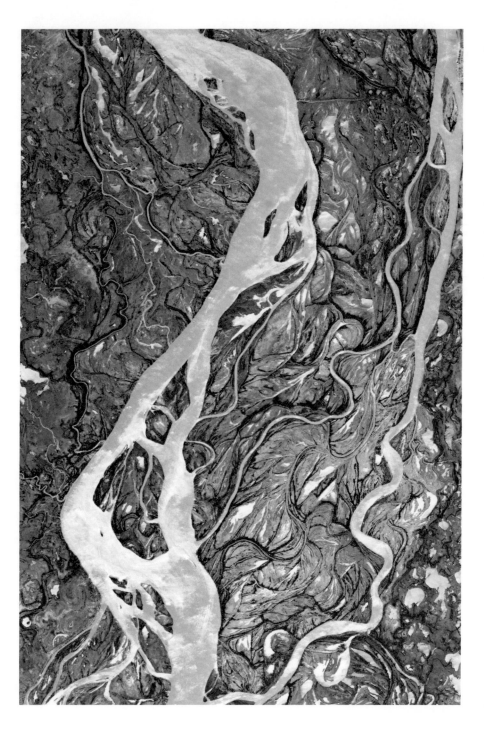

Wunderwerk der Natur des Paraná-Flusses, Argentinien (9. April 2011, gemeinfrei)

Sᴇᴘᴘ Hᴏʟᴢᴇʀ / Jᴏsᴇꜰ A. Hᴏʟᴢᴇʀ:
Agrar-Rebellion Jetzt.
Natur lesen, Permakultur
begreifen, Zukunft gestalten
192 S. Geb. mit farb. Abb.
Graz / Stuttgart: Leopold Stocker
Verlag, 2023. 978-3-702020-76-7

Permakultur ist keine Glaubensfrage

„Weil mir oft vorgeworfen wurde, dass mir diese Mischung aus Leichtgläubigkeit, Mystifizierung, modernem Mythos und Humbug fehle, die heute als New-Age-Spiritualität durchgeht: Dazu bekenne ich mich freudig schuldig. Unqualifizierter Glaube jedweder Art entmachtet das Individuum, da er Informationen einschränkt. Permakultur ist weder Biodynamik, noch beschäftigt sie sich mit Feen, Göttern, Elfen, dem Jenseits, Erscheinungen/Phänomenen, die nicht von jeder Person aus eigener Erfahrung oder mit eigenen Experimenten überprüfbar sind. Wir Permakultur-Lehrer versuchen, jede Person zu befähigen, durch praktische Modelle und angewandte Arbeit oder Daten, die auf überprüfbaren Untersuchungen basieren.“

(Bill Mollison 1977; Alternativer Nobelpreis für seine „Vision der Permakultur", 1981)

Ein Zitat und ein Thema wie dieses mögen in einer *Zeitschrift für Symbolsysteme* überraschen. Doch seit der ersten *Gnostika* 1996, haben sich enorme Veränderungen in alle Lebensbereiche gedrängt und mehr oder weniger laute Rebellinnen und Rebellen haben ihre Finger in die Wunden des alles „vereinfachenden" technozentrierten Handelns gelegt, das Anything Goes infrage gestellt und Zweifel und Umkehr gefordert. Nicht im Sinne eines alles verneinenden Skeptizismus, sondern im Sinne der Gewissheit, dass wer zweifelt auch denkt und damit dem Lebendigen (Immateriellen) Raum zur Teilhabe schafft.

Wer eine Beziehung und eine solche Verbindung zur Natur aufbaut, „hat weniger Ängste und Sorgen", ist sich Sepp Holzer sicher. Als er 2002 mit seinem *Agrar-Rebell* an die Öffentlichkeit trat, war die Zeit das, was man „reif" nennt und der kleine Verlag hatte schon nach kurzer Zeit sechs Auflagen verkauft. Seine Arbeit wurde weltweit mit Begeisterung aufgenommen. Dahinter und auch davor lag ein steiniger Weg und sein Sohn Josef Andreas Holzer, der Co-Autor dieses Buches, erzählt vom Aufwachsen am Krameterhof:

„Mein Vater war bekannt als der ‚Spinner vom Berg'. Er war kein ‚normaler Bauer', sondern einer, der Dinge macht, die kein anderer macht. Man hat ihn gleichzeitig abgelehnt und trotzdem respektiert – für seine Erfolge oder zumindest für seinen Arbeitseifer und seine Unerschrockenheit. Nicht wenige haben ihn auch gefürchtet: ‚Bei dem brauchst du dich nicht spielen, der kennt sich aus und der lässt sich auch nichts gefallen'"(53).

Diese Unerschrockenheit erklärt Sepp Holzer mit seinem Naturbezug, denn „wer eine Beziehung und Verbindung zur Natur aufbauen kann, hat weniger Ängste und Sorgen"

(185). So betont er immer wieder, wie wichtig es ist, Kindern zu vermitteln, dass sie keine Angst vor der Natur zu haben brauchen und wie notwendig es ist, ihnen die Möglichkeit zu geben, die Natur mit allen Sinnen wahrzunehmen. Gerade an dieser Stelle wird mancher Leser einhaken und darauf hinweisen, dass es angeborene Ängste vor Spinnen, Schlangen usw. gibt und dass man dagegen gar nichts tun könne. An dieser Stelle sei auf den sehr persönlichen Bericht von Sepp Holzer „Keine Angst vor der Schlange" verwiesen.

Sepp Holzer: „Wer eine Beziehung, eine Verbindung zur Natur aufbauen kann, hat weniger Ängste und Sorgen."
© Marcus Auer

Für die Unerschrockenheit Holzers fand der Biologe und Direktor des Naturkundlichen Museums in Wien, Prof. Dr. Bernd Lötsch übrigens noch deutlichere Worte, er hält Holzer für „ein wirkliches Genie":

„Ich glaube, dass auch ich damals eine Wende im Sinn hatte, als ich meine Studenten und Studentinnen (der Ökologie für Ernährungswissenschaftler) im August 1995 von der Universität Wien in die „Wildnis-Kultur" des kämpferischen Sepp Holzer entführte. Für zehn Tage auf den von Leben überquellenden Südhang des Schwarzenbergs – hoch über Ramingstein, bei Tamsweg im Lungau, zwischen 1000 und 1500 Metern Seehöhe." Ein Bekannter hatte ihn „mit dem ebenso blitzgescheiten wie querköpfigen Bergbauern zusammengebracht. Statt zu jammern, war dieser Mann voller Ideen ... Als ich Holzer kennenlernte, fragte er mich zweifelnd, ob sein Denken denn auch verstanden würde. Und ob er verstanden wurde! Meine Studenten und Studentinnen – aus den Bereichen Ernährungswissenschaften, Biologie und Ökologie – hingen tagelang an seinen Lippen. Nun, was haben sie am Krameterhof gelernt? Dass Felsbrocken, die sich auf einem bisher unproduk-tiven Südhang von der Sonne aufheizen, wärmeliebende Nutzpflanzen wie Kürbis oder Marille fördern können – und das im Sibirien Österreichs mit einem Jahresmittel von unter 5 Grad Celsius und Frösten bis minus 25 Grad Celsius! Sie lernten, wie man Obstbäume biologisch gegen Wildverbiss schützt und dennoch Wilddichten ermöglicht, von denen andere Reviere träumen. Wann Lärchen geschlägert werden müssen, damit man aus ihnen Bauholz, dauerhafte Dachschindeln oder nahezu feuerfeste Kaminauskleidungen herstellen kann. Wie man erfolgreich Sperlingskäuze gegen Mäuse und Wühlmäuse ansiedelt. Wie man Holzstrünke zur Zucht von Hallimasch und Shiitake-Pilz – der in Deutschland damals 60 D-Mark pro Kilo erlöste – nutzt. Wie man aus Sägespänen, Pilzsporen und Kräuterextrakt selbst auf versauerten Waldböden die besten Eierschwammerl (Pfifferling)-Kulturen anlegen kann. Wie man Ohrwürmer als Nützlinge im Obstbau fördert. Dass man auf Wegen im Hang gleichzeitig auch Gemüse ziehen kann. Wie man aus Kirschbäumen und Enzianwurzeln die beste Wertschöpfung herausholt. Wie man mit einem Schreitbagger samt drehbarem Baggerlöffel erwachsene Bäume vom Holzer-Hang für die Grüngestaltung von Hotelbauten verpflanzen kann – eine enorme Chance für Landwirte, die Holzer sehr früh erkannt und vorausgesehen hatte … Sie müssten ihn erlebt haben mit seinen halbwild lebenden Mangalica-Wollschweinen, die jedes Wort ihres Herren zu verstehen schienen. Wenn er sie außerhalb ihres Waldgeheges antraf und deshalb beschimpfte, kehrten sie eilig durch das illegale Loch im Zaun zurück, aus dem sie zuvor ausgebrochen waren. Später nutzte er mit der ihm eigenen Schläue die gescheckten Turopolje-Schweine tiergerecht, weil sie im brachen Acker den Boden auf Nahrungssuche buchstäblich mit ihren Rüsseln umpflügten – ‚Und wenn ich ihnen dann noch Erbsen streue, ersparen sie mir auch noch die Egge.'" (Bernd Lötsch bei der Buchpräsentation „AGRAR REBELLION JETZT" am 24.11.2023 im NM Wien.)

Sepp Holzer war noch keine 20 Jahre alt, als er 1962 den verschuldeten Hof seiner Eltern übernahm. Erst nach und nach führte ihn sein unvoreingenommenes und aufgeschlossenes Ausprobieren und Experimentieren zu produktiven Mustern und Zusammenhängen in der Natur

und er schrieb sich damit unbewusst in eine land- und forstwirtschaftliche Tradition ein, die Erfahrungswissen und wissenschaftlichen Sachverstand verbindet: Die **Perma**nente Land-**wirtschaft** – kurz **Permakultur.**

Sein Sohn Josef A. Holzer hat den Krameterhof 2009 übernommen. In diesem Buch stellt er die wichtigsten Visionäre und damit Ahnen der Permakultur-Gegenbewegung ausführlich vor und betont die Grundlagen dieser naturbasierten Methode, die auf Beobachtung und Lernen beruht – frei von Dogmen, Mythen und Glaubensfragen.

Eines seiner Kernthemen stellt er im Kapitel „Alles eine Frage des Standorts" vor. Hier werden die Lebewesen nach ihrer Eignung für den jeweiligen Standort beobachtet. Es gibt Optimisten, Pessimisten und Tolerante. Im Pessimum kann eine Art gerade so überleben, aber eher schlecht als recht. Im Toleranzbereich kann eine Art langfristig gedeihen und im ökologischen Optimum ist sie sehr konkurrenzfähig und widerstandsfähig.

Beispiel für eine Pflanze im Optimalbereich wäre am Krameterhof der vielseitige Gelbe Enzian. Die Enzianwurzel gehört zu den Produkten,

Josef A. Holzer: „Der Gelbe Enzian – unsere wichtigste und wertvollste Heilpflanze"
© Josef Holzer

die mit möglichst geringem Aufwand einen maximalen Ertrag bringen. Die Nachfrage ist größer als das Angebot und tatsächlich verdient Josef A. Holzer mit dem Verkauf seiner Enzianwurzeln mehr als mit den 20 Rindern, die auf der Weide die „Pflege" der Enziankultur übernehmen.

Im Kapitel „Welt erfahren" erzählt Sepp Holzer Neuigkeiten von seiner Beratungstätigkeit weltweit, mit der er Folgeschäden falscher Landschaftspflege, falschen Wasserhaushalts und den selbstgemachten Problemen in der Land- und Forstwirtschaft bei meist großflächigen

Projekten auf den Leib rückte. Leider kam es dabei auch vor, dass man seinen Erklärungen zwar zuhörte, aber nicht glaubte bzw. die dringenden Maßnahmen nicht umsetzte und lieber zuwartete. In allen diesen Fällen waren dann genau diese von Holzer vorhergesehenen Katastrophen in kurzer Zeit eingetreten. Dann allerdings fragten die Betroffenen verzweifelt, ob er denn ein Hellseher sei.

Und so schließt sich der Kreis zum Titel dieser Rezension wieder: Ein Lebensentwurf in Balance mit der Natur wie ihn die Permakultur versteht, ist keine Glaubensfrage.

Aber jeder sollte sich laut Sepp Holzer seine eigenen **Psychotope** schaffen können, das sind Orte, „die gut für unser Herz und unsere Seele sind, wo Sorgen und Ängste vergessen werden können, man mit gutem Gewissen seinen Auftrag und die Sinnhaftigkeit seiner Arbeit und die Verbundenheit mit den Mitlebewesen fühlt" (187). Und dafür ist dann doch etwas erforderlich, das immaterieller Natur ist: Ideen! Und Ideen brauchen Freiheit zur Verwirklichung.

Ein Holzerbuch belebt. Es zieht in seinen Bann und man möchte selbst loslegen. Die in jedem mehr oder weniger tief schlummernde Verbindung

Mischkultur aus Zwiebeln und Karotten

Gemulchter Boden am Krameterhof

zur Natur lässt sich wecken und wie es Josef A. Holzer ausdrückt: „Wir können es viel besser machen als bisher – und das ist auch gar nicht so schwer. Richten wir so schnell wie möglich den Fokus neu aus. Kommen wir weg von der Ertragsmaximierung und beschäftigen wir uns (wieder) mit der Natur und ihren Prinzipien" (188). Es gibt nämlich eine Zukunft jenseits von Monokulturen, Massentierhaltung und Raubbau an der Natur.

Agrar-Rebellion Jetzt – das *Jetzt* ist den beiden Autoren sehr ernst gemeint – weil wir keine Zeit zu verlieren haben. „Denn die Natur gibt uns alles, aber nicht umsonst".

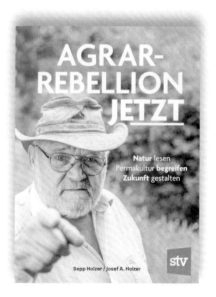

Wouter J. Hanegraaff

Esoterik und Demokratie
Einige Klarstellungen

Was ist eigentlich Esoterik und in welchem Verhältnis steht sie zur Demokratie? Der Amsterdamer Religionswissenschaftler Wouter Hanegraaff wirft gängige Vorstellungen über den Haufen, wendet sich gegen eine pauschale Verteufelung esoterischer Ideen und fordert eine ebenso kritische wie vorurteilslose Befassung mit esoterischen Phänomenen – ohne dabei problematische Ausformungen zu verharmlosen. (bpb)

Archiv aagw

Was ist Esoterik? Meine Antwort mag zuerst etwas enttäuschend wirken, und möglicherweise kommt sie Ihnen nicht ganz ernst gemeint vor. Tatsächlich jedoch meine ich sie sehr ernst und werde versuchen, Ihnen die Gründe dafür darzulegen. Was ist „Esoterik"? Nun, im Grunde genommen gibt es sie gar nicht! Damit meine ich, dass „die Esoterik" Ihnen niemals im Alltag begegnen wird. Sie werden sie nur als Begriff in unseren Gesprächen zu Alltagsgeschehnissen finden, also in unseren Diskursen und in unserer kollektiven Vorstellungswelt. Der erste wichtige Punkt ist folgender: Esoterik ist nur ein Wort, nicht mehr.[1] Um noch etwas genauer zu werden, ist Esoterik ein Sammelbegriff oder ein Etikett – wie ein Aufkleber auf einer Kiste.

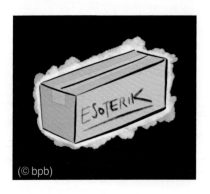
(© bpb)

Öffnet man die Kiste, so wird man nicht einen mysteriösen Gegenstand namens „Esoterik" darin finden, sondern eine große Sammlung von historischen Traditionen und zeitgenössischen Praktiken, Ideen, Organisationen und sozialen Bewegungen, von denen viele eher unbekannte Namen tragen.[2] Genauer gesagt wäre die Esoterikkiste voller kleinerer Kisten, jede mit eigenem Aufkleber. Um herauszufinden, was diese Aufkleber bedeuten, müsste man sie vorsichtig eine nach der anderen auspacken und die Inhalte sorgfältig betrachten. Manche der Kisten enthalten weitere Kistchen, wieder mit einem Aufkleber. Bezeichnenderweise wird man in Aries, der maßgeblichen wissenschaftlichen Forschungszeitschrift zum Thema Esoterik, keine Definition des Begriffs finden – nur eine Liste mit Etiketten für all die kleinen Kisten, die in der großen Kiste enthalten sind:

Esoterik wird gemeinhin als Sammelbegriff für eine Reihe von historischen Strömungen verstanden. Dazu gehören unter anderem der Gnostizis-

---

1 Zur Geschichte des Wortes „Esoterik" vgl. Monika Neugebauer-Wölk: „Historische Esoterikforschung, oder: Der lange Weg der Esoterik zur Moderne", in: Monika Neugebauer-Wölk, Renko Geffarth und Markus Meumann (Hrsg.), *Aufklärung und Esoterik: Wege in die Moderne*, De Gruyter: Berlin/Boston 2013, S. 37–72.
2 Zur Beschreibung dieser Traditionen, Praktiken, Ideen, Bewegungen u. Organisationen vgl. Wouter J. Hanegraaff (Hrsg.), in Zusammenarbeit mit Antoine Faivre, Roelof v. d. Broek u. Jean-Pierre Brach: *Dictionary of Gnosis and Western Esotericism*, Brill: Leiden/Boston 2005. Für einen kurzen Überblick vgl. Wouter J. Hanegraaff: *Western Esotericism: A Guide for the Perplexed*, Bloomsbury: London/New York 2013, S. 18–44.

mus, der Hermetismus, die Theurgie, die islamische Lehre einer mystischen Buchstabenauslegung [„lettrism"], die „okkulten Wissenschaften" (Magie, Alchemie, Astrologie), die Kabbala, der Paracelsismus, das Rosenkreuzertum, die Theosophie, der Illuminismus, der Spiritualismus und Okkultismus, Tantra und Yoga, die Parapsychologie, der Traditionalismus, der Neopaganismus, alternative Spiritualität, Konspiritualität, Okkultur usw.[3]

Wichtig sind hier das „usw." und „unter anderem": die Herausgeber/ -innen des Aries sind sich sehr wohl bewusst, dass ihre Liste weder vollständig ist noch es jemals sein wird. Die Grenzen des Feldes lassen sich nämlich nicht genau definieren, sondern sind unscharf und auch unter Spezialistinnen und Spezialisten umstritten. Es ist klar, dass jedes dieser Etiketten wiederum sorgfältig erklärt werden müsste. Oder, um bei meiner Metapher zu bleiben: Man müsste den Inhalt jeder der kleinen Kisten, auf denen sie kleben, auspacken und inspizieren. Macht man sich diese Mühe, dann wiederholt sich das Spiel: Man findet nichts als Worte oder Etiketten. Die Astrologiekiste enthält keine Astrologie, und in der Rosenkreuzerkiste sind keine Rosenkreuzer! Um in irgendeiner Form Klarheit und Genauigkeit (eine Form von verlässlichem Wissen) darüber zu erlangen, was diese Terminologie abdeckt, muss man sich in jedem einzelnen Fall sehr gründlich mit den einzigen Realitäten auseinandersetzen, die wirklich da sind: Nicht Worte oder irgendeine schwer greifbare Wesenheit der Esoterik, sondern konkrete Menschen (Individuen oder Gemeinschaften), die bestimme Dinge tun und sagen. Und warum tun sie, was sie tun, und sagen sie, was sie sagen? Ganz einfach (wie das für uns alle gilt), weil ihre persönlichen Erfahrungen im Laufe ihres Lebens sie dazu geführt haben, gewisse Dinge als wahr und wichtig anzusehen, andere hingegen nicht.

---

3   Verlagsbeschreibung der Zeitschrift *Aries: Journal for the Study of Western Esotericism* (Brill: Leiden/Boston 2001 ff), URL: https://brill.com/view/journals/arie/arie-overview.xml, aufgerufen am 20.01.2023. Für den technischen Terminus *occulture* (hier übersetzt als Okkultur) siehe z. B. Christopher Partridge, „Occulture is Ordinary" in: Egil Asprem & Kennet Granholm (Hrsg.), *Contemporary Esotericism*, Equinox: Sheffield / Bristol 2013, 113–133.

Mein erster Punkt ist ganz einfach: Das Thema soll aus der Sphäre des Abstrakten auf den Boden der Tatsachen geholt werden. Wer sich mit Esoterik beschäftigt, kommt leicht dazu anzunehmen, dass „sie" etwas sei, das „dort draußen" in der weiten Welt wirklich existiere. Tatsächlich aber ist Esoterik nur ein Etikett in unseren Köpfen. Das heißt jedoch nicht, dass der Begriff unbedeutend ist. Unsere kollektiven Gedankengebilde haben sehr wohl einen Einfluss auf die reale Welt: Glauben wir fest genug, dass etwas existiert, so wird „es" real für uns.[4] Das gilt nicht nur für die Ansichten jener, die einem esoterischen Weltbild anhängen, sondern auch für die Meinungen von Außenstehenden über Esoterik.

Erst zuhören, dann urteilen

Versucht man also herauszufinden, was es mit der sogenannten Esoterik eigentlich auf sich hat (indem man all die Kisten mit Bedacht und Geduld auspackt), so wird man stets auf ganz gewöhnliche Menschen und ihre Taten und Aussagen treffen. Wollen wir also Esoterik verstehen, müssen wir sie verstehen – was treibt sie an, was geht in ihnen vor? Wir müssen zuerst zuhören. Die größte Versuchung in der Esoterikforschung besteht darin, dass man ihre Vertreter/-innen oft gleich am Anfang schon kategorisiert und beurteilt (von verurteilen ganz zu schweigen), bevor man sich die Mühe gemacht hat, sie überhaupt zu verstehen.

Erlauben Sie mir, meine eigene Forschungsarbeit als Beispiel anzuführen: 1995 verteidigte ich meine Dissertation *New Age Religion and Western Culture: Esotericism in the Mirror of Secular Thought* [New Age Religion und Abendländische Kultur: Esoterik im Spiegel des säkularen Denkens]

---

4   Imaginäre Ausgestaltungen [imaginal formations] wie Esoterik (oder andere wie „Religion", „die Wirtschaft", und so weiter) können eine ungemein wichtige Rolle spielen, denn sie werden in unserer kollektiven Vorstellung vergegenständlicht. Eine Diskussion dessen findet sich in Hanegraaff: „Reconstructing ,Religion' from the Bottom Up", in: *Numen* 63:5/6 (2016), S. 578–581. https://www.academia.edu/28891053/Reconstructing_Religion_from_the_Bottom_Up_2016_

die ein Jahr darauf veröffentlicht wurde.[5] Der Titel lässt erkennen, dass diese Arbeit einen Versuch darstellte, die populäre Esoterikform des New Age zu verstehen, indem sie deren Grundideen und ihre Herkunft analysierte. Die New-Age-Bewegung hatte seit den 1960ern und 70ern viel Beachtung gefunden und wurde dann vor allem in den 1980ern sehr beliebt und kommerziell attraktiv. Es gab nicht wenig wissenschaftliche Literatur zu New Age als sozialer Bewegung und einige Forschende äußerten Bedenken oder Sorgen mit Blick auf deren Konsequenzen auf sozialer und politischer Ebene. Aber peinlicherweise hatte absolut niemand es für nötig gehalten, herauszufinden, was die Anhängerschaft des New Age eigentlich dachte, welche Ideen sie hatte oder wie sie die Welt sah – was beispielsweise durch Lesen der zahllosen Bücher in den New-Age-Buchgeschäften klarer geworden wäre. Die Wissenschaft war ausgesprochen gut darin, ihren Leserinnen und Lesern darzulegen, was sie von New Age hielt, aber den Menschen in der Bewegung hatte sie kaum Beachtung geschenkt. Dass mein Buch der erste Versuch war, das zu tun, ist keine besondere Errungenschaft meinerseits; es zeigt aber deutlich, dass weder Forschende noch die breitere Öffentlichkeit großes Interesse daran hatten, Esoteriker/-innen und ihre Ideen überhaupt ernst zu nehmen.

Die moderne Forschung zur westlichen Esoterik als akademische Disziplin entwickelte sich ungefähr zur selben Zeit, Mitte der 1990er, und hatte das Ziel, etwas daran zu ändern. Das war durchaus von Erfolg gekrönt. Heute gibt es seriöse wissenschaftliche Zeitschriften wie *Aries* oder das online frei zugängliche Journal *Correspondences*.[6] Es gibt akademische Buchreihen, die von renommierten Häusern wie Brill oder Oxford University Press[7] verlegt

---

5   Wouter J. Hanegraaff: *New Age Religion and Western Culture: Esotericism in the Mirror of Secular Thought*, Brill: Leiden/Boston 1996 und State University of New York Press: Albany 1998.

6   *Correspondences* (offen zugänglich: https://correspondencesjournal.com, 2013 ff).

7   *Aries Book Series: Texts and Studies in Western Esotericism*, hrsg. von Marco Pasi

werden. Es gibt eine aktive wissenschaftliche Gemeinschaft, die sich in der European Society for the Study of Western Esotericism (ESSWE, gegründet 2005) organisiert hat, alle zwei Jahre große Konferenzen ausrichtet und bemerkenswert viele kleinere Forschungsnetzwerke aufweist, die sich mit spezifischen Zeitabschnitten, kulturellen oder sprachlichen Regionen oder Themen beschäftigen.[8] Konferenzen und Tagungen zu Esoterikthemen sind auf dem Feld der Religions- und Geisteswissenschaften völlig normal geworden; und an verschiedenen Universitäten, zuerst an der Universität Amsterdam im Jahr 1999[9], haben sich speziell auf Esoterik ausgelegte Studiengänge und -kurse entwickelt, die eine auf Esoterik spezialisierte Generation junger Forschender hervorgebracht haben.

Dieser Professionalisierungsprozess hat zur Folge, dass jene, die in anderen Kontexten als der Wissenschaft arbeiten, nun viel einfacher an zuverlässige und sachgerechte Informationen zu Esoterik gelangen als noch vor dreißig Jahren. Sieht man sich die Bücher und Veröffentlichungen auf dem allgemeinen Buchmarkt an, besteht kein Zweifel, dass sowohl Qualität als auch Quantität enorm zugenommen haben. Bis in die späten 1990er-Jahre

---

(https://brill.com/view/serial/ARBS); *Oxford Studies in Western Esotericism*, hrsg. von Henrik Bogdan (https://global.oup.com/academic/content/series/o/oxford-studies-in-western-esotericism-oswe/?cc=nl&lang=en&).

8 Siehe https://www.esswe.org. ESSWE richtet seit 2007 alle zwei Jahre Konferenzen in ganz Europa aus: Tübingen 2007, Straßburg 2009, Szeged 2011, Gothenburg 2013, Riga 2015, Erfurt 2017, Amsterdam 2019, Cork 2022 (regulär 2021 und verschoben aufgrund der Corona-Pandemie). Die nächste Konferenz findet 2023 in Malmö statt. Die vielen Netzwerke des ESSWE finden sich unter https://www.esswe.org/Networks.

9 Vgl. www.amsterdamhermetica.nl. Zu Ursprüngen und Geschichte dieses einzigartigen Studiengangs vgl. die Jubiläumsausgabe Wouter J. Hanegraaff & Joyce Pijnenburg (Hrsg.), *Hermes in the Academy: Ten Years' Study of Western Esotericism at the University of Amsterdam*, Amsterdam University Press 2009 (kostenloser Download https://www.amsterdamhermetica.nl/wp-content/uploads/2013/05/Hermes-in-the-Academy.pdf). Eine zweite Jubiläumsausgabe wurde 10 Jahre später veröffentlicht: Wouter J. Hanegraaff, Peter J. Forshaw & Marco Pasi (Hrsg.), *Hermes Explains: Thirty Questions about Western Esotericism*, Amsterdam University Press 2019.

bestand der Buchmarkt zu Esoterik hauptsächlich aus meist unzuverlässigen Veröffentlichungen von nicht-akademischen, esoterischen Insidern oder Gegnern. Heute ist es leicht, an seriöse, gut recherchierte und durchdachte Informationen zu gelangen. Es gibt jedoch zugegebenermaßen immer noch eine stattliche Lücke zwischen den fundierten, wissenschaftlichen Werken aus der Spezialistenfeder und dem allgemeinen Lesepublikum, das für gewöhnlich den bequemen Weg wählt und zu Populärliteratur für den Massenmarkt greift.

Es ist vollkommen klar, dass Expertinnen und Experten in der politischen Bildung, in Schulen, der Sozialarbeit, dem Gesetzesvollzug oder anderen Bereichen ihren Arbeitstag nicht damit verbringen können, einen Kanon der wissenschaftlichen Esoterikliteratur zu erstellen; aber mir ist wichtig, dass Sie zumindest wissen, dass alles, was Sie brauchen, um sich mit Esoterik genauer zu beschäftigen, heute einfach zugänglich ist. Alles ist verfügbar und bereit zum Gebrauch, aber man muss kritisch und wählerisch sein. Das ist mein zweiter Punkt. Der Buchmarkt zu Esoterik ist leider immer noch überschwemmt mit wenig sachkundigen und unzuverlässigen Desinformationen; also machen Sie sich die Mühe und suchen Sie nach belastbaren und zuverlässigen Werken aus qualifizierter Hand. Es bleibt nur hinzuzufügen, dass die alle zwei Jahre stattfindenden ESSWE-Konferenzen nicht nur wissenschaftlichen Teilnehmenden offenstehen, sondern auch Menschen, die sich in anderen Kontexten mit Esoterik beschäftigen. Einige von Ihnen arbeiten vielleicht in Berufen (zum Beispiel im Gesetzesvollzug), in denen Ihre Annahmen und Ihr Wissen zu Bereichen wie Esoterik teils sehr ernste Folgen für das Leben echter Menschen haben kann. Deshalb bitte ich Sie, Ihre Annahmen auf der Basis von zuverlässigen Informationen zu treffen und nicht aufgrund der zahlreichen fragwürdigen Stereotypen und Fehlwahrnehmungen, die noch immer unsere Gesellschaft und die populären Medien beherrschen.

Das bringt mich zu einem dritten, in meinen Augen essenziellen Punkt. Die Erklärung wird etwas umfangreicher ausfallen, uns gleichzeitig aber zu einem besseren Verständnis von Esoterik führen. Zu Beginn habe ich erklärt, das Wort sei nur ein Etikett und nichts, was es „da draußen wirklich gibt". Ich fand es ungemein wichtig, Ihnen klar zu machen, dass es keine versteckte Essenz der Esoterik gibt oder eine Checkliste mit klaren Kriterien dafür, was esoterisch ist. Wenn Sie aber meine Ausführungen dazu gelesen haben, hat sich Ihnen eine Frage sicher geradezu aufgedrängt: „Wenn das stimmt, was rechtfertigt dann überhaupt die Verwendung des Etiketts ‚Esoterik'? Wir packen alle diese heterogenen Bewegungen, Ideen, Persönlichkeiten, Praktiken oder Überzeugungen in eine begriffliche Kiste und kleben das Etikett ‚Esoterik' darauf, da müssen sie ja wohl irgendetwas gemeinsam haben?" Und das haben sie auch!

Aber wie ist das möglich? Habe ich Ihnen nicht gerade das Gegenteil erklärt? Nun ist folgender Punkt für das Verständnis wesentlich: Die Gemeinsamkeiten von „allem Esoterischen" ergeben sich nur in geringem Maße aus den eigentlichen Charakteristika dessen, was sich in der Kiste befindet. Sie ergeben sich jedoch in großem Maße aus den Gründen, aus denen wir sie überhaupt in eine besondere Kiste packen. Mit anderen Worten: Diese Gemeinsamkeiten existieren vor allem in unseren Köpfen. Wir haben das Gefühl, dass „dieser ganze Kram" irgendwie zusammenhängt, obwohl es uns schwerfällt, uns selbst oder anderen zu erklären weshalb. Das also ist mein dritter Punkt: Dieses Etikett gibt Auskunft über uns.

Mit diesem „uns" meine ich nun nicht Sie und mich im Besonderen. Ich meine damit einen breiten Konsens, der ganz typisch ist für unsere moderne westliche kulturelle, gesellschaftliche und intellektuelle Mehrheitsmeinung. Dieser Konsens hat tiefe geschichtliche Wurzeln, denn er hat sich seit Beginn unserer Zeitrechnung über etliche Jahrhunderte hinweg entwickelt. Es mag uns gefallen oder nicht, es mag uns bewusst sein oder auch nicht, aber wer in der westeuropäischen oder nordamerikanischen Kultur geboren, aufgezogen und ausgebildet wurde, wird unweigerlich von fast allen der grundlegenden Ideen, Muster und Annahmen – inklusive deren Schattenseiten und tiefsitzenden Vorurteilen – beeinflusst, die typisch sind für die lange und komplexe kulturelle und intellektuelle Geschichte „des Westens". Das bringt mich zum folgenden Punkt, auf den ich gesondert aufmerksam machen möchte:

Unsere ganze Vorstellung einer kulturellen Identität des Westens wurde über Jahrhunderte auf Mustern der Kritik und polemischen Ablehnung einer Reihe von Weltanschauungen, intellektuellen Traditionen oder spirituellen Praktiken errichtet, die als inkompatibel mit den Grundwerten und -annahmen der westlichen Zivilisation wahrgenommen und so weitergetragen wurden.

Das ist der Grund, warum „wir" alles in eine Kiste stecken. Diese Kiste ist gefüllt mit einer Vielfalt an Dingen, bei denen „wir" über lange Zeiträume hinweg stets beschlossen haben, dass wir sie nicht akzeptieren oder ernst nehmen wollen – mit anderen Worten, es ist eine Kiste voll mit verschmähtem Wissen.[10] Das ist die eigentliche Bedeutung des Etiketts Esoterik.

Ihre erste Reaktion könnte nun sein: „Na gut, dann sagen Sie uns doch bitte nun genau, welche Art Wissen das ist, damit wir endlich verstehen, worum es in der ‚Esoterik' geht!" So einfach ist das aber nicht, um es vorsichtig auszudrücken. Warum? Um wirklich zu verstehen, worum sich die Forschung der Esoterik dreht, müssen Sie hinterfragen, auf welchem Boden Sie stehen oder welche Luft Sie atmen! Soll heißen: Die Grundfesten unserer Überzeugungen und Weltanschauungen, die wir alle als Teil unserer Bildung und unserer Sozialisierung in der westlichen Gesellschaft erlernt haben. Statt die grundlegendsten Annahmen (so funktioniert die Welt, das ist wahr und das ist falsch, das ist gut und das ist schlecht, das ist „seriös" und das nicht) als selbstverständlich anzusehen, müssen Sie bereit sein, ein paar Schritte Ab-

---

10 Auf Englisch: Rejected Knowledge.

stand zu schaffen und Ihre Kernüberzeugungen und Weltansicht mit größerem kritischen Abstand als gewöhnlich zu betrachten.

Ich kann diesen Punkt gar nicht genug unterstreichen, so radikal er auch
sein mag: Wenn Sie auch nur in Grundzügen verstehen wollen, worum es bei
Esoterik geht, müssen Sie zumindest die Möglichkeit miteinbeziehen, dass einige Ihrer sich selbst erklärenden Ansichten vielleicht gar nicht so offenkun-
dig wahr sind. Dafür gibt es einen einfachen Grund: Alle menschlichen Ide-
en entspringen der Geschichte und alles in der Geschichte hätte genauso gut
ganz anders passieren können als es sich zugetragen hat. Wir alle halten tagtäglich viele Dinge für selbstverständlich, schlicht weil wir aus einer gewissen Kultur und intellektuellen Tradition kommen, die uns sagt, dass manches
natürlich richtig ist und gleichzeitig alles, was mit diesen Überzeugungen in
Konflikt steht, als natürlich falsch festlegt – und das dementsprechend in die
Kiste mit „verschmähtem Wissen" gehört.

Um diesen Punkt zu untermauern, möchte ich Ihnen zwei Beispiele aus
der Geschichte aufzeigen. Sie fragen sich womöglich gleich, was das mit Esoterik zu tun hat, aber haben Sie etwas Geduld. Sie werden sehen, die Verbindung ist da.

- Erstes Beispiel. An einem Tag ungefähr 450 Jahre vor der Geburt Christi
  ti heirateten in Athen zwei junge Menschen aus vornehmen Familien.
  Die Braut hieß Periktione und ihr Bräutigam war Ariston. Diese Namen
  sind Ihnen wahrscheinlich unbekannt. Der Name ihres Sprösslings jedoch dürfte bekannt sein: Platon! Nun stellen Sie sich einmal kurz vor,
  was passiert wäre, hätten sich Periktione und Ariston niemals kennen-
  gelernt – aus irgendeinem Grund heirateten sie jemand anderen, eine/-r
  der beiden wird krank und stirbt vor der Hochzeit oder ein anderer Zufall
  ereignet sich. Zahllose kleine Umstände in ihren Leben hätten dazu führen können, dass Platon niemals geboren worden wäre. Ich kann Ihnen
  aber versichern, wenn dieser Mann nicht vor zweieinhalbtausend Jahren
  geboren worden wäre, so säßen wir sicherlich nicht hier und diskutierten

über Esoterik. Warum? Weil es unmöglich ist, sich auch nur vorzustellen, welche Richtung die Entwicklung der Welt ohne Platons Schriften eingeschlagen hätte. Denken Sie darüber nach. Es gäbe die griechische Philosophie, das Fundament der sogenannten westlichen Geistesgeschichte, nicht. Es wäre den Jüngern Jesu unmöglich gewesen, das zu entwickeln, was wir heute als christliche Theologie kennen, denn so viele der grundlegenden Annahmen, die das europäische Geistesleben bestimmt haben, finden ihre Grundlage nicht etwa in der Bibel, sondern in der Philosophie des Platonismus und seiner Nachfolger. Auch die arabische Philosophie aus der islamischen Welt gäbe es nicht, was im Gegenzug hieße, dass auch die Wissenskultur des christlichen Spätmittelalters nicht vorhanden wäre, die den arabischen Gelehrten vieles verdankt.[11] Es hätte niemals eine Renaissance gegeben, denn sie hing ganz entscheidend von der Wiedergeburt des Platonismus im fünfzehnten Jahrhundert ab.[12] So könnte ich noch endlos weitermachen. Zusammenfassend: Hätten Periktione und Ariston nicht geheiratet, und wäre so Platon nicht geboren worden, wäre beinahe nichts so geschehen, wie es geschehen ist. Wir könnten uns die heutige Welt kaum vorstellen. Und zu guter Letzt: Viele der Gedanken, die wir als esoterisch ansehen, haben ihre Wurzeln tatsächlich im Platonismus. Kein Platon, keine Esoterik.

- Zweites Beispiel. Wären Sie im vierten Jahrhundert nach christlicher Zeitrechnung geboren, so hätten Sie vielleicht im Jahr 363 n. u. Z. die Schlacht von Maranga im heutigen Irak miterlebt. Am frühen Morgen

---

11 Tatsache ist, dass die arabische Philosophie des sogenannten „Goldenen Zeitalters" des Islam den philosophischen Traditionen, die einst auf Griechisch geschrieben wurden, eine Menge schuldet. Vgl. etwa Peter Adamson und Richard C. Taylor (Hrsg.): *The Cambridge Companion to Arabic Philosophy*, Cambridge University Press 2005.
12 Eine Schlüsselrolle hatte hier der Florentiner Humanist und Philosoph Marsilio Ficino (1433–1499) inne, der für die Geschichte der Esoterik und der allgemeinen Kulturgeschichte der frühen Neuzeit von besonderer Bedeutung war. Ficino übersetzte die kompletten Werke Platons (und anderer Platonisten) ins Lateinische, sodass sie nun auch durch den vor Kurzem erfundenen Buchdruck einer großen Zahl von Intellektuellen zugänglich wurde.

des 26. Juni 363 griff überraschend der Feind an, und der römische Kaiser Julian (331–363 n. u. Z.), hastete aus seinem Zelt. Nun war zu diesem Zeitpunkt ein kleines Lederband an seinem Brustpanzer abgerissen und es fehlte die Zeit, es zu reparieren. Wahrscheinlich aufgrund der schlechtsitzenden Rüstung starb Julian – und zwar durch einen Speer, der eigentlich an seinem Brustpanzer abgeprallt wäre. Sein Tod bereitete den drei Jahren ein jähes Ende (361–363 n. u. Z.), in denen er versucht hatte, die Christianisierung des Römischen Reiches zu unterbinden und die Menschen zurück zum Heidentum zu führen. Wir werden nie erfahren, was passiert wäre, wenn dieses kleine Lederband nicht gerissen oder rechtzeitig genäht worden wäre. Tatsache ist, dass Julian, im Herzen zwar Philosoph, ein bemerkenswert tatkräftiger Kaiser war. Es wäre durchaus möglich gewesen, dass ihm die Repaganisierung gelungen und so die Verbreitung des Christentums aufgehalten worden wäre. Wäre das geschehen, dann säßen wir ebenfalls nicht hier und würden über Esoterik diskutieren! Statt Konstantin „den Großen" in den Geschichtsbüchern zu finden, würden wir uns vielleicht an Julian „den Großen" erinnern – der weltbekannte Kaiser, der diese seltsame, nun in Vergessenheit geratene Religionsströmung des „Christentums" aufgehalten hatte und unsere Kultur auf den rechten Weg zurückführte[13] ...

Warum erzähle ich Ihnen diese Geschichten? Wozu dient das? Erstens möchte ich Sie überzeugen, dass viele unserer fundamentalen Ansichten, Überzeugungen und Werte, die sie wahrscheinlich tagtäglich für selbstverständlich halten, es ganz und gar nicht sind. Sie sind letztlich nichts anderes als zufällige Produkte spezifischer historischer Entwicklungen, die zwar auf eine gewisse Weise passiert sind, aber genauso gut auch eine völlig andere Richtung hätten nehmen können. Zweitens können wir das, was wir heute Esoterik nennen, nur von diesem Standpunkt aus verstehen.

---

13 Jonathan Kirschs *God against the Gods: The History of the War between Monotheism and Polytheism*, Viking Compass: New York 2004, S. 213–267, ist eine sehr lesenswerte Darstellung.

Mit anderen Worten: Man kann Esoterik nicht greifen, ohne den weiteren Kontext zu betrachten – die Geschichte der westlichen Kultur selbst. Auf simpelster Ebene enthält die Kiste mit diesem Aufkleber mehr oder minder alles, was Sie (und wir alle) gelernt haben, als „anders", „komisch", „problematisch", „fragwürdig" und sogar „gefährlich" wahrzunehmen, und zwar weil es nicht in die vorherrschenden, mehrheitlich akzeptierten intellektuellen Muster passt, auf denen unsere gesamte Gesellschaft beruht. Man kann auch sagen: Unsere Wahrnehmung von Esoterik ist das Ergebnis eines langen Prozesses polemischer Ablehnung, in dem „wir" „unsere" „westliche" Identität gegen alles abgegrenzt und verteidigt haben, was „wir" als inkompatibel mit unseren Vorstellungen davon, wer wir sind oder wer wir sein wollen, zurückgewiesen haben. Es ist unmöglich, diese geschichtlichen Entwicklungen in einem einzigen Aufsatz auch nur grob zu umreißen; wenn Sie also mehr wissen wollen, muss ich auf eine monographische Darstellung verweisen.[14] Ich kann allein in Anfängen skizzieren, warum unsere Vorstellungen von Esoterik nur klarer werden, wenn wir sie als Teil eines andauernden Konflikts sehen, der sich über Jahrtausende hinweg zwischen den grundlegendsten Bestandteilen der westlichen Kultur abspielt.

Interner Eurozentrismus

Der erste dieser Bestandteile kann als heidnisch-hellenistisch bezeichnet werden.[15] Es entwickelte sich seit dem vierten Jahrhundert vor unserer

---

14 Wouter J. Hanegraaff: *Esotericism and the Academy: Rejected Knowledge in Western Culture*, Cambridge University Press 2012. Einen kürzeren Überblick über die Geschichte der polemischen Ablehnung bietet Hanegraaff: *Western Esotericism* (wie Anm. 2), S. 45–68.
15 Der zeitgenössische wissenschaftliche Diskurs streitet über fast alle generischen Termini und erkennt in ihnen häufig eine Form ethnozentrischer Voreingenommenheit oder ideologischen Vorurteils – „heidnisch-hellenistisch" nicht ausgenommen. Mit meiner Verwendung des Terminus Heidentum als vollkommen neutral und nicht abwertend schließe ich mich Alan Camerons Argumentation in *The Last Pagans of Rome*, Oxford

Zeitrechnung als Ergebnis der spektakulären Eroberungen Alexanders des Großen. Dabei kamen zahlreiche der großen Zivilisationen der Antike und ihre immens vielfältigen religiösen und intellektuellen Kulturen in Berührung mit griechischer oder „hellenischer" Kultur – ein Prozess, der noch zur Zeit des Römischen Reichs andauerte. Der zweite Bestandteil besteht aus den großen abrahamischen Religionen, die auf einer radikalen oder exklusiven Form des Monotheismus gründen: das Judentum, das Christentum und (sehr wohl!) der Islam.[16] Das Judentum verbreitete sich vor und nach der Zerstörung des Zweiten Tempels im Jahr 70 im gesamten Römischen Reich – dieser Prozess wird bekanntlich als jüdische Diaspora bezeichnet. Das Christentum wurde zur vorherrschenden Religion im Römischen Reich und seinen Nachfolgern, dem Byzantinischen Reich im Osten und der römisch-katholischen Kirche im Westen. Der Islam schließlich bot dazu einen Gegenentwurf und wurde zur Hauptglaubensrichtung eines immensen Gebiets, das wir letztlich als Osmanisches Reich kennen. Zu beachten ist, dass die populäre Vorstellung des Islams als „Feind des Westens" (selbstredend häufig in konservativen und rechten Kreisen propagiert) eigentlich schlicht auf traditionellen, christlichen Vorurteilen fußt. Aus kultur- und ideengeschichtlicher Perspektive darf der Islam nicht als eine Art „Außenseiter", sondern muss als integraler und essenzieller Bestandteil der „westlichen Kultur" wahrgenommen werden.[17]

Mir ist natürlich klar, dass diese Denkweise viele gängige Haltungen zum Islam, dem Orient und so weiter konterkariert, doch genau darum geht

---

University Press 2011, S. 14–32, an. Hellenismus verwende ich ebenfalls als rein deskriptive Kategorie und lehne die „philhellenische" Voreingenommenheit (vgl. Hanegraaff: *Hermetic Spirituality and the Historical Imagination: Altered States of Knowledge in Late Antiquity*, Cambridge University Press 2022, S. 16–19, 360–362) explizit ab.

16 Auch die Terminologie rund um die „abrahamischen Religionen" ist Streitgegenstand, vgl. zum Beispiel Adam J. Silverstein & Guy G. Stroumsa (Hrsg.), *The Oxford Handbook of the Abrahamic Religions*, Oxford University Press 2015.

17 Vgl. etwa Richard W. Bulliet: *The Case of Islamo-Christian Civilization*, Columbia University Press: New York 2004; Hanegraaff: *Hermetic Spirituality* (Anm. 15), S. 360–363.

es mir: Ich möchte, dass Sie diese Annahmen hinterfragen. Die abrahamischen oder radikal-monotheistischen Religionen definierten ihren Wesenskern stets gegen die „heidnischen" Bräuche der sie umgebenden Kulturen.
Judentum, Christentum und Islam waren sich in einer Sache sehr einig –
und zwar in ihrer radikalen Ablehnung der für sie inakzeptablen „heidnischen
Götzenverehrung".[18] Das Problem war jedoch, dass eine durchgängige Ablehnung der hellenischen „Heidenkultur" für die monotheistischen Religionen in der Praxis schlicht nicht möglich war. Der große Einfluss und die intellektuelle Überlegenheit des Platonismus, Neo-Platonismus, Aristotelismus
und weiterer „heidnischer" Philosophiesysteme bedeutete, dass sie für die
christliche Theologie ebenso wie für die religiöse, philosophische und wissenschaftliche Entwicklung der islamischen Welt unentbehrlich waren. Heute
nehmen wir oft an, dass alle Werke der griechisch-hellenischen Philosophieli-
teratur, angefangen bei Platon höchstselbst, nur streng „rationale" oder „wissenschaftliche" Spekulationen enthalten. Entgegen dieser Annahme entdeckt
man bei genauer Betrachtung aber auch eine Fülle von religiösen und spirituellen Überlegungen darin. Es war nicht möglich, nur die „rationalen" oder
„wissenschaftlichen" Teile der griechischen Wissenskultur zu behalten und
den Rest zu entsorgen, denn alles war eng miteinander verknüpft.

Das ist es nun aber genau, was die christlichen Intellektuellen versuchten. Man könnte sagen, dass sie im Grunde die „heidnisch-hellenistische"
Tradition in zwei Lager teilten. Die komplexe Entwicklung der „westlichen
Kultur" von der Antike bis in die Gegenwart basiert so auf der sehr unbeque-
men, aber unvermeidlichen Koexistenz von nicht zwei, sondern drei Kultur-
komponenten, jede mit ihrer eigenen inhärenten Logik und Dynamik. Den

---

18 Vgl. Jan Assmann: *Moses the Egyptian: The Memory of Egypt in Western Monothe-
ism*, Harvard University Press: Cambridge Mass./London 1997; ders.: *Die Mosaische
Unterscheidung oder Der Preis des Monotheismus*, Carl Hanser Verlag: München/
Wien 2003; Moshe Halbertal und Avishai Margolit: *Idolatry*, Harvard University Press:
Cambridge Mass./London 1992.

ersten Teil bildet der exklusive Monotheismus der abrahamischen Religionen, der sich aus den Büchern Mose, dem Alten und Neuen Testament sowie dem Koran speist. An zweiter Stelle stehen die als seriös wahrgenommenen „heidnischen" Traditionen des griechischen Rationalismus und der Wissenschaft. An dritter Stelle folgt dann „der ganze Rest" oder „das Übriggebliebene" – sprich alles, was nicht einfach in die sorgsam gepackten Kisten „Monotheismus gemäß den Schriften" oder „Wissenschaft und Rationalismus" passte. Sie haben es erraten: Wir sind nun am Entstehungspunkt unserer Reliktkiste: das „verschmähte Wissen", das wir heute meist als Esoterik bezeichnen.

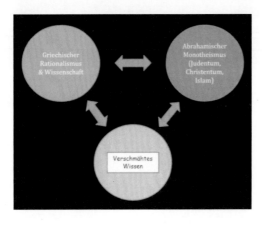

Ich möchte darauf hinaus, dass das Standard-Schulbuch, das der Großteil von uns in der Hand hatte, uns glauben machen will, dass die westliche Kultur im Kern auf die ersten beiden Elemente reduziert werden kann: Religion (sprich: Monotheismus) und Wissenschaft und Vernunft (sprich: die Griechen). Der „Rest" ist nicht ernst zu nehmen. Hinzu kommt, dass uns seit der Reformation und der Aufklärung häufig ein noch reduzierteres Bild präsentiert wird, aus dem der Islam entfernt wurde. Damit entsteht die populäre, aber hochproblematische Auffassung, dass eine „jüdisch-christliche Tradition" (Monotheismus minus Islam) der Wissenschaft und Vernunft gegenübersteht.[19]

---

19 Das Konzept der „jüdisch-christlichen" Tradition soll den Islam sowohl aus dem Monotheismus als auch aus der europäischen Kultur ausschließen. Es steht außerdem in Einklang mit dem christlich-hegemonialen Motiv, das dem Judentum eine untergeordnete Rolle zuweist, in der es dem Aufstieg des Christentums bloß „vorangeht" und diesen „vorbereitet".

Was sich hier abzeichnet, ist nichts weniger als die tiefgehend eurozentrische oder (um einen hässlichen Neologismus zu bemühen) westzentrische Ideologie der Überlegenheit des Christentums und des Rational-Wissenschaftlichen – rechts im Bild ist alles oberhalb der Trennlinie

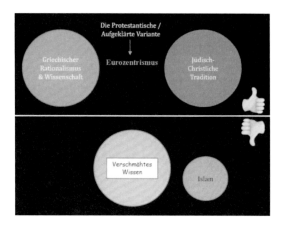

„gut", während alles unterhalb „schlecht" ist. Seit Beginn der Neuzeit hat diese normative Ideologie unser Bildungssystem und unsere sozialen Institutionen durchdrungen und folglich wurden wir alle von ihr beeinflusst.[20]

Ich hoffe, Ihnen wird klar worauf ich hinaus will. Seit der frühen Neuzeit ist die eurozentrische Version der westlichen Überlegenheit ein wichtiges Werkzeug der imperialistisch-kolonialistischen Anstrengungen, christliches und rational-wissenschaftliches Gedankengut in den Rest der Welt hinauszutragen und es nicht-westlichen Menschen und Kulturen aufzuzwingen. Die normativen Ideologien, die die Eroberung und Herrschaft im Kolonialismus zu legitimieren versuchten, wurden in den letzten Jahrzehnten überaus scharf kritisiert – und das völlig zu Recht. Doch trotz der offensichtlichen Bedeutung dieser politischen Debatten übersehen sogar die lautesten Stimmen der postkolonialen Kritik am „Westen" etwas Entscheidendes, und zwar, dass die Wurzeln der eurozentrischen Ideologie westlicher Überlegenheit viel älter sind. Sie beruhen auf einer stetigen und systematischen Anstrengung, viel mehr als nur externe Andersartigkeit wie den Islam, Indien und andere nichteuropäische oder nicht-nordamerikanische Kulturen zu marginalisieren, auszuschließen und zu diskreditieren.

---

20 Für eine detaillierte Analyse empfiehlt sich Hanegraaff: „Reconstructing ‚Religion' from the Bottom Up" (wie Anm. 4).

Entstanden in und weiterentwickelt seit der Spätantike, zielt diese Anstrengung auch auf jedwede interne Andersartigkeit, die mit dem „Heidentum" und der „Götzenverehrung" verknüpft und häufig hochdramatisiert als existenzielle, „dämonische" Bedrohung dargestellt wurde.[21] Letztlich wurden all diese Formen des „verschmähten Wissens" in eine Art Konzeptpapierkorb oder eine Reliktkiste verschoben, die heute von weiten Teilen der Öffentlichkeit mit größtenteils abschätzigen Bezeichnungen wie Esoterik, „Magie", „Aberglaube", „Irrationalität" oder „Okkultismus" versehen wird. Kurzum: Das „komische Zeug", das wir nur schwer kategorisieren können. „Wir" haben diese Kiste angelegt, weil es diese Bräuche und Vorstellungen nun einmal gibt und schon immer in unseren Teilen der Welt und unserer Geschichte gab, wir uns von ihrer Gegenwart aber immer noch beunruhigt sehen und nicht wissen, was genau sie bedeuten oder wie wir mit ihnen umgehen sollen.[22] Unsere große Verwirrung angesichts dieses gesamten Gebiets hat dazu geführt, dass wir überhaupt Diskussionen über Esoterik führen. Daraus ergibt sich, dass all diese Ausformungen des Eurozentrismus, die sich gegen nichtwestliche Kulturen richten (dazu gehört natürlich auch der komplette Diskurs über den „Orientalismus"), einem viel breiteren, älteren und tiefgreifenderen „großen polemischen Narrativ" entspringen. Dieses basiert auf der diskursiven Dynamik zwischen einem internen Eurozentrismus und einer abgelehnten Andersartigkeit innerhalb der westlichen Kultur selbst.

Das ist meine Antwort auf die anfangs gestellte Frage: „Was ist Esoterik?" Es mag nicht die Antwort sein, die Sie erwartet hatten, ich finde jedoch, dass Sie eine ernsthafte Antwort und keine einfache, aber oberflächliche Lösung verdienen. Es ergeben sich einige weitreichende Folgen:

---

21 Eine klassische Studie zum Thema ist Norman Cohns *Europe's Inner Demons*, Sussex University Press 1975, deren Titel genau mein Argument hier widerspiegelt. Die „Dämonisierung" dieser Traditionen ist in Hanegraaff: *Esotericism and the Academy* (wie Anm. 14), S. 77–152, nachzulesen.

22 Vgl. Hanegraaff: E*sotericism and the Academy* (wie Anm. 14), S. 1–4.

- Zuerst und nach den eben erfolgten Ausführungen vielleicht recht offensichtlich: Man kann Esoterik nicht umfänglich verstehen, ohne die versteckten oder expliziten Ideologien westlicher Überlegenheit zu hinterfragen, die das gesamte Projekt Neuzeit definieren, zu dem auch die imperialistische Expansion und die Kolonialisierungsbemühungen der restlichen Welt gehören. Wenn Sie daran Zweifel hegen, denken Sie nur einmal an die beliebte Annahme, dass „wir bei uns hier" die Wissenschaft haben, während „die da drüben" nichts als primitive Magie vorweisen können.[23]

- Eine zweite Folge: All das „komische Zeug", das wir bisher in die Esoterikkiste gestopft haben, damit es schön getrennt bleibt von allem, was wir als reine „westliche Kultur" wahrnehmen, muss nun wieder aus dieser Kiste herausgeholt werden. Alles muss ernsthaft und vorurteilslos studiert werden, wie jede andere Facette der westlichen Kultur. Dann muss

---

23 Diese Grundidee hat ihre Wurzeln in der Annahme der kulturellen Evolution. Diese wurde im neunzehnten Jahrhundert extrem populär und suggerierte, dass Zivilisationen sich von primitiver „Magie" über das etwas anspruchsvollere Phänomen der „Religion" (mit dem liberalen Protestantismus als ranghöchster Ausdrucksform) hin zur noch überlegeneren Ebene der „Wissenschaft und Vernunft" entwickeln. Klassische Formulierungen finden sich zum Beispiel in einem Werk des Begründers der kulturellen Anthropologie, Edward Burnett Tylor, und seinem berühmten Nachfolger James Frazer. Die Folgerungen aus der evolutionistischen Theorie waren durch und durch rassistisch (die Geschichte der Menschen wurde als eine Fortschrittsbewegung von unterlegener „primitiver Magie" Schwarzer Völker in Afrika hin zur überlegenen Religion und Wissenschaft der Weißen Europas und Amerikas dargestellt) und explizit genozidal. Das wird beispielsweise in den Werken sehr einflussreicher „Sozialdarwinisten" wie Herbert Spencer deutlich, der Sätze wie diesen zustande brachte: „Der Imperialismus diente der Zivilisation, indem er unterlegene Rassen von der Erde tilgte. … Die Kräfte, die nach dem Plan des perfekten Glücks arbeiten und daraus entstehendes Leid außer Acht lassen, beseitigen jene Teile der Menschheit, die ihnen im Weg stehen … Egal ob Mensch oder Wilder – das Hindernis ist beiseite zu schaffen" (Spencer: *Social Statistics: or, The Conditions Essential to Human Happiness specified, and the First of Them Developed*, John Chapman: London 1850, S. 416; vgl. Wouter J. Hanegraaff: „Exterminate all the Idols" http://wouterjhanegraaff.blogspot.com/2014/03/exterminate-all-idols.html).

es zurücksortiert werden an seinen rechtmäßigen Platz in unserem Narrativ der komplexen Geschichte, die sich seit zweieinhalbtausend Jahren in unseren Teilen der Welt abspielt. Das ist der Kern dessen, worum es in der wissenschaftlichen Esoterikforschung geht.

• Nehmen wir dieses Vorhaben ernst, ist eine dritte Folge, dass wir nicht länger so über „westliche Kultur" denken können, wie wir es bisher getan haben. Unsere traditionellen Erzählungen oder Metanarrative über „den Westen" müssen entlarvt werden als das was sie sind und schon immer waren: ideologische Fiktionen. Die altbekannten triumphalistischen Geschichten über die westliche Überlegenheit müssen von völlig anderen, aber – hoffentlich – genaueren und gerechteren historischen Narrativen der „westlichen Kultur" ersetzt werden.

Kritische Theorie und unkritische Fantasien

Sie sehen also, dass ich die eurozentrischen Ideologien scharf kritisiere. Sie zeichnen ein beschränktes Bild von der angeblichen Überlegenheit der westlichen Kultur, indem sie die „griechische" Rationalität und die „monotheistische" (oder vielmehr „jüdisch-christliche") Moral allem angeblich „Irrationalen" und „Unmoralischen" gegenüberstellt, das mit „Heidentum", „Götzenverehrung", „Magie", „Aberglaube", „dem Okkulten" oder der „Unvernunft" verbunden ist – kurzum, allem, was zuvor in die „Esoterikkiste" gesteckt wurde.[24] Die moderne Esoterikforschung hat immer wieder gezeigt, dass solch

---

24 Dies ist ein Kernargument meiner Erörterung in Wouter J. Hanegraaff: „The Globalization of Esotericism", in: *Correspondences* 3 (2015), S. 55–91 (https://correspondencesjournal.com/14303-2/); eine noch kritischere Auseinandersetzung mit dem „spirituellen Imperialismus" veröffentlichte ich bereits zu einer Zeit, in der die „Globalisierung" noch weitgehend als positiv oder nutzbringend angesehen wurde: Wouter J. Hanegraaff: „Prospects for the Globalization of New Age: Spiritual Imperialism versus Cultural Diversity", in: Mikael Rothstein (Hrsg.), *New Age Religion and Globalization*, Aarhus University Press 2001, S. 15–30 (https://www.academia.edu/3461630/Prospects_for_the_Globalization_of_New_Age_Spiritual_Imperialism_versus_Cultural_

krude Polemik schlicht falsch ist. Sobald man die Stereotypen hinter sich lässt und genauer hinschaut, entdeckt man, dass eine saubere Trennlinie zwischen Esoterik und der akzeptierten Mainstream-Kultur unmöglich gezogen werden kann – vor allem nicht anhand so simpler Maßstäbe wie „Wissenschaft", „Vernunft", „Religion" oder „Moral". Unvernunft, Unmoral und schlichte Dummheit gibt es auf beiden Seiten dieser Linie (also über und unter dem Trennstrich der vorigen Abbildung) zuhauf. Umgekehrt findet sich natürlich auch viel Vernünftiges, Moralisches und Intelligentes auf beiden Seiten.

Trotzdem bleiben etliche Ausformungen und Variationen von Theodor W. Adornos berüchtigter These, Okkultismus [sei] die Metaphysik der dummen Kerle[25] in der allgemeinen Gesellschaft und den Medien sehr beliebt, vor allem in Deutschland. Hier muss ich überdeutlich werden: Dieses Zitat ist eine ganz typische Version des Standardmusters des internen eurozentrischen Vorurteils, das ich oben beschrieben habe. Der Einfluss der sogenannten Kritischen Theorie, die nach dem Zweiten Weltkrieg vor allem mit der Frankfurter Schule verbunden wurde, hat besonders im deutschsprachigen Raum eine mächtige, in meinen Augen aber auch sehr fragwürdige und größtenteils negative Rolle darin gespielt, bereits den Versuch, Esoterik als seriösen Gegenstand kritischer historischer Forschung zu etablieren, zu delegitimieren,

---

Diversity_2001_). Der 2015 erschienene Artikel löste eine abstruse Fehlinterpretation meiner Werke und der darin enthaltenen Gedanken aus, die dazu führte, dass einige Autorinnen und Autoren dachten, ich würde ebenjene imperialistischen und kolonialistischen Ideologien der westlichen Überlegenheit unterstützen und legitimieren, wo ich sie doch eigentlich sehr explizit kritisiere und ablehne (vgl. vor allem die Einleitung und den Beitrag von Julian Stube in Egil Asprem und Julian Strube [Hrsg.]: *New Approaches to the Study of Esotericism*, Brill: Leiden/Boston 2021). Meine wahre Haltung findet sich im Hauptargument in *Esotericism and the Academy* (wie Anm. 14); und in der neueren Kurzdiskussion in *Hermetic Spirituality,* S. 360–363.

25 Theodor W. Adorno, „Thesen gegen den Okkultismus VI" (in: *Minima Moralia: Reflexionen aus dem beschädigten Leben* (1951), Suhrkamp: Frankfurt a. M. 2003). Eine kritische Analyse bietet Andreas Kilcher: „Is Occultism a Product of Capitalism?", in: Wouter J. Hanegraaff, Peter J. Forshaw und Marco Pasi (Hrsg.), *Hermes Explains: Thirty Questions about Western Esotericism*, Amsterdam University Press 2019, S. 168–176).

zu diskreditieren und schon als Vorhaben verdächtig erscheinen zu lassen. Meine eigene Erfahrung als Wissenschaftler zeugt davon, dass die Esoterik-forschung in ihren Anfängen in den 1990ern größtenteils entgegen der gängigen Vorurteile der Kritischen Theorie und der Frankfurter Schule aufgebaut, etabliert und professionalisiert werden musste. Ich muss also ein paar Worte darüber verlieren.

Gegen Ende des Zweiten Weltkriegs veröffentlichten Max Horkheimer und Theodor W. Adorno ihr berühmtes Werk *Dialektik der Aufklärung* (1944). Das erste Kapitel zum „Begriff der Aufklärung" ist geprägt von Max Webers Konzept der Entzauberung der Welt und basiert auf einer absolut extremen Form der bekannten Stereotypen „Vernunft gegen Magie", die ich hier diskutiere und kritisiere: „Magie gegen Vernunft", „Mythos gegen Logos", „Heidentum gegen Monotheismus" und dergleichen.[26] Die *Dialektik der Aufklärung* gilt als Klassiker, deshalb bleibt es ein vielgelesenes Werk und findet sich regelmäßig im Literaturkanon für junge Generationen von Studierenden.

Liest man das Werk allerdings aus der Perspektive der modernen kritischen Forschung in den Bereichen Magie, Entzauberung oder westliche Esoterik, erscheinen sogar seine grundlegenden Annahmen und Argumente so dermaßen veraltet, dass man sie schlicht nicht mehr ernst nehmen kann. Jason Ā. Josephson Storms Aussage ist so milde wie nur möglich formuliert: Der Inhalt ist kaum mehr als „eine späte Ausformulierung alter Mythen".[27]

Ein anderer marxistischer Philosoph, Georg Lukács, veröffentlichte zehn Jahre später sein Buch *Die Zerstörung der Vernunft* (1955), das auf einer ganz ähnlichen Hintergrundlogik mit weitreichenden politischen Folgen

---

26 Max Horkheimer und Theodor W. Adorno, *Dialektik der Aufklärung* (1944), Fischer Taschenbuch Verlag: Frankfurt a. M. 1988, S. 9–49.

27 Jason Ānanda Josephson Storm: *The Myth of Disenchantment: Magic, Modernity, and the Birth of the Human Sciences*, The University of Chicago Press: Chicago/London 2017, S. 10; vgl. außerdem meine kritische Diskussion in Hanegraaff: *Esotericism and the Academy* (wie Anm. 14), S. 312–314, 302–303 (Anm. 160).

basiert.[28] Das Werk nimmt eine einfache Gegenüberstellung zur Grundlage: Auf der einen Seite skizziert Lukács eine positive, gesunde und fortschrittliche Wissenstradition mit Wurzeln in der Vernunft. Diese beginnt bei Hegel und führt über Marx zum zukünftigen Ideal der klassenlosen Gesellschaft. Den krassen Gegensatz bildet dazu die ausschließlich negative, ungesunde und reaktionäre Tradition der Unvernunft, die von Schelling über Nietzsche direkt zu Hitler führt.

Lukács' Gedanke besagt nicht nur, dass der Marxismus rational und der Faschismus irrational seien. Seine Absichten waren weitaus radikaler: Er nahm an, dass der Fortschritt der „Vernunft" nur zum Marxismus führen konnte, während „Unvernunft" in all ihren Formen (philosophischer oder esoterischer Natur) unweigerlich zum Faschismus und Antisemitismus führen würde. Wieder ist das fundamentale Argument – trotz Lukács' unbestreitbarer Belesenheit – kaum mehr als politische Propaganda, deren Kern die eurozentrische Ideologie der westlichen Überlegenheit bildet. Es begegnet uns wieder dasselbe Narrativ: Die wahre Moral kommt aus dem Judentum und Christentum und die wahre Vernunft und Wissenschaft von den Griechen. Diese beiden Kerntraditionen der westlichen Kultur stehen dann ihrer ewigen (und mutmaßlich nicht wirklich westlichen, daher „orientalischen") Widersacherin gegenüber, dem Ursprung aller Irrationalität und Unmoral: dem Heidentum, der Magie, dem Okkultismus, der Unvernunft – kurz gesagt: der Esoterik. Sollten immer noch Zweifel daran bestehen, wie furchtbar all diese Dinge sind, erklärt Lukács, dass diese „Genealogie der Dunkelheit" letztlich zum absoluten Schrecken des Faschismus, Nationalsozialismus und Antisemitismus führt.

Klare, rationale Argumente für diese Pauschaldämonisierung der „Irrationalität" (also Mythos, Magie, Heidentum, das Okkulte und Esoterik) sucht man vergebens. Das Fundament der politischen Ideologie Lukács' wird

---

28 Georg Lukács: *Die Zerstörung der Vernunft: Der Weg des Irrationalismus von Schelling zu Hitler*, Aufbau-Verlag: Berlin/Weimar 1988.

schlicht als unbestreitbar behauptet. Nach den Schrecken der Shoah war es leicht verständlich, dass solch dramatische Folgerungen im Sinne einer reductio a hitlerum („es führt alles zu Hitler") das damalige Bewusstsein stark beeinflussten.[29] Die feine Ironie daran: Für viele waren diese Argumente genau deshalb so überzeugend, weil sie die tiefsitzenden, eurozentrischen Vorstellungen der westlichen Überlegenheit noch einmal bestätigten. Dadurch wurde diese Argumentation leicht verdaulich und sie hat bis heute die populäre und mediale Wahrnehmung der Esoterik maßgeblich geprägt. Es gab noch keine ernstzunehmende Forschungstradition, die sich historisch-kritisch mit dem tatsächlichen Studium der Esoterik und des Okkultismus beschäftigte, und so gab es auch keine Forschungsgemeinde mit genug faktenbasiertem Wissen und intellektueller Autorität – oder genug Mut –, um diese Positionen anzufechten. Denn wer es wagte, das vorherrschende Narrativ zu hinterfragen, riskierte es, als „Apologet" von fragwürdigen, düsteren und sogar gefährlichen „irrationalen" Traditionen wahrgenommen und verurteilt zu werden.[30]

Noch beklagenswerter (und wirkmächtiger als die Kritische Theorie) ist die Tatsache, dass diese einfache Verknüpfung von Faschismus, Nazismus und Antisemitismus mit Esoterik, Magie und Okkultismus sich seit den 1960ern zu einem überaus erfolgreichen Genre für populäre Verschwörungserzählun-

---

29 Eine exzellente Kritik dieser Gedankengänge findet sich bei Elaine Fisher: „Fascist Scholars, Fascist Scholarship: The Quest for Ur-Fascism and the Study of Religion", in: Christian K. Wedemeyer und Wendy Doniger (Hrsg.), *Hermeneutics, Politics, and the History of Religions: The Contested Legacies of Joachim Wach and Mircea Eliade*, Oxford University Press 2010, S. 261–284.

30 2009 habe ich diese beliebte Form eines Fehlschlusses in einer nicht veröffentlichten Vorlesung diskutiert, die online abrufbar ist: „Politics and the Study of Western Esotericism" (https://www.academia.edu/30576084/Politics_and_the_Study_of_Western_Esotericism_2009_unpublished_). Die Vorlesung spiegelte meine große Sorge vor einem Erstarken des Rechtspopulismus nach dem 11. September 2001 wider. Diese Entwicklung hat sich ganz offensichtlich im letzten Jahrzehnt fortgesetzt und ist nun an einem Punkt, an dem rechtsextreme Lesarten zu einer echten und gegenwärtigen Gefahr für das Überleben der liberalen Demokratie geworden sind, weshalb meine Überlegungen ihre Relevanz behalten haben.

gen entwickelt hat. Man findet hier die effekthascherische Fantasie, dass Hitler und die Nazis eigentlich Okkultisten waren, Mitglieder eines unheilvollen Geheimbunds, der sich mit schwarzer Magie beschäftigte und von dämonischen Kräften getrieben wurde. Nichts davon ist historisch belegt,[31] wurde jedoch durch den französischen Mega-Bestseller *Le Matin des Magiciens* (Der Morgen der Magier), 1960 herausgegeben von Louis Pauwels und Jacques Bergier,[32] einem breiten internationalen Publikum verkauft. Daraus entwickelte sich eine unendliche Flut weiterer Verschwörungserzählungen, die sich bis in die Popkultur der Gegenwart halten – in Form von Romanen, Comics, Filmen, Videospielen und Internetinhalten. Im allgemeinen Bewusstsein entsteht als Konsequenz ein schwer fassbarer, aber hartnäckiger Nebel aus Sensationsgier. Dieser umschließt unbekannte, aber zweifelsfrei düstere esoterische (geheime!) oder okkulte (versteckte!) Organisationen, die angeblich im Hintergrund wirken und ihre Finger bei solch schrecklichen Übeln wie Satanismus und Nazismus im Spiel haben. In diesem Falle geht es zwar „nur um Fiktion", aber genau daraus erwächst die Anziehungskraft – die spannende, unterschwellige Vermutung „Irgendetwas muss ja dran sein …".

Leider erhält dieser Argwohn ein gewisses Maß an Plausibilität und Legitimität von genau den vorherrschenden intellektuellen Traditionen, die ich hier kritisiere. Das zeigt sich auch in der Tatsache, dass ähnliche ideologisch

---

31 Die „moderne Mythologie des Nazi-Okkultismus" wird im Anhang zu Nicholas Goodrick-Clarkes Werk *The Occult Roots of Nazism: Secret Aryan Cults and their Influence on Nazi Ideology*, I.B. Tauris: London/New York 1985, S. 217–225, beschrieben. Leider beeinflusst diese Mythologie sogar das Schaffen von Akademikern, die es besser wissen sollten, deren Bücher aber hohe Absatzzahlen erzielen, weil sie die sensationsheischenden Stereotypen pflegen. Vgl. etwa Eric Kurlander: *Hitler's Monsters: A Supernatural History of the Third Reich*, Yale University Press: New Haven/London 2017; eine kritische Diskussion findet sich bei Julian Strube (*Correspondences* 5 [2017], S. 130–139, https://correspondencesjournal.com/volume-5/) und Eva Kingsepp: „Scholarship as Simulacrum: The Case of Hitler's Monsters", in: *Aries* 19 (2019), S. 265–281 (https://brill.com/view/journals/arie/19/2/article-p265_5.xml).
32 Louis Pauwels und Jacques Bergier: *Le matin des magiciens*, Gallimard: Paris 1960.

befeuerte Muster der Desinformation zu Esoterik sich nicht nur in den Massenmedien finden, sondern auch in den Werken einflussreicher Universitätsprofessorinnen und -professoren, die sich als Expertinnen und Experten gerieren, aber selten die Forschung kennen oder sich die Mühe machen, sich einzulesen.[33] Das einzig wirksame Gegenmittel gegen all diese Verwirrung um Esoterik ist wie so oft genaue, sachliche Information, die auf seriöser, unparteiischer, kritischer und historisch genauer Forschung beruht. So möchte ich Sie noch einmal dazu einladen, sich mit der Fülle heute verfügbarer kritischer Literatur zu beschäftigen.

Rechte Esoterik

Meine Überlegungen laufen natürlich nicht darauf hinaus, dass der Zusammenhang zwischen Esoterik und Demokratie völlig problemfrei ist. Damit komme ich zu meinem fünften Punkt: Es ist wichtig, genau zu sein – nicht alles über einen Kamm scheren, sondern präzise und sorgfältig unterscheiden. In einer liberalen Demokratie und einer offenen Gesellschaft mit dem Grundwert der Religionsfreiheit gibt es keinen Grund, warum die Gegenwart von esoterischen Bewegungen oder Vorstellungen als Problem wahrgenommen werden sollte. Das eigentliche Problem ist das weit verbreitete Unwissen über Esoterik und die dazugehörige Geschichte. Das Gegenmittel hierfür sind zuverlässige Informationen aus legitimer Forschung. Die erste Lehre aus der Esoterikforschung ist also, keinen Generalisierungen anheimzufallen und jede Forschungsfrage stets auf spezifische esoterische Trends, Bewegungen oder Organisationen zuzuschneiden.

---

33 Ein besonders deutliches Beispiel ist Hartmut Zinser: *Esoterik: Eine Einführung*, Wilhelm Fink: München 2009; vgl. die kritische Besprechung in Wouter J. Hanegraaff: „Textbooks and Introductions to Western Esotericism", in: *Religion* 43:2 (2013), S. 193–195 (https://www.academia.edu/3883451/Textbooks_and_Introductions_to_Western_Esotericism_2013_).

Geschichte und Soziologie zeigen, dass viele der Phänomene unter dem Dachbegriff Esoterik kaum mit politischen Fragen zu tun haben. Andere wurden seit dem 18. Jahrhundert mit linkem, sozialistischem und progressivem Gedankengut in Verbindung gebracht. Es gibt beispielsweise einen geschichtlich erwiesenen Zusammenhang zwischen Esoterik und Sozialismus im 19. Jahrhundert[34] und viele Formen der derzeitigen Esoterik hatten Anteil an fortschrittlichen Entwicklungen wie der Emanzipation der Frau, dem Frauenwahlrecht, Tierversuchsverboten, Genderreformen, sexueller Befreiung und Anti-Kolonialismus.[35] Es ist bedeutend, dass die einflussreichste neuzeitliche Esoterikbewegung des späten 19. und frühen 20. Jahrhunderts, die Theosophie, ein weltweites Sozialreformprogramm forderte, das den Grundstein für die „universelle Bruderschaft der Menschheit, ohne Unterscheidung nach Rasse, Glauben, Geschlecht, Kaste oder Hautfarbe" legen sollte.[36] Dass

---

34 Julian Strube: *Sozialismus, Katholizismus und Okkultismus im Frankreich des 19. Jahrhunderts: Die Genealogie der Schriften von Eliphas Lévi*, De Gruyter: Berlin/Boston 2016; ders.: „Socialist Religion and the Emergence of Occultism: A Genealogical Approach to Socialism and Secularisation in 19th-century France", in: *Religion* 46:3 (2016), S. 359–388.

35 Vgl. etwa Marco Pasi: „The Modernity of Occultism: Reflections on Some Crucial Aspects", in: Hanegraaff und Pijnenburg, *Hermes in the Academy* (wie Anm. 9), S. 59–74 (kostenloser Download unter https://www.amsterdamhermetica.nl/wp-content/uploads/2013/05/Hermes-in-the-Academy.pdf); Anne Braude: *Radical Spirits: Spiritualism and Women's Rights in Nineteenth-Century America*, Beacon Press: Boston 1989; Joy Dixon: *Divine Feminine: Theosophy and Feminism in England*, Johns Hopkins University Press: Baltimore/London 2001; Martin Green: *Mountain of Truth: The Counterculture Begins. Ascona, 1900–1920*, Tufts University & University Press of New England: Hanover/London 1986; Alex Owen: *The Place of Enchantment: British Occultism and the Culture of the Modern*, The University of Chicago Press: Chicago/London 2004; Corinna Treitel: *A Science for the Soul: Occultism and the Genesis of the German Modern*, Johns Hopkins University Press: Baltimore/London 2004; Manon Hedenborg White: *The Eloquent Blood: The Goddess Babalon & the Construction of Femininities in Western Esotericism*, Oxford University Press 2020.

36 Version von 1888 (vgl. Josephine Ransom, *A Short History of the Theosophical Society, 1875–1937*, Theosophical Publishing House: Adyar, Madras 1938, 545–553, hier 549). Vor allem in Deutschland wird H.P. Blavatskys Theorie der „Wurzelrassen" oft

das nicht nur schnöde Theorie war, belegten die vielen Frauen und südasiatischen Theosophie-Anhängerinnen und -Anhängern in den Veröffentlichungen und auf oberster Ebene der Organisation.[37] Auch nach dem Zweiten Weltkrieg orientierte sich der Großteil der esoterischen Phänomene, die in der seit den 60ern beginnenden Gegenkultur aufblühten, entschieden nach links und unterstützte progressive Ideen. Davon zeugten die Unterstützung der Bürgerrechtsbewegung, der sexuellen Befreiung oder die Opposition gegen den Vietnamkrieg und andere Ausformungen des westlichen Imperialismus.

Im zeitgenössischen Kontext gibt es selbstverständlich eine ganze Reihe esoterischer Trends, die zweifellos problematisch sind, weil sie die grundlegenden Werte einer liberalen Demokratie ablehnen. Die Esoterik hat ihre Grundüberlegungen aus dem „verschmähten Wissen" des Westens und hat so schon immer ein großes Potenzial für gegenkulturelle Kritik am Status Quo. Im späten 18. und im 19. Jahrhundert schlugen sich viele esoterische Strömungen auf die Seite der Aufklärung und anderer progressiver sozialer Gegenvorschläge zum noch mächtigen Einfluss der Kirche und des christlichen Dogmatismus.[38] Als sich jedoch abzeichnete, dass dieses Duell zugunsten der

---

mit der rassistischen/anti-semitischen Ariosophie von Lanz von Liebenfels vermischt oder verwechselt. In der Konsequenz galt Blavatskys Theosophie häufig als konservative oder reaktionäre „rechte" Bewegung (was völlig außer Acht ließ, dass Rassentheorien, mitnichten eine Spezialität der Esoterik, im späteren 19. Jahrhundert eigentlich allgegenwärtig waren; vgl. Fußnote 21 oben für den Fall Herbert Spencer). Jan Stottmeister schreibt eine herausragende Diskussion und korrigiert diese Fehler in seinem deutschsprachigen Werk, *Der George-Kreis und die Theosophie, mit einem Exkurs zum Swastika-Zeichen bei Helena Blavatsky, Alfred Schuler und Stefan George*, Wallstein Verlag: Göttingen 2014 (vgl. S. 344–371 zu Blavatskys Rassentheoretischem Antirassismus).

37 Tim Rudbøg und Erik Reenberg Sand (Hrsg.): *Imagining the East: The Early Theosophical Society*, Oxford University Press 2020; Hans Martin Krämer und Julian Strube (Hrsg.): *Theosophy Across Boundaries: Transcultural and Interdisciplinary Perspectives on a Modern Esoteric Movement*, State University of New York Press: Albany 2020.

38 Der Klassiker in der Forschung zu diesem wichtigen Phänomen ist Joscelyn Godwin: *The Theosophical Enlightenment*, State University of New York Press: Albany 1992.

Moderne und der Säkularisierung (oder „Vernunft und Wissenschaft") aus-
gehen würde, war es einfach für das Lager, das durch die „Entzauberung" die
Welt ihrer spirituellen Bedeutung geraubt sah, in der Esoterik ein attrakti-
ves Angebot für nicht- oder anti-moderne Ideen und Traditionen zu finden.[39]
So entstand ein Nährboden, der dann auch tatsächlich diverse Formen mehr
oder weniger konservativer oder reaktionärer „rechter" Esoterikformen hervorbrachte. Einige davon lehnen die Fundamente des Liberalismus und der
Demokratie schlichtweg ab. Auf die wichtigsten davon werde ich kurz eingehen, zuerst jedoch möchte ich meinen sechsten und letzten Punkt vorbringen.
Auch dieser wird aufgrund seiner Bedeutung eingerückt:

Diese immer besser sichtbaren und populären Trends rechter Esoterik
dürfen nicht als Kausalfaktoren herangezogen werden, die den Aufstieg des
rechtsextremen Populismus in den letzten zwei Jahrzehnten erklären sollen.
Sie sind vielmehr Symptome der allgemeinen Krise der liberalen Demokratie, in der wir uns gerade befinden.

Hier bedarf es einer kurzen Exkursion, um das meiner Analyse zugrunde liegende Argument zu erklären. Der Neoliberalismus, basierend auf den
Theorien Friedrich Hayeks und seiner Mont Pélerin-Society, begann seinen
Aufstieg in den 1980ern zur Zeit von Reagan und Thatcher und verbreitete
sich als politisch-wirtschaftliche Ideologie nach dem Zerfall der Sowjetuni-
on 1989 und der Zeit von Clinton und Blair weltweit. Damit einher ging eine
grundlegende Veränderung der Bedeutung des Begriffs „Liberalismus". Es ist
mir nicht möglich, die Gründe hier ausführlich zu diskutieren, sie wurden jedoch von Spezialistinnen und Spezialisten im Detail[40] untersucht und besa-

---

39 Egil Asprem: *The Problem of Disenchantment: Scientific Naturalism and Esoteric Dis-
course, 1900–1939*, Brill: Leiden/Boston 2014 und State University of New York Press:
Albany 2018.
40 Der Literaturbestand zum Neoliberalismus als historisches Phänomen wächst rasant.
Mein Verständnis seines Wesens und seiner Entwicklung beruhen vor allem auf David
Harvey: *A Brief History of Neoliberalism*, Oxford University Press 2005; Daniel Sted-
man Jones: *Masters of the Universe: Hayek, Friedman, and the Birth of Neoliberal*

gen, dass die Logik des Neoliberalismus tatsächlich inkompatibel mit Demokratie ist und Grundprinzipien wie Freiheit und Gleichheit untergräbt, um die es im Liberalismus eigentlich gehen sollte.[41]

Gegenwärtig sehen wir eine flächendeckende populäre Revolte gegen die Tatsache, dass das globale Streben nach radikaler Neoliberalisierung ganz offensichtlich nicht zu Freiheit, Gleichheit, sozialer Gerechtigkeit, Demokratie und einer Blütezeit der Menschheit geführt hat, sondern zu den jeweiligen Gegenteilen: Autoritarismus, unpersönlicher Technologie zur bürokratischen Überwachung und Kontrolle, ausgeprägter sozialer Ungerechtigkeit, extremer wirtschaftlicher Ungleichheit und einer immer tiefer werdenden Krise der Demokratie. Tragisch daran ist, dass sich die Anhängerschaft des Neoliberalismus stets die Verteidigung des „Liberalismus" und der „Demokratie" auf die Fahnen geschrieben, jedoch (wie Spezialistinnen und Spezialisten so-

---

Politics, Princeton University Press: Princeton/Oxford 2012; Quinn Slobodian: *Globalists: The End of Empire and the Birth of Neoliberalism*, Harvard University Press: Cambridge Mass./London 2018; Noreena Hertz: The Silent Takeover: *Global Capitalism and the Death of Democracy*, Arrow: London 2001; Wendy Brown: *Undoing the Demos: Neoliberalism's Stealth Revolution*, Zone Books: New York 2015; Manfred B. Steger und Ravi K. Roy: *Neoliberalism: A Very Short Introduction*, Oxford University Press 2010; Shoshana Zuboff: *The Age of Surveillance Capitalism: The Fight for a Human Future at the New Frontier of Power*, Faber & Faber: London 2019; Bram Mellink und Merijn Oudenampsen: *Neoliberalisme: Een Nederlandse geschiedenis*, Boom: Amsterdam 2022.

41 Die eigentliche Tradition des Liberalismus im Kontrast zum Neoliberalismus wird in Larry Siedentop: *Inventing the Individual: The Origins of Western Liberalism*, Penguin 2014, großartig beschrieben. Die Unverträglichkeit von „wahrem" Liberalismus und Neoliberalismus benötigte selbstredend eine längere Diskussion. Das Argument, das neoliberale Projekt habe die Absicht, „den Kapitalismus gegen die demokratische Bedrohung zu impfen", findet sich in Slobodian: *Globalists*, S. 2 und passim; oder bei Brown: *Undoing* (wie Anm. 40), S. 17–45. Harvey diskutiert, was mit dem Konzept „Freiheit" passiert ist (*Brief History* (wie Anm. 40), S. 5–38), und zeigt, dass der Neoliberalismus immer das Ziel hatte, „die Macht wirtschaftlicher Eliten wiederherzustellen" (ebd., S. 19), Freiheit nicht für Individuen, sondern für „Privateigentümer, multinationale Konzerne und das Finanzkapital" (ebd. S. 7 u. 21) zu sichern und dass er aktiv wirtschaftliche Ungleichheit begünstigt (ebd., S. 16–17 u. 26).

wie Insider/-innen schon immer wussten) eigentlich das Gegenteil bewirkt hat. Da dieser feine, aber alles entscheidende Unterschied von der breiten Öffentlichkeit nicht bemerkt wurde, bekommt nun die „liberale Demokratie" die Schuld an all jenen Gebrechen, die in Wahrheit vom Tauschkonstrukt verursacht wurden, das ihren Platz eingenommen hat: dem Neoliberalismus.[42]

Eine gewisse Anzahl esoterischer Trends reagiert auf diese Situation oder hat von ihr profitiert, indem sie sich als Alternativen anbietet. Manche davon sind deutlich nach rechts oder extrem rechts gerückt. Ohne ins Detail zu gehen, würde ich diese als die Wichtigsten nennen:

- Beginnen wir mit der Strömung des sogenannten Traditionalismus.[43] Sie definiert sich durch ihre aggressive Ablehnung der „Moderne" in all ihren Facetten, wodurch sie selbstverständlich auch der Demokratie und liberalen Werten selbst höchst kritisch gegenübersteht. Der Traditionalismus entspringt den Werken des französischen Esoterikers René Guénon (1886–1951) und hier sei angemerkt, dass viele seiner Sympathisantinnen und Sympathisanten sich deutlich mehr auf spirituelle als auf politische Fragen konzentrieren. Die zeitgenössische, anti-demokratische und rechtsextreme Ausprägung dieser Esoterikform fußt vor allem auf den Gedanken des italienischen Traditionalisten Julius Evola (1898–1974), der die Nähe zu Mussolini und Hitler suchte und seine rassistischen und antisemitischen Meinungen glasklar darstellte.[44] Heute verbindet sich diese

---

42 George Monbiot schreibt in einem exzellenten Kurzüberblick: „Welch größere Macht gibt es als namenlos zu agieren? Der Neoliberalismus ist so allgegenwärtig, dass wir ihn nur selten als Ideologie identifizieren" (vgl. Monbiot: *Neoliberalism – The Ideology at the Root of All Our Problems*, https://www.theguardian.com/books/2016/apr/15/neoliberalism-ideology-problem-george-monbiot).

43 Eine fundierte und verlässliche allgemeine Einführung findet sich bei Mark Sedgwick: *Against the Modern World: Traditionalism and the Secret Intellectual History of the Twentieth Century*, Oxford University Press 2004. Einen weiter gefassten historischen Überblick bietet Wouter J. Hanegraaff: „Tradition", in: Hanegraaff, *Dictionary*, (Anm. 2), S. 1125–1135.

44 Den besten historischen Überblick über Evolas Mitwirkung im Faschismus und Nati-

Art von Traditionalismus bei „spirituellen" neurechten Verlagen wie Arktos Media oder den einflussreichen „weiß-nationalistischen" Internetseiten und Netzwerken mit explizit rassistisch und antisemitischen Haltungen wie sie z. B. bei Greg Johnsons Counter-Currents anzutreffen sind.[45] Wenig überraschend findet man in denselben Milieus eine Faszination für gewisse esoterische Trends wie die Ariosophie, die bekannte, rassistisch-antisemitische Mutation der Theosophie, oder mit Neonazi-Ikonen wie Savitri Devi (Maximiani Julia Portas, 1905–1982), die glaubte, Hitler sei ein göttlicher Avatar[46], und nicht zuletzt mit verschiedenen mehr oder weniger „heidnischen" Formen der Esoterik, beliebt auch bei Alain de Benoists Nouvelle Droite oder dem russischen Philosophen Aleksandr Dugin, die beide eine große, internationale Anhängerschaft vorweisen können.[47]

---

onalsozialismus bietet T. H. Hansen (Hans Thomas Hakl): „Julius Evolas politisches Wirken", in: Julius Evola, *Menschen inmitten von Ruinen*, Hohenrain-Verlag: Tübingen/Zürich/Paris 1991 (die genauen Gründe für das Erscheinen der deutschen Übersetzung bei einem rechten Verlag beschreibt Francesco Baroni: „The Philosophical Gold of Perennialism: Hans Thomas Hakl, Julius Evola and the Italian Esoteric Milieus", in: *Religiographies* 1:2, im Erscheinen 2022 https://www.cini.it/pubblicazioni/religiographies). Evolas aggressiver Antisemitismus ist am detailreichsten auf Italienisch dokumentiert: Dana Lloyd Thomas: *Julius Evola e la tentazione razzista: L'inganno del pangermanesimo in Italia*, Giordano: Mesagne (Brindisi) 2006. Eine weitere wichtige Figur aus demselben Milieu beschreibt Christian Giudice: *Occult Imperium: Arturo Reghini, Roman Traditionalism, and the Anti-Modern Reaction in Fascist Italy*, Oxford University Press 2022.

45 Vgl. Graham Macklin: Greg Johnson and Counter-Currents, in: Mark Sedgwick (Hrsg.), *Key Thinkers of the Radical Right: Behind the New Threat to Liberal Democracy*, Oxford University Press 2019, S. 204–223; Benjamin Teitelbaum: „Daniel Friberg and Metapolitics in Action", in: ebd., S. 259–275 (enthält auch eine Diskussion zu Arktos).

46 Nicholas Goodrick-Clarkes Studie zu Ariosophie (*Occult Roots of National Socialism*; s. Anm. 31) ist zwar verdientermaßen ein Klassiker, sein Werk zu Savitri Devi (*Hitler's Priestess: Savitri Devi, the Hindu-Aryan Myth, and Neo Nazism*, New York University Press: New York/London 1998) sollte jedoch leider mit großer Vorsicht gelesen werden. Es reproduziert Savitri Devis eigene Autobiografie unkritisch und lässt generell kritische Distanz und historisch-politische Kontextualisierung vermissen, die es für ein solches Thema so offensichtlich braucht.

47 Vgl. Jean-Yves Camus: „Alain de Benoist and the New Right", in: Sedgwick, *Key Thinkers* (wie Anm. 45), S. 73–90; Stéphane François: „Guillaume Faye and Archeofutu-

- Das Neuheidentum (auch bekannt als Neopaganismus) ist der zweite Hauptbereich, in dem man – zumindest dieser Tage – auf reges Interesse an konservativ-traditionalistischen Gedanken mit rechter oder rechtsextremer Orientierung stoßen wird. Erwartungsgemäß sind hier interne Kontroversen innerhalb der heidnischen Gemeinschaft entstanden, da viele Heidinnen und Heiden liberal eingestellt sind, eher nach links neigen und sich stark für progressive Themen wie die Emanzipation der Frau und den Umweltschutz interessieren. Andere Ausformungen des gegenwärtigen Heidentums stellen aber nordische und germanische heidnische Gottheiten oder „maskuline" Kriegerwerte in den Mittelpunkt, was leicht – wenngleich nicht zwingend[48] – zu einer Hinwendung zu Blut-und-Boden-Ideologien führt.[49] Darüber hinaus kann auch die Nietzscheanische Kritik der „weichen", angeblich jüdisch-christlichen Werte der westlichen Gesellschaft, die verantwortlich gemacht werden für die Desakralisierung der Welt und ihre Verwandlung in eine geistlose neoliberale Konsumgesellschaft, weitere Blüten in Form rechter Ausprägungen des Neopaganismus treiben (obwohl dieses Argument auch aus linksheidnischer Perspektive kommen könnte, da das Heidentum dem Christentum von Natur aus kritisch gegenübersteht).

- Die dritte und letzte Richtung ist völlig anderer Natur. Wer Umberto Ecos Roman *Das Foucaultsche Pendel* (1988) gelesen hat, weiß, dass Verschwörungserzählungen ein wichtiger Teil der modernen und zeitgenössischen Esoterik sind; ihre umfassende Einbettung in moderne spiritu-

---

rism", in: ebd., S. 91–101; Marlène Laruelle: „Alexander Dugin and Eurasianism", in: ebd., S. 155–169.
48 Vgl. etwa Christopher McIntosh: *Beyond the North Wind: The Fall and Rise of the Mystic North*, Weiser Books: Newburyport 2019.
49 Vgl. etwa Mattias Gardell: *Gods of the Blood: The Pagan Revival and White Separatism*, Duke University Press: Durham/London 2003.

elle Milieus hat einen neuen Begriff hervorgebracht: Konspiritualität.[50] Historisch entwickelten sich konspirative Strömungen zuerst gegen Ende des achtzehnten Jahrhunderts in erzkonservativen, römisch-katholischen Kreisen, die glaubten, die Freimaurer und der deutsche Orden der Illuminaten seien Ausgeburten des Teufels und verantwortlich für die Französische Revolution.[51] Im neunzehnten Jahrhundert entwickelten sie sich auf vielfältige Weise weiter und brachten zahlreiche, immens populäre Verschwörungsfantasien hervor, in denen Freimaurer, Okkultisten, Satanisten, Jesuiten und Juden die Hauptrollen spielten. [52] Die beliebte Verschwörungserzählung über „Nazi-Okkultisten" habe ich bereits erwähnt. Andere, ähnliche Narrative sind allerdings in Reinform implizit oder explizit antisemitisch, denn sie folgen dem Beispiel der berüchtigten Protokolle der Weisen von Zion[53] und deuten an, dass die neoliberalen „Eliten", die nach der Weltherrschaft trachten, von einer finsteren Verschwörung wohlhabender Juden (die Rothschilds, George Soros und dergleichen) dominiert werden. Es ist absolut beunruhigend zu beobachten, wie diese lang widerlegten Geschichten immer wieder zurückkommen, sich online verbreiten und in einem größeren Kontext einer „post-Wahrheit"-Kultur ohne Grenzen zwischen Fakt und Fiktion neue Erscheinungsformen annehmen.[54]

---

50 Charlotte Ward und David Voas: „The Emergence of Conspirituality", in: *Journal of Contemporary Religion* 26:1 (2011), S. 103–121.
51 Vgl. Johannes Rogalla von Bieberstein: *Der Mythos von der Verschwörung: Philosophen, Freimaurer, Juden, Liberale und Sozialisten als Verschwörer gegen die Sozialordnung*, Marix Verlag: Wiesbaden 2008.
52 Für alle, die gern französisch lesen und die ein dickes Buch nicht schreckt, empfehle ich die beeindruckende Analyse zu Frankreich von Emmanuel Kreis: *Quis ut Deus? Antijudéo-maçonnisme et occultisme en France sous la IIIe République*, Les Belles Lettres: Paris 2017.
53 Vgl. Norman Cohns mustergültige Studie: *Warrant for Genocide: The Myth of the Jewish World Conspiracy and the Protocols of the Elders of Zion*, Serif: London 2005.
54 Lee McIntyre: *Post-Truth*, The MIT Press: Cambridge Mass./London 2018.

Traditionalismus, rechtes Heidentum und Konspiritualität sind sicherlich bedeutende Phänomene, denen verständlicherweise viel Aufmerksamkeit in populären Medien gewidmet wird. Es sollte jedoch nicht vergessen werden, dass sie letztendlich nur drei spezifische Dimensionen eines viel weiteren und immens komplexen Feldes sind – der zeitgenössischen Esoterik.[55]

Abschließende Bemerkungen

Infolge von Phänomenen wie der Covid-Krise, der weit verbreiteten Impfgegnerbewegung, dem Sturm auf das Kapitol und nun dem Krieg in der Ukraine haben sich viele Berichterstatterinnen und Beobachter überrascht und schockiert darüber zeigt, wie ungemein beliebt Verschwörungserzählungen im Internet, in sozialen Medien und bei Demonstrierenden geworden sind. Wie geht man damit um, dass hippieartige spirituelle Bewegungen, die angeblich „Frieden und Liebe" propagieren, nun ohne mit der Wimper zu zucken neben Neofaschistinnen, Traditionalisten, Neuheidinnen und anderen radikalen Aktivisten der rechtsextremen Szene stehen?[56]

Ich habe dargelegt, dass diese Phänomene nicht von etwas „intrinsisch Esoterischem" verursacht wurden. Anders gesagt sind es nicht „die esoteri-

---

55 Pionierarbeit in diesem Bereich leisteten Egil Asprem und Kennet Granholm (Hrsg.): *Contemporary Esotericism*, Equinox: Sheffield/Bristol 2013. Asprem überarbeitet derzeit sein *Dictionary of Contemporary Esotericism*, Brill: Leiden, im Erscheinen (Informationen zu Vordrucken unter https://contern.org/cresarch/cresarch-repository/dictionary-of-contemporary-esotericism-cresarch/).

56 Einen guten Einstieg für den deutschen Kontext bietet Matthias Pöhlmann: *Rechte Esoterik: Wenn sich alternatives Denken und Extremismus gefährlich vermischen*, Herder: Freiburg/Basel/Wien 2021. Dieses Buch empfiehlt sich aufgrund seiner reichhaltigen, sachlichen Informationen zu den unterschiedlichen Dimensionen der populären Esoterikszene. Es muss jedoch leider angemerkt werden, dass der Autor wenig bis gar nicht mit moderner oder englischsprachiger Forschung zum Thema vertraut ist und so in seinen Interpretationen den gängigen Mustern der Frankfurter Schule folgt. In der Konsequenz (und konträr zu meiner Folgerung in diesem Artikel) wird rechte Esoterik als (ein) potenziell gefährlicher Treiber für anti-demokratische Haltungen anstatt als Symptom einer gesellschaftlichen Krise dargestellt.

schen Ideen", die die Leute nach rechts wandern und anti-„elitär" denken lassen. Diese Phänomene sollten stattdessen als Symptome einer tiefen Krise der liberalen Demokratie interpretiert werden. Ich lege nahe, dass diese Krise ihren Ursprung im historischen Prozess der Neoliberalisierung (und der neoliberalen Globalisierung) hat, die in den 1980ern begann und seit der Finanzkrise 2009 völlig außer Kontrolle geraten ist. Springen wir noch einmal an den Anfang dieses Artikels: Man darf niemals vergessen, dass Esoterikforschung immer bedeutet, Menschen zu betrachten. Es ist völlig normal, dass der Durchschnittsbürger oder die Durchschnittsbürgerin sich heute mit Gefühlen wie tiefer Traurigkeit oder sogar Depressionen, Angst, Unsicherheit, Besorgnis oder moralischer Empörung über den aktuellen Zustand unserer Welt konfrontiert sieht.

Viele von uns fühlen sich hilflos, fürchten sich oder sind wütend darüber, wie machtlos wir im Angesicht der kontinuierlich zunehmenden Zahl an Krisen (ökologisch, politisch, sozial, wirtschaftlich, demokratisch, militärisch, medizinisch, mental-psychologisch etc.) sind, die unsere Gesellschaft zu zerreißen scheinen. In dieser Situation ist es nicht nur einfach, sondern auch völlig natürlich, wenn Menschen in den reichen historischen Vorräten esoterischer Überzeugungen, Konzepte, Symbole, Sprachen, Mythen oder Erzählungen auf die Suche nach Quellen der Hoffnung und Inspiration gehen. All dieses Material hat ja zumindest eines gemeinsam: die Tatsache, dass die westliche Mehrheitsmeinung und die intellektuelle Elite es ausgemustert und marginalisiert haben, woraufhin es in der Kiste des „verschmähten Wissens" landete – und dadurch offensichtlich neue Anziehungskraft erhielt.

Mit anderen Worten: Wer sich so bitterlich enttäuscht, frustriert oder betrogen fühlt vom „System", „den Massenmedien" oder „den Eliten", die offenbar schuld am heillosen Chaos in der Welt sind und daher durch und durch korrupt erscheinen, wird selbstverständlich aufhören, die „offiziellen Versionen", die „diese Eliten" einem verkaufen wollen, oder ihre Auffassung von „wahr" und „falsch" zu glauben! Man vertraut auf nichts mehr, was sie sagen. Die Suche nach Antworten, nach irgendeiner Art von Wissen, irgendeinem größeren Zusammenhang, irgendeiner Erklärung, was gerade passiert und warum, geht jedoch weiter. Damit gibt es noch mehr Gründe, sich einmal ganz genau anzusehen, was „die" verschmäht und stets so tüchtig versucht haben, als lächerlich oder gefährlich oder falsch zu diskreditieren. Kurzum wird man dazu geneigt sein, abzulehnen, was sie akzeptieren (möglicherweise sogar, weil sie es akzeptieren), und anzunehmen, was sie ablehnen (möglicherweise sogar, weil sie es ablehnen).

Diese Logik ist sehr einfach zu verstehen. Sie erklärt die besondere Anziehung von Esoterik als „verschmähtem Wissen" für eine Gesellschaft in der Krise. Ich glaube, wir haben gute Gründe, uns große Sorgen über die Zukunft der liberalen Demokratie, ihrer grundlegenden Werte und ihrer institutionellen Eckpfeiler zu machen. Sie sind bereits geschwächt und stehen weiter unter Beschuss – leider scheint mir ihr Überleben in den nächsten Jahrzehnten alles andere als gesichert. Um dieser enormen Herausforderung wirksam entgegenzutreten, sollten wir uns nicht blindlings von den Symptomen ablenken lassen, sondern müssen feststellen, wo die Ursachen der aktuellen gesellschaftlichen Entwicklungen liegen. Unsere Aufgabe ist es, herauszufinden, woran unsere Patientin wirklich krankt und sie zu heilen. Denn die Symptome werden auf anderem Wege nicht verschwinden.[57]

57 Aus dem Englischen übersetzt von Julia Dolderer.
Ursprünglich erschienen in: **Bundeszentrale für politische Bildung** vom 08.02.2023 (https://www.bpb.de/518297). Die vorausgehende Fachtagung „Esoterik und Demokratie – Ein Spannungsverhältnis" fand vom 5.–6. September 2022 in Fulda und online statt und kann nach wie vor über die Website der Bundeszentrale für politische Bildung abgerufen werden (https://www.bpb.de/themen/rechtsextremismus/513570/programm/). Das Tagungsprogramm ist dort ebenfalls einsehbar (https://www.bpb.de/themen/rechtsextremismus/513570/programm/). Wir bedanken uns bei der Bundeszentrale für politische Bildung und bei Professor Hanegraaff für die Abdruckerlaubnis.

JOHANNES FIEBIG (Hg.): **Das Tarot von A. E. Waite und P. Colman Smith. Die Geschichte des populärsten Tarot der Welt**. Mit Beiträgen von Robert A. Gilbert, Mary K. Greer, Rachel Pollack, TASCHEN: Köln 2023, 444 S., Leinen, ISBN 978-3-8365-8643-6.

ELIZABETH FOLEY O'CONNOR: **Pamela Colman Smith. Artist, Feminist & Mystic**. Clemson University Press: Clemson, SC 2021, 302 S., Festeinband, ISBN 978-1-949979-39-8 (auch als Taschenbuch und ebook).

COLLEEN LYNCH / MELISSA STAIGER: **Pamela Colman Smith. Life and Work at Pratt Institute Libraries**. Brooklyn Campus. Exhibition curated by Colleen Lynch & Melissa Staiger. Exhibited at: Pratt, Stuber Publishing: Brooklyn, NY o. J. (2020), 156 S., Softcover, ISBN 9781946332417.

ANDREA J. MILES: **Pamela Colman Smith and Madge Gill. Astrology Second-Sight Art**. Green Magic: Aller Somerset 2023, 171 S., Softcover, ISBN 978-1-915580-10-8.

DAWN G. ROBINSON: **Pamela Colman Smith. Tarot Artist. The Pious Pixie**. Fonthill Media Stroud, UK, 2020, 213 S., Softcover, ISBN 978-1-78155-741-9.

CAT WILLET: **The Queen of Wands. The Story of Pamela Colman Smith, the Artist Behind the Rider-Waite Tarot Deck**. Running Press: New York 2022, 192 S., Festeinband, ISBN 978-07624-7569-8 (ebook 978-07624-7568-1).

Strength and Justice

Späte Anerkennung für die Designerin des weltweit populärsten Tarot-Decks:

Pamela Colman Smith

Ein Literaturbericht von Bertram Herr

𝓔in Vierteljahrhundert nach ihrem Tod war sie fast vergessen. Nur einige wenige Kunstexperten handelten sie noch als Geheimtipp. Sie waren es dann auch, die Pamela Colman Smith Mitte der 70er-Jahre wieder aus dem Dunkel der Vergessenheit hervorholten und durch Veröffentlichungen und Kunstausstellungen dem Licht der Öffentlichkeit zurückgaben. Der Ausstellungskatalog von Melinda Boyd Parsons (*To All Believers – The Art of Pamela Colman Smith*, Delaware 1975) brachte den Durchbruch. Er behält, was die kunstgeschichtliche Einordnung von Colman Smith angeht, nach wie vor seine Gültigkeit.

Pamela Colman Smith, die Designerin des populärsten Tarot-Decks, wurde 1878 in Pimlico (England) geboren, doch zog die Familie schon 1881 nach Didsbury, Manchester. Mütterlicherseits war die Familie künstlerisch stark geprägt sowie durch die Theologie Swedenborgs. Nach Jahren siedelte die Familie aus beruflichen Gründen nach Jamaika über, von wo aus Colman Smith des Öfteren die väterliche Heimat New York besuchte. Dann, 1893, nahm sie ihre künstlerischen Studien am Pratt Institute in Brooklyn auf. Mit 18 Jahren, 1896, musste Colman Smith jedoch nach Jamaika zurückkehren, erst um ihre kranke Mutter zu pflegen und nach deren Tod, um den Haushalt des Vaters zu führen. Die jamaikanische Kultur, insbesondere ihre Volksmärchen, übten einen bleibenden Eindruck auf Colman Smith aus. Das Pratt Institute verließ sie 1897 ohne Abschluss, aber mit künstlerischem Rüstzeug.

Als sie 1898 mit ihrem Vater nach New York zurückkehrte, entfaltete sie ihre Kreativität in der („comic-haften") Veröffentlichung jamaikanischer Volksmärchen (*Annancy Stories*), in diversen Illustrationen und für das Lyceum Theatre als Zeichnerin und Statistin. Das Lyceum Theatre sollte sich für ihren nächsten Lebensabschnitt als richtungsweisend herausstellen. Denn, nachdem Colman Smiths Vater 1899 verstorben war, schloss sie sich der Schauspieltruppe dauerhaft an und siedelte mit ihr nach England über. Das Netzwerk des Theaters mit der Schauspielerin Ellen Terry im Zentrum eröffnete Colman Smith zahlreiche kreative Räume: Illustrationen, von Musik inspirierte Gemälde, Puppentheater, Herausgeberschaft von Magazinen, einen eigenen Laden. Naturmystik faszinierte sie und der Hermetic Order of the Golden Dawn zog sie an, in dessen Isis-Urania-Tempel sie 1901 in London eintrat.

Als der Golden Dawn auseinanderbrach, schloss sich Colman Smith 1903 dem Zweig von Arthur Edward Waite an. Unterdessen bestückte sie erfolgreich mehrere Ausstellungen in den USA und unterstützte die Frauenrechtsbewegung in England. Von Waite erhielt sie auch den Auftrag (und Instruktionen dazu), ein neues Tarot-Deck zu entwerfen. Kurz nach dessen Fertigstellung trat Colman Smith 1911 in die Katholische Kirche ein. Während des Ersten Weltkrieges engagierte sie sich charitativ. 1918 erhielt Colman Smith eine respektable Erbschaft von ihrem Onkel Theodore, durch die sie sich ein Landhaus auf der Halbinsel The Lizard in Cornwall erwerben konnte. Dort richtete sie eine katholische Kapelle ein, die sie auch versorgte, bis sie mit ihrer vormaligen Bediensteten und nachmaligen Freundin Nora Lake 1939 nach Exeter zog und von dort aus 1942 nach Upton, Bude. Mehr als zehn Jahre war sie durch gesundheitliche Probleme stark eingeschränkt, dann verstarb sie 1951, wahrscheinlich an Herzschwäche.

Nach den Kunstwissenschaftlern in den 70er-Jahren entdeckte auch die Esoterikszene die Gestalterin des inzwischen weltweit erfolgreichsten Tarot-Decks neu. Die Bemühungen bis dahin fasste 2018 ein sehr gediegener, reich bebilderter und interdisziplinär erstellter Sammelband zusammen: Stuart R. Kaplan (Hg.), *Pamela Colman Smith. The Untold Story*, Stamford, CT. Noch immer ist er eine unschätzbare Fundgrube an Informationen und Quellenmaterial. Doch was zunächst als krönender Abschluss der Recherchen um Colman Smith erscheinen mochte, entpuppt sich nunmehr als eine Zwischenbilanz. Denn in den wenigen Jahren danach folgten mehrere durchaus innovative Publikationen zu dieser vielseitigen Person, als die sich Colman Smith immer mehr zeigt.

Dabei sind die Primärquellen zu Colman Smith von unterschiedlicher Aussagekraft. Ihre hinterlassenen Kunstwerke, Teile privater Korrespondenz und Aufzeichnungen, amtliche Dokumente, Bildzeugnisse oder zeitgenössische Veröffentlichungen von ihr selbst oder über sie geben Einblicke in ihr Leben und Schaffen vor und nach 1900. Doch über ihre Motivationen und ihre inneren Werte sagen sie nur sehr begrenzt etwas aus. Da wundert nicht das Anliegen ihrer Interpretinnen und Biografinnen (denn in der Mehrzahl handelt es sich hierbei um Frauen), diese Leerstellen möglichst stichhaltig aufzufüllen. Das kann auf zweierlei Weise geschehen: einmal durch ein besonderes Einfühlen in die Person Colman Smith; oder indem sie möglichst genau in die Zusammenhänge ihrer Zeit gestellt und aus diesen heraus begriffen wird.

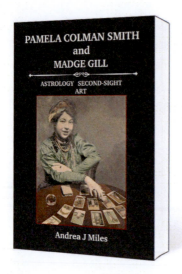

ANDREA J. MILES:

Pamela Colman Smith and Madge Gill.

Astrology Second-Sight Art.

Green Magic: Aller Somerset 2023

171 S., Softcover

ISBN 978-1-915580-10-8.

Zu den ein- und nachfühlenden Biografien gehört Andrea J. Miles astrologische Studie. Sie befasst sich mit Colman Smith und ihrer Zeitgenossin Madge Gill. Abgesehen davon, dass beide Künstlerinnen waren und bei ihnen auch eine esoterische Neigung zum Vorschein kam, zieht Miles keine weitreichenderen Schlüsse aus ihrer Gegenüberstellung. Bei beiden beginnt sie mit einem kurzen biografischen Abriss auf aktuellem Forschungsstand (9–24, 94–117). Die Leerstellen, die beide Frauen in ihrer öffentlichen Erscheinung gelassen haben, füllt Miles mit Hilfe des rektifizierten Geburtshoroskops. Denn obwohl die Geburtsstunden der beiden nicht bekannt sind, schließt Miles über astrologisch auswertbare Charakterzüge von Pamela Colman Smith und Madge Gill auf den genauen Zeitpunkt ihrer Geburt zurück.

Das rektifizierte Horoskop schlussfolgert also von der Persönlichkeit auf die exakte Geburtsstunde und interpretiert die Persönlichkeit von dort aus erneut: Miles füllt demnach die biografischen Daten durch Rückschlüsse aus dem rektifizierten Geburtshoroskop auf. So kann bei Colman Smith Jupiter im vierten Haus mit ihren Interkontinentalreisen in Verbindung stehen (56). Und auch, dass sie ihre wahren Gefühle vor der Öffentlichkeit verborgen hielt, spiegele sich in ihrem Horoskop: „The theme of privacy is extended by Sun square Pluto aspect, which suggests that she went to great pains to hide some areas of herself" (64). Dies sind nur zwei Kostproben aus einer 63 Seiten umfassenden Auswertung.

CAT WILLET:
The Queen of Wands.
The Story of Pamela Colman Smith,
the Artist Behind the
Rider-Waite Tarot Deck.
Running Press: New York 2022
192 S., Festeinband
ISBN 978-07624-7569-8
(ebook 978-07624-7568-1).

Eine einfühlsame Darstellung ganz anderer Art stammt von Cat Willett. Die Kunsthistorikerin und Illustratorin teilt mit Colman Smith nicht nur ihre Profession, sondern auch einen starken Bezug zu Brooklyn. Sie hat es unternommen, die Lebensgeschichte von Colman Smith in einem Comicbuch zu entfalten. Das bestechende daran ist, dass sich Willett in Vielem an den Malstil von Colman Smith anlehnt, ohne ihn platt zu imitieren. Vor allem versteht sie es ganz wie ihr Vorbild vor 100 Jahren, in ihren Bildern intensiv Gefühle und Stimmungen zu transportieren. So malt „Cat" Willet auf Seite 36 etwa die Katzenliebe von Colman Smith aus. Über die wenigen historischen Ungenauigkeiten, manches Klischeehafte und Einseitige ist man bei diesem Lesegenuss hinwegzublicken gewillt: Historisch trifft nicht zu, dass Colman Smith in ihrem cornwallschen Landhaus ein Erholungsheim für katholische Priester betrieb (173) oder dass sie am Pratt Institute nur eine von wenigen Frauen war (36). Von den Klischees, Colman Smith könne „biracial" (169) gewesen sein oder lesbisch (79, 174) rückt die aktuelle Literatur wieder ab. Und den 33 Jahren von Colman Smith in Cornwall widmet Willett lediglich sechs Seiten. Solche untergeordneten Schwächen sieht man Willett auch deshalb nach, weil sie ihre eigene Perspektive und ihren eigenen Zugang ungekünstelt in der Darstellung offenlegt (8–12, 34–37, 188–190). Jedenfalls steht mit dem ansprechenden Comicband eine gute Hinführung zu Colman Smith und ihrem Werdegang zur Verfügung.

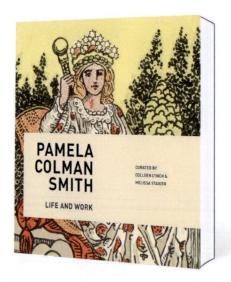

COLLEEN LYNCH /
MELISSA STAIGER:
Pamela Colman Smith.
Life and Work at
Pratt Institute Libraries.
Brooklyn Campus. Exhibition
curated by Colleen Lynch & Melissa
Staiger. Exhibited at: Pratt,
Stuber Publishing: Brooklyn, NY
o. J. (2020), 156 S., Softcover,
ISBN 9781946332417.

Öffentliche Bilbliothek (seit 1888) des Pratt Institute Brooklyn. Am Institut wurden zahlreiche Fächer unterrichtet. Zeichnen galt als universelle Sprache und verband die Fächer. Eines davon war beispielsweise die Schneiderei. Unten: Colman Smith in ägyptischer Kostümierung (Archiv der Pratt-Bibliothek).

Ꜫine gute, aber ganz andersgeartete Annäherung an Colman Smith bietet der Ausstellungskatalog von Colleen Lynch und Melissa Steiger. Er dokumentiert eine Ausstellung am Pratt Institute vom 31. Januar bis zum 4. April 2019 und stellt das Oeuvre von Colman Smith in seine historischen und wirkungsgeschichtlichen Zusammenhänge. Entsprechend werden Werke von Colman Smith mit weiterem Bildmaterial und Schriften von ihr oder über sie in Verbindung gebracht. Sehr interessant sind sieben historische Aufnahmen des Pratt Institutes, u. a. von Klassen- und Ausstellungsräumen und weitere zum persönlichen Umfeld von Colman Smith. Zudem dokumentiert und erläutert der Katalog die Ausstellungs-flächen, Vitrinen und Exponate der Ausstellung von 2019. Zwei Zeitungsbe-richte über die Ausstellung runden die Eindrücke ab. Dem Ganzen ist Col-man Smiths programmatischer Aufsatz „Should the art student think?" von 1908 vorangestellt. Im Zentrum der Publikation stehen jedoch die symbolis-tisch anmutenden Arbeiten aus den Jahren 1907 und 1908, mit denen Col-man Smith in New York beachtlichen Erfolg erzielt hatte, begleitet von Illus-trationen aus Druckerzeugnissen. So bietet dieser erschwingliche Katalog ei-nen guten ersten Zugang zu Colman Smiths künstlerischem Werk, indem er es in den Rahmen seiner Zeit stellt.

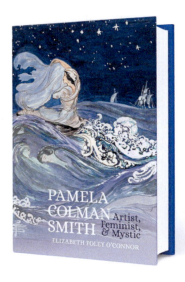

ELIZABETH FOLEY O'CONNOR:

Pamela Colman Smith.

Artist, Feminist & Mystic.

Clemson University Press: Clemson, SC

2021, 302 S., Festeinband

ISBN 978-1-949979-39-8

(auch als Taschenbuch und ebook).

𝓜ehr als eine Einführung, sondern ei-ne detaillierte historische Einordnung von Colman Smith bietet die Monografie von Elizabeth Foley O'Connor. Sie ist ein Musterbeispiel an Quellenstudium, das Vollständigkeit anstrebt. Nicht weniger als 27 Archive und Bibliotheken hat Foley O'Connor dafür konsultiert (XIIIf). Sie unterscheidet in Colman Smiths Leben sechs Abschnitte mit unterschiedlichen kreativen Schwerpunk-ten. Zunächst wäre da ihr familiärer Hintergrund, die prägenden Eindrücke Jamaikas und das von ihr gepflegte Puppentheater (21–51). Als Hauptquel-le für diesen Lebensabschnitt wertet Foley O'Connor den Briefwechsel von Colman Smith mit ihrer Cousine Mary Reed aus. Das nächste Kapitel befasst sich mit Vorbildern und Einflüssen, die sich auf Colman Smiths Malstil nachhaltig auswirkten, und dem Geflecht an Kontakten, das sie zu Künstlerinnen und Schriftstellerinnen knüpfte (53–87). Die nachfolgenden Kapitel betonen einen feministischen Akzent in Colman Smiths Wirken und die Entwicklung einer nicht binären Geschlechtsidentität, also ihr Spiel mit Rollenerwartungen. Zu Beginn des 20. Jahrhunderts entwickelte Colman Smith in England – eingebunden in die Familien der Starschauspielerin Ellen Terry und des Literaturnobelpreisträgers William Butler Yeates – vielseitige Aktivitäten (89–126): Sie wirkte beim Lyceum Theater mit, beim Hermetic Order of the Golden Dawn, bei Yeats Masquers und dem Irish Literary Revival. Sie inszenierte Events, bei denen sie Gedichte rezitierte oder Puppenspiele aufführte. Sie ergriff Initiativen als Verlegerin und Inhaberin eines Geschäfts.

Das nächste, wichtige, Kapitel (127–173) untersucht die Querverbindungen, den gemeinsamen Nenner und die Synergien zwischen jamaikanischen Volksmärchen, irischer Sagenwelt und der von Musik angeregten „synästhetischen" Bildwerke. Bei Kapitel Fünf (175–228) könnte man zunächst den Eindruck gewinnen, Foley O'Connor verfolge die innere Einheit von Colman Smiths Schaffensbereichen weiter. Denn sie geht nun dem Zusammenhang von Colman Smiths Interesse am Okkulten, ihren Tarot-Entwürfen und ihren Musik-Bildern nach (175–205). Doch beschränken sich die beobachteten Gemeinsamkeiten der Tarot-Karten mit den übrigen Bildwerken von Colman Smith auf stilistische und motivische Züge, und Foley O'Connor lässt dies alles auf Colman Smiths Engagement für Frauenrechte und einen ihr zugeschriebenen Feminismus zulaufen (205–228). Der Epilog (229–242) blickt auf die letzten 40 Jahre, die Colman Smith vornehmlich in Cornwall verbrachte: ihren Eintritt in die Katholische Kirche und ihr Engagement darin, caritative Aktivitäten während des Ersten Weltkriegs, weitere künstlerische Projekte, ihr Lebensende.

Foley O'Connor kommt das Verdienst zu, die bisher ausführlichste Lebensgeschichte von Colman Smith vorzulegen, wobei sie eine Unmenge an Quellen auswertet. Dass eine mystische und mythologische Sicht der Dinge alle Bereiche von Colman Smiths Schaffen durchzog und bestimmte, hält Foley O'Connor durchaus fest (129, 190, 227), verdiente aber noch vertieft zu werden. Denn als Genderforscherin tritt Foley O'Connor unter einem anderen Blickwinkel an Colman Smith heran: Ihr erkenntnisleitendes Interesse ist feministisch, sozialkritisch, postkolonial, antirassistisch und die Festlegung auf binäre Geschlechterrollen hinterfragend. Entsprechend ergibt sich das Bild einer unter rassistischen Vorurteilen leidenden, als Frau unterbewerteten und trotz ihrer vielseitigen Talente immer wieder im Geschäftsleben benachteiligten, sich aber dagegen zur Wehr setzenden und einer sich nicht konventionellen Geschlechterrollen unterwerfenden Frau. Die Gefahr ist real, Colman Smith damit auch ein Stück weit zu verzeichnen. Das führt die andere historisch ausgerichtete Monografie über die Künstlerin vor Augen, nämlich jene von Dawn G. Robinson.

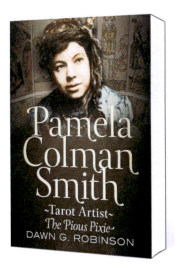

DAWN G. ROBINSON:

Pamela Colman Smith.

Tarot Artist. The Pious Pixie

Fonthill Media Stroud, UK, 2020, 213 S.

Softcover, ISBN 978-1-78155-741-9.

𝒟iese Biografie von Dawn G. Robinson zeichnet sich durch ein Zweifaches aus: Erstens stellt sie die Lebensabschnitte von Colman Smith in ihre gesellschaftlichen Kontexte: das Bild alleinstehender Frauen, die Bewegung des Golden Dawn, die Frauenrechtsbewegung, um nur einige zu nennen. Zweitens stellt Robinson all die Stereotype über Colman Smith als „an extraordinary biracial, lesbian, mystical, synaesthete artist" (9) und noch viele andere auf den Prüfstand. Als Ergebnis zeigt sich eine viel konventionellere Frau, als die Literatur es vielfach wahr haben wollte: Als Künstlerin war Colman Smith stark am Markt orientiert. Wahrscheinlich war sie keine Synästhetin von Geburt; doch konnte sie sich durch Talent und Schulung von Musik zu Bildern inspirieren lassen – diese Fertigkeit mag sie auch als Verkaufsstrategie eingesetzt haben. Es scheint mehr dagegen zu sprechen, dass sie „of colour" war, als dafür. Sie kultivierte im künstlerischen Bereich aber gerne auch eine Form von Fremdartigkeit, die anziehend wirkte. Colman Smith war eine vielseitige Künstlerin und eine Illustratorin, die hochwertige Bilder produzierte; dennoch wird man sie kaum der Avantgarde zurechnen. Die Tarot-Entwürfe dürfte sie, wie vieles andere auch, einfach als Auftragsarbeit angesehen haben; Kunst diente ihr, die relativ früh auf sich allein gestellt war, zunächst zum Broterwerb. Nach dem Ende der romantischen Ära und nach dem Ersten Weltkrieg war ihr Stil kaum noch gefragt. Es gibt auch keinen stichhaltigen Grund anzunehmen, dass sich Colman Smith ausgegrenzt fühlte; der Ausdruck melancholischer Einsamkeit, zuweilen Thema ihrer Bilder, ist ein Charakteristikum innerhalb der romantischen Tradition. Die berühmte Schauspielerin Ellen Terry war Colman Smith überdies keine Ersatzmutter; Colman Smith gehörte vielmehr ihrer Theatergruppe an und war ein Freund der Familie. Auch starb Colman Smith nicht verarmt. Zwar musste sie mit ihrem Geld sorgsam haushalten, doch hätte sie immer noch eine gewisse Summe hinterlassen, wäre nicht noch eine Steuerschuld auf ihr gelastet. Über Colman Smiths sexuelle Orientierung lässt sich keine Aussage treffen; ledige Frauen jener Zeit taten sich öfter zusammen, um sich mit gemeinsamen Zielen gegenseitig zu unterstützen. Der Frauenrechtsbewegung lieh Colman Smith ihre künstlerischen Mittel, war aber selbst keine kämpferische Aktivistin. Auch scheint sie sich nicht sonderlich in die Esoterik des Golden Dawn vertieft zu haben. Hingegen war sie vierzig Jahre lang ein glühendes und engagiertes Mitglied der Katholischen Kirche. Hier fand sie wohl die Gemeinschaft und spirituelle Erfüllung, welche ihr der Golden Dawn und die Kunstszene auf Dauer nicht bieten konnten. An diesem Faktencheck von Robinson kommt keine künftige Beschäftigung mit Colman Smith vorbei. Hilfreich ist der Band ebenfalls, weil er auf viele Internetquellen aufmerksam macht. Allerdings hätte dem Literaturverzeichnis ein aufmerksames Lektorat gut getan.

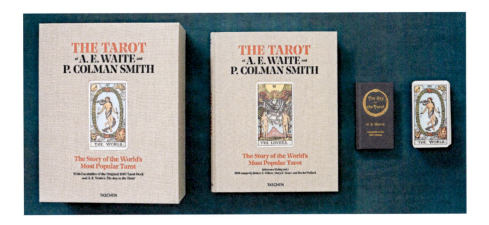

JOHANNES FIEBIG (Hg.):

Das Tarot von A. E. Waite und P. Colman Smith.

Die Geschichte des populärsten Tarot der Welt.

Mit Beiträgen von Robert A. Gilbert, Mary K. Greer, Rachel Pollack

TASCHEN: Köln 2023, 444 S., Leinen, Deck mit 78 Karten und Faksimile

in einer Schlagkassette, 23 x 28,7 cm, 3 kg. ISBN 978-3-8365-8643-6

*B*eiträge eines jüngst erschienenen Sammelbands vermögen noch weitere Einzelheiten zu Leben und Wirken von Colman Smith beizusteuern. Er ist von Johannes Fiebig herausgegeben (siehe die gesonderte Rezension hierzu). Dass etwa Colman Smiths Tarotkarten nie in Waites „Unabhängige[m] und Berichtigten Ritus verwendet" (30) wurden und auch Colman Smith nie damit gearbeitet hat, weiß Robert A. Gilbert zu berichten. Mary K. Greer hebt einerseits eine übersinnliche Fähigkeit von Colman Smith hervor, die die Qua-

Karte aus dem Visconti-Sforza Deck: Der Narr. Dieses Deck wurde um 1442 für die Adelshäuser von Mailand hergestellt. Abb. aus der umfassenden Einführung zu Waites *Key to the Tarot*, Seite 10.

lität ihrer Tarotbilder ausmache (40), betont jedoch andererseits, dass sie sich während all der Jahre im Golden Dawn nicht über den Anfängerstatus hinausentwickelt habe (37 f). Auch Johannes Fiebig sieht die Entstehung des Decks recht nüchtern: Für Colman Smith sei es eine Auftragsarbeit unter vielen und mit einem üblichen Honorar ausgestattet gewesen; für Waite eine seiner zahlreichen „Fachveröffentlichungen" ohne „Rechte oder Tantiemen" (43 f; vgl. schon Robinson). Nach Mary K. Greer stellte Colman Smith das Deck innerhalb von fünf Monaten „in der Nähe von Smallhythe Place, Ellen Terrys Landhaus bei Tenterden in Kent", (40) fertig. Hingegen argumentiert Foley O'Connor zugunsten einer bedeutend längeren Erarbeitungsphase (18, 193).

Pamela Colman Smith verstand es gut, sich im Kunstmarkt und in der Kulturszene zu positionieren. Doch was ihr Privatleben anging, hielt sie sich bedeckt. Damit gab und gibt sie eine fast perfekte Projektionsfläche für vielerlei Spekulationen ab: von ihrer sexuellen Neigung bis hin zu ihren medialen Fähigkeiten. Doch sollte man respektieren, was Colman Smith als ihre Privatsphäre schützen wollte, und sich mit dem auseinandersetzen, was sie der Nachwelt bewusst hinterlassen hat – ein reiches künstlerisches Erbe und ihr weltberühmtes Tarot-Deck.

Joscelyn Godwin

Solve et coagula
Zwei Wege zum Zinnober

Aus dem Italienischen übersetzt von Felix Herkert

In *Il cammino del cinabro* kommt Julius Evola auf seine frühe Jugend zurück, ohne dabei über seine Eltern oder Vorfahren, über sein Elternhaus, die Schule oder die Lehrer, die damaligen Freunde oder Beschäftigungen irgendein Wort zu verlieren. Es handelt sich um ein beredtes Schweigen; zugleich jedoch verpasst er der Neugier vieler Leser einen Dämpfer, denen er zu sagen scheint, dass sie sich um ihre eigenen Angelegenheiten kümmern sollen, nicht aber um das – von den erreichten Gipfeln überschattete – Privatleben anderer. Wer diese Abwesenheit biographischer Details beklagt, muss sich vor Augen führen, dass er es nicht mit einer banalen Autobiographie zu tun hat, sondern mit dem Tagebuch einer Reise auf dem „Weg des Zinnober". In der Auslassung privater Details verbirgt sich auch eine Art schelmisches Vergnügen, das darin besteht, die spätere Entwicklung eines Menschen und dessen eigener Philosophie nicht auf kindliche Traumata oder jugendliche Einflüsse zu reduzieren.

Ganz anders die Autobiographie von Carl Gustav Jung: Sie enthält die Erinnerungen, Träume und Gedanken, die der Schweizer Psychologe seiner Schülerin Aniela Jaffé diktiert hat. Die äußeren Begebenheiten seines Lebens werden von Jung abgewertet; er berichtet nur wenig von seinen Aktivitäten, Reisen, Liebschaften, Freunden und geschichtlichen Verstrickungen mit seiner Gegenwart. All dies – so schreibt er in der Einleitung – sei seinem Gedächtnis entschwunden oder habe an Bedeutung verloren, wohingegen die inneren Erfahrungen (Träume und Visionen aus der Kindheit, religiöse Traumata im Erwachsenenalter, psychische Erfahrungen) zur *materia prima* seines wissenschaftlichen Werkes geworden seien.

In der Verschiedenheit dieser Ansätze, die sich gleichwohl beide durch eine Geringschätzung des Alltags auszeichnen, wurzelt vermutlich auch Evolas bekannte Aversion gegen die „Tiefenpsychologie", die sonst nur schwer zu verstehen wäre.

Es ist unmöglich, die Gemeinsamkeiten zwischen den beiden Autoren, die zur selben Zeit lebten, zu vergessen, angefangen bei ihren Bemühungen, die Klassiker der orientalischen Weisheit zu verbreiten: Jung gab Seminare über Yoga, schrieb Einleitungen zum *Geheimnis der Goldenen Blüte*, zum *I Ging*, dem *Tibetischen Totenbuch* und zum *Tibetischen Buch der Großen Befreiung*. Im Bereich der abendländischen Esoterik beschäftigte er sich mit der Gnosis (*Sieben Reden an die Toten, Aion*), Kosmologie (wiederum *Aion*) und Alchemie (*Psychologie und Alchemie, Mysterium Coniunctionis*). Seine esoterische Interpretation des Christentums (*Psychologie und Religion, Antwort auf Hiob*) stützt sich auf das Wissen von einer ungebrochenen Kette von Theosophen, die von Meister Eckhart zu den rheinländischen Mystikern des Mittelalters, von Jakob Böhme und Gerhard Dorn zu den romantischen „Naturphilosophen" verläuft; die Erläuterung des Gralsmythos und -mysteriums hingegen überließ er seiner Frau Emma. Ferner thematisierte er das Phänomen des Nationalsozialismus (*Wotan*), wobei er sich nicht damit begnügte, es zu verdammen, sondern darauf abzielte, es zu verstehen, was ihm bei weniger klugen und stärker voreingenommenen Forschern den Vorwurf der Sympathie eintrug. Schon als junger Arzt hat er gegen den spiritualistischen und theosophischen Aberglauben Partei ergriffen, aber zugleich die Wirklichkeit psychischer Phänomene anerkannt. Das von Jung – der sich als Wissenschaftler verstand oder wenigstens als solcher auftrat – erforschte Universum transzendierte die physische Ebene; in den 1930er-Jahren nahm er beispielsweise an mehreren spiritistischen Sitzungen mit dem Medium Oskar Schlag teil.[1]

Der Gemeinsamkeit der Interessen und teils auch der Methoden zum Trotz, bleibt eine unüberbrückbare Differenz zwischen den „persönlichen Gleichungen" von Evola und Jung, aus der sich zumindest teilweise die Verachtung erklärt, die der römische Denker dem Züricher Psychologen entgegengebracht hat. Es war meines Wissens sogar Evola selbst, der diesen für seine Einstellung zur Psychologie so bezeichnenden Ausdruck geprägt hat: Eine „Gleichung" ist eine unveränderliche Gegebenheit, und es ist unnütz, nach ihrem Warum und Wozu zu fragen. Die letzten Gründe liegen, wie er selbst in *Il cammino del cinabro* vermutet, in einer vorgeburtlichen Existenz verborgen. Folglich skizziert er im ersten Kapitel – als ob es sich um zwei verschiedene Pinselstriche handelte – jene Dispositionen, die seine Natur zu bestimmen scheinen: ein Impuls zur Transzendenz und die Veranlagung zum *kshatriya* (Krieger). Bezeichnend ist eines der ersten Bilder, das in dem Buch beschworen wird: „Wenn man eine Stadt bombardieren muss, ist es in praktischer Hinsicht offenbar angemessener, hierfür eine Person auszuwählen, die destruktiv veranlagt ist, nicht aber humanitär und philanthropisch"!

---

1 Vgl. Hans Thomas Hakl, *Der verborgene Geist von Eranos*, Bretten 2001, 147, Fn. 85.

Dem Schweizer Arzt und Gelehrten hingegen war jede kriegerische Veranlagung völlig fremd – was nicht heißt, dass er keinen Mut gehabt hätte. Was die Transzendenz betrifft, so anerkannte Jung erst relativ spät deren zentrale Bedeutung, nämlich mit der Formulierung des Konzeptes des *Selbst* sowie dessen Einheit mit dem *unus mundus*. Seine eigene Erfahrung reflektierend, verläuft der jungianische Individuationsprozess über die Entdeckung des „Schattens" (d. i. der negative Teil der Persönlichkeit, der auf andere „projiziert" wird), der *anima* bzw. des *animus* (die psychische Komponente, die das andere Geschlecht verkörpert und häufig auf geliebte Gegenstände „projiziert" wird).

Es scheint mir bedeutsam, dass Jung sich zu Beginn seiner Karriere die Sexualtheorie seines Lehrers Sigmund Freud zu eigen gemacht hatte und sie in der Folge unter dem urtümlichen, magnetischen Einfluss der Transzendenz aufgab, während Evola von der glühenden Bejahung des absoluten Individuums ausgegangen war und dem Freudianismus erst viel später, in der *Metafisica del sesso*, den ihm gebührenden Platz zuwies.

Nun geht es nicht darum, die Überlegenheit einer persönlichen Gleichung in Bezug auf die andere zu postulieren, sondern ihre Komplementarität für die Gestaltung – wenn nicht sogar Rettung – des Abendlandes zu erfassen: einerseits einen beispielhaften Weg, der an die Welt der Psyche gebunden bleibt; andererseits einen Weg der – jedenfalls potenziellen – Loslösung. Aber auch jenseits all dessen muss eine Geschichte der abendländischen Esoterik beide Gelehrte berücksichtigen, vor allem in Hinblick auf die Verbreitung östlicher Lehren und Praktiken, sprich: den wichtigsten Vorgang in der Esoterik des 20. Jahrhunderts.

Die Ablehnung des banalen Autobiographismus, die Jung kennzeichnet und bei Evola noch schärfer ausgeprägt ist, erreicht ihren Höhepunkt beim Traditionalisten René Guénon, der im vergangenen Jahrhundert seinerseits die orientalische Weisheit bekannt gemacht hat. Da er sich als unpersönliche Stimme und Autorität der „Tradition" zu präsentieren suchte, vermied er jegliches politisches oder weltliches Engagement; im Unterschied zu Evola war er jedoch zweimal verheiratet und verbrachte sein Leben mit Frauen, die ihm in intellektueller Hinsicht nicht auch nur annähernd ebenbürtig waren. Die Verachtung der Psychologie war bei Guénon und seinen Epigonen total: Sie hätten sich wohl eher noch mit Sport beschäftigt als mit derartigen Dingen! Legt man die Prinzipien der jungianischen Psychologie zugrunde, so wäre ein solcher Mensch als nicht-individuiert und unwissend hinsichtlich seiner eigenen Projektionen zu bezeichnen (im Falle Guénons ist es leicht, seinen *Schatten*, wenn nicht sogar seine *anima* auszumachen), während vom evolianischen Standpunkt schlicht eine andere persönliche Gleichung vorläge, nämlich eine Kombination aus Transzendenz und dem unflexiblen Charakter eines Brahmanen.

Eine weitere psychologische Differenz: Wie so viele Brahmanen war Guénon von Natur aus religiös. Hierher rührt sein wohlbekanntes Beharren auf der Notwendigkeit, komplementär zu jedem esoterischen Weg zugleich einer exoterischen Religion anzugehören und sie zu praktizieren. Obgleich der späte Evola im Vergleich zum frühen der christlichen Religion gegenüber weniger feindlich gesonnen und eher bereit war, in der katholischen Kirche den Fortbestand gewisser traditioneller Riten und Symbole zu erblicken, wäre er nie auf die Idee gekommen, einem derartigen Kult anzuhängen: Die Kirche kann ihn nicht zu jener Vielzahl von Menschen rechnen, die kurz vor ihrem Tode zu Kreuze kriechen sollten. Noch auch hätte er je erwogen, Guénon zu folgen und zum Islam zu konvertieren – einer Tradition, mit der er sich, vielleicht aufgrund einer verzeihlichen Unkenntnis des Sufismus (Henry Corbin war noch längst nicht in Erscheinung getreten), zu keinem Zeitpunkt tiefer beschäftigt hat. Letztlich waren für Evola alle östlichen Traditionen bereits vom kulturellen und kolonialen Einfluss des Westens korrumpiert.

In gewisser Hinsicht zeichnet sich das Werk Guénons in eine genuin französische „Tradition" (im weiteren Wortsinn) ein. Die frühe Prägung erfolgte im Schatten von Papus und Saint-Yves d'Alveydre sowie, weniger unmittelbar, von Eliphas Lévi und Fabre d'Olivet. Es beinhaltet verschiedene Elemente: eine starke Beeinflussung durch die christianisierte Kabbala der Renaissance-Epoche; die Schwärmerei für einen mystischen Katholizismus, nicht fern dem Volksglauben an die Madonnenerscheinungen (Lourdes, La Salette) und einer Apokalyptik frankozentrischer Ausrichtung (Hiéron du Val d'Or, Mythos des Großen Monarchen); eine Leidenschaft für Symbole und deren Interpretation, einhergehend mit einer Überschätzung der Freimaurerei. All dies Einflüsse, die man beim jungen Giulio Cesare vergeblich suchen wird; dieser fühlte sich vielmehr von einer Tradition angezogen, welcher der französische Metaphysiker (vielleicht ganz bewusst) keinerlei Beachtung schenkte: der deutschen Philosophie, die hauptsächlich auf protestantischem Boden erwachsen und mit Namen wie Herder, Schopenhauer, Hegel, Schelling, Fichte etc. assoziiert war. Man vermag sich kaum einen Guénon vorzustellen, der in die Verlegenheit kommen könnte, Nietzsche als „aktueller denn je" zu beurteilen, wie dies Evola in *Cavalcare la tigre* tat, oder der in den 30er-Jahren seine Hoffnungen hinsichtlich der Zukunft Europas auf Deutschland gesetzt hätte.

Guénon hatte das Glück, zwischen den Kriegen jedes Engagement zu vermeiden. Seiner schwächlichen Gesundheit wegen vom Dienst befreit, hatte er die Jahre 1914 bis 1919 mit Studien verbracht und wirkte später als Dozent in Frankreich und Algerien. 1939, bei Ausbruch des Zweiten Weltkriegs, befand er sich bereits in Ägypten, damals Protektorat der britischen Verbündeten. Die äußeren Umstände bewahrten ihn vor der Notwendigkeit, militärische oder politische Entscheidungen zu treffen. Er war aus prinzipiellen Gründen Antidemokrat und sah im traditionellen System der vier Kasten die vollkommene Gesellschaftsordnung; gleichwohl war er nicht überrascht über dessen Zerfall – so wenig wie über den anderer traditioneller Strukturen – im Endstadium jener „Herrschaft der Quantität", die die vielgepriesene moderne Zivilisation in seinen Augen darstellte. Guénon schrieb weiterhin – dies ist nicht schwer nachzuvollziehen – für die wenigen noch verbliebenen „Brahmanen" und gab sich keinerlei Illusionen über das Ende einer

Welt hin, das letztlich nichts anderes ist als „das Ende einer Illusion" (wie es im Epilog von *Le règne de la quantité et les signes des temps* heißt). Idealerweise betrachtet der Brahmane dieses Ende als Teil des kosmischen Spiels, an dem sein innerster Wesenskern nicht teilhat. Er vermag die Frage, warum überhaupt eine Welt existiert und nicht vielmehr nichts, wenn doch das ganze manifestierte Universum *Maya* (Illusion) ist, nicht zu beantworten. In seinen wichtigsten metaphysischen Werken (*Le symbolisme de la croix* und *Les états multiples de l'être*) treibt Guénon diese Frage bis zu ihren letzten Konsequenzen und spricht dem Nicht-Sein einen Primat gegenüber dem Sein zu. Für einen *kshatriya* – wie etwa Prinz Arjuna auf dem Schlachtfeld der *Bhagavadgītā*, welches die Welt symbolisiert – ist diese Problematik sogar noch dringlicher.

Warum existiert die Wirklichkeit mit ihren Polaritäten und Gegensätzen, Konflikten und daraus resultierenden Leiden? Bereits in den 1920er-Jahren lautete Evolas Antwort hierauf: Weil das Ich – als absolutes Ich – dies so entschieden hat. Die guénonsche Metaphysik hat keinen Sinn für ein solches Ich; das letzte und höchste Schicksal des Menschen ist – gemäß dem Vedānta – ein überindividueller Zustand. Hier liegt die grundlegende Differenz zwischen den beiden Metaphysikern, die ein unbeteiligter Beobachter, wenn er die vielgeschmähte Psychologie über die Metaphysik stellte, auf die jeweiligen „persönlichen Gleichungen" zurückführen könnte.

Trotz ihrer Offenheit für den Orient hatten weder Guénon noch Jung viel für den Urbuddhismus übrig (Hīnayāna bzw. Theravāda). Guénon verurteilte ihn als „heterodox" oder „häretisch" – ein Urteil, das auf Anraten seines Übersetzers Marco Pallis aus den englischen Editionen seiner Bücher herausgenommen wurde.[2] Guénons Werke wurden in Großbritannien bei Luzac & Co. verlegt, einem renommierten Verlagshaus mit orientalis-

---

2 Vgl. „Une lettre [de Pallis] à Jean-Pierre Laurant", in: *René Guénon* (Éditions de l'Herne), Paris 1985, 352–354.

tischem Schwerpunkt und Buchladen gegenüber dem British Museum. Bei dem gleichen Verlag ist 1951 das einzige Buch Evolas, das vor den Initiativen von Inner Traditions International (Vermont, USA) ins Englische übersetzt worden war, erschienen: *The Doctrine of Awakening: A Study on the Buddhist Ascesis.* In *Il cammino del cinabro* schreibt Evola den Namen des Übersetzers, mit dem er offensichtlich keinerlei Kontakt hatte, falsch; es ist vielleicht nicht ohne Interesse, hier ein paar Einzelheiten zu ihm zu liefern, da er für die internationale Evola-Rezeption von einiger Relevanz ist. Harold E. Musson (nicht „Mutton", wie Evola schreibt) wurde 1920 in eine Militärfamilie hineingeboren und erwarb einen Hochschulabschluss in Fremdsprachen an der Universität Cambridge. Nach Eintritt in die britische Armee verhörte er diverse italienische und deutsche Kriegsgefangene (in Italien und Algerien). In Italien nahm er die Übersetzung von *La dottrina del risveglio* in Angriff; wie er auf das Buch gestoßen war, ist nicht bekannt. Die Begegnung mit diesem Buch sollte sich als schicksalhaft erweisen, verließ Musson im Jahre 1948 doch seine Heimat England für immer. Zusammen mit einem Kommilitonen reiste er nach Ceylon und wurde buddhistischer Mönch; er nahm den Namen Nanavira Thera an. In seinen Schriften beschreibt er in geradezu klinischen Termini die (1959 erfolgte) Erlangung des *sotāpanna*-Zustands („Eingetretensein in den Strom"). Doch wurde sein weiterer Fortschritt durch das Aufkommen eines pathologischen Priapismus behindert, Nebeneffekt der Behandlung einer Amöbiasis. Von der Krankheit und ihrer Behandlung geplagt, entschloss er sich, seinem Leben ein Ende zu bereiten. Er schrieb folgende Worte, in denen die Schlussfolgerung von *Cavalcare la tigre* anklingt:

„Wenn jemand Suizid begehen möchte – was ich nicht empfehle –, so wäre es verkehrt, dies in niedergeschlagener Seelenverfassung zu tun. Es ist besser, einen Suizid zu beschließen, wenn man in bester Stimmung ist – gelassen, unerschüttert, heiter. Andernfalls kann man nicht wissen, wo man landen wird."[3] Musson beging 1965 Selbstmord mit Äther. Dieser Exkurs hätte Evola sicherlich interessiert, und zwar aus verschiedenen Gründen, die hier kaum eigens ausgeführt zu werden brauchen.

Wendet man sich der esoterischen Tradition des Abendlandes zu, so liegt der vielleicht wichtigste Beitrag Evolas in der mit der Gruppe von Ur verbundenen Arbeit, die später als *Introduzione alla magia quale scienza dell'Io* publiziert wurde. Vor dieser Anthologie war die Literatur zur Magie kaum mehr als ein heilloses Gemisch aus Mystifizierungen und miteinander inkompatiblen Theorien, oftmals nur dazu bestimmt, die Weisheit der sogenannten „Magier" zu nähren. Eine der wenigen Ausnahmen ist die Lehre der „Hermetischen Bruderschaft von Luxor", derer sich viele Theosophen bedienten und die wahrscheinlich auch der Gruppe von Ur nicht unbekannt war; eine andere Ausnahme ist das Werk von Giuliano Kremmerz, das Evola kannte und verwendete. In seinen in *Ur* und *Krur* erschienenen Aufsätzen versucht sich Evola an einer Entmythologisierung der Magie, indem er sie von Glauben bzw. Religion abgrenzt und wie eine Wissenschaft behandelt. Bewusst oder unbewusst folgt er hier insofern dem Beispiel von Blavatskys Theosophie, als er sowohl die Religion als auch die materialistische Wissenschaft ablehnt, die latenten Kräfte im Menschen mithilfe von Weisheitstexten aus aller Welt untersucht und eine Methode anwendet, die den Moralismus des 19. Jahrhunderts hinter sich lässt, wie dies auch in Blavatskys Einstellung gegenüber den Tantras deutlich wird.[4]

Evola war frei von Moralismus, insbesondere im sexuellen Bereich, doch auch von jenem des 20. Jahrhunderts, der in letzter Zeit immer mehr zugenommen hat und dessen Tabu nicht mehr so sehr die Sexualität als vielmehr die Diskriminierung zwischen unterschiedlichen Menschentypen betrifft. Im

---

3 Diese Worte stammen aus *Clearing the Path*, zit. nach Andrew Rawlinson, *The Book of Enlightened Masters*, Chicago 1997, 452. Diesem Buch sind die Informationen zu Musson entnommen.

4 Vgl. Julius Evola, *Il cammino del cinabro*, Rom 2018, Kap. 8.

Übrigen, und um die zuvor zitierte Metapher nochmals aufzugreifen, ist ein Individuum mit humanitärer und philanthropischer Veranlagung nicht dazu geeignet, die Zitadelle der „Political Correctness" zu bombardieren ... Ein realistisches Bewusstsein von der Unterschiedlichkeit von Menschentypen ist fundamental für das evolianische Denken, das im Verständnis eines Ichs wurzelt, das sich vom Großteil der Menschen merklich unterscheidet und von der christlichen Heuchelei bezüglich der Gleichheit aller Menschen in den Augen Gottes frei ist. Evola war der Theoretiker eines andersgearteten *anthropos* und gerade aus diesem Grund ist sein Werk ein Geschenk von unschätzbarem Wert. Den restlichen Menschen scheint er jedoch eine hypothetische Rückkehr zu einer traditionellen Gesellschaftsordnung nahezulegen, in welcher ein jeder – seiner jeweiligen körperlichen, seelischen und geistigen Rasse entsprechend – den ihm gebührenden Platz einnähme; eine zwar unzeitgemäße Hoffnung, die aber keineswegs von Misanthropie zeugt.

Als Evola seine „Autobiographie" verfasste, konnte er sich nicht vorstellen, dass unter all den Aspekten seiner schöpferischen Produktion der eher kurzen malerischen Tätigkeit einmal eine solche Bedeutung zugemessen werden würde, dass seine Gemälde und Zeichnungen, die er häufig an Freunde und Bekannte verschenkt hatte, einmal für beträchtliche Summen verkauft werden würden. Seine eigene „künstlerische Phase" reflektierend,[5] spricht er seinem Werk eine kathartische Funktion zu, insofern es die auflösenden Tendenzen der modernen Kunst auf die Spitze getrieben habe, um – sei es im Wort oder mit Farben – zu etwas Transzendentem vorzustoßen. Da er sich nicht all zu sehr für die Geschichte der modernen Kunst interessierte, gelang es ihm retrospektiv möglicherweise nicht, sein eigenes Schaffen in dem ihm eigentlich angemessenen Kontext zu verorten, der m. E. nicht der dadaistische oder futuristische ist, sondern jener der abstrakten, vor allem russischen, Maler (Kandinskij, Malevič, aber auch Mondrian) mit ihrem „Spiritu-

---

5   Vgl. *ibid.*, Kap. 2.

ellen in der Kunst". Was nach einem Jahrhundert von den Gemälden Evolas bleibt, ist weniger ihre provokative Seite, die in den Ausstellungen der 1920er Jahre gewirkt haben muss (manche wären gleichsam Musterbeispiele für das, was die Nationalsozialisten als „entartete Kunst" denunziert haben), als vielmehr die Atmosphäre der langen Stunden, die vergingen, sie zu schaffen, die einsame Konzentration, mit welcher der junge Künstler sich einer bestimmten Technik bediente, um seine eigenen Seelenzustände – und nicht nur sie – zu durchdringen. Manchmal ist das, was er entdeckt, dunkel und bedrückend, düstere Farben, die durch ein rustikales Orange aufgelockert werden; die Transzendenz, die sich manifestiert – wenn sie sich denn überhaupt manifestiert –, ist mit unpersönlichen Kräften verbunden, die den Menschen nicht gerade wohlgesonnen sind. In anderen Fällen gelingt es ihm, die Leinwand mit einer verführerischen Leichtigkeit zu erfüllen (z. B. in dem heute in den Musei Civici di Arte e Storia in Brecia befindlichen Gemälde *Five o'clock Tea*, 1917/18, welches die Poetik des chilenischen Künstlers Roberto Matta vorwegnimmt), was ihm eine glänzende Karriere als abstrakter Maler hätte bescheren können. Sein abwechslungsreicher Stil oszilliert zwischen Realismus, Manierismus, Symbolismus und Abstraktionismus; er bedient sich verschiedener Elemente (geometrischer, szenographischer oder industrieller Art à la Ferdinand Léger) und zeugt von einem Talent, das nicht unbedingt für die Malerei gemacht, aber omnivor und selbstsicher ist.

Diese künstlerische Produktion ist erstaunlich (und sie war übrigens nicht nur Frucht der Jahre zwischen 1916 und 1921), offenbarte Evola in ihr doch erstmals seine Fähigkeit, schnell ein bestimmtes Tätigkeitsfeld zu beherrschen und auf ihm etwas offensichtlich Einzigartiges und Bleibendes zu schaffen. Es genügt, sich seine weiteren Aktivitäten auf den Feldern der idealistischen Philosophie, der Magie, des Alpinismus, der Alchemie, des Taoismus und Buddhismus vor Augen zu führen, ganz zu schweigen von seinem Können als Journalist und Übersetzer, dessen Gelehrsamkeit der vieler Akademiker in nichts nachstand. Was die Malerei anlangt, so muss erwähnt werden, dass Evola nach Niederschrift von *Il cammino del cinabro* erneut die Staffelei zur Hand nahm und Kopien verkaufter, verlorener oder verschenkter Werke erstellte,[6] um sich an einer nostalgischen Rückkehr zum Stil seiner Jugendzeit zu versuchen[7] oder sein malerisches Repertoire mit erotischen Figuren der Fellini-Zeit zu erweitern.[8]

Diese künstlerische Kreativität bestand auch weiter, nachdem Evola alle Ausdrucksformen mit Ausnahme der Prosa aufgegeben hatte. In der „spekulativen Phase" war er fasziniert von einer mythologischen Vision der Welt und Geschichte, der er erstmals in *Imperialismo pagano* Ausdruck verlieh, später – nach Entdeckung der mythographischen Theorien eines Bachofen, Guénon oder Herman Wirth – im gewaltigen Fresko der *Rivolta contro il mondo moderno*. Es gibt keinerlei Beweise für eine mit Atlantis und Hyperborea verknüpfte Urgeschichte, doch wird das Gesamtziel des Buches – die Umkehrung des modernen Fortschrittsmythos – davon kaum berührt. Diesen „Mythos", der gemeinhin als Fabel verstanden wird, ersetzt Evola durch einen wahren: eine Geschichte, die höhere Wahrheiten in sich verbirgt. Der Mythos von Hyperborea oder Thule, den Wirth auf Grundlage materieller Zeugnisse einer in den polaren Regionen beheimateten Urkultur zu beweisen suchte, birgt in sich die Vorstellung von einem geistig „zentrierten" Menschentum, das seines eigenen unveränderlichen „Pols" gewahr ist – eine Vorstellung nicht ohne Bezug zum Konzept des absoluten Individuums. Ganz abgesehen von der Frage nach ihrem Wahrheitsgehalt, handelt es sich bei der Atlantisgeschichte um den Mythos eines Menschentums, das durch überhandnehmenden Materialismus und Hochmut die Götter beleidigt und die Kon-

---

6   Es ist interessant, die beiden Versionen der *Composizione n. 19* – die erste ist aus dem Jahre 1919, die zweite aus den 1960ern – miteinander zu vergleichen. Beide sind reproduziert bei Elisabetta Valento, *Homo Faber. Julius Evola fra arte e alchimia*, Rom 2022, Ill. 12–13.

7   Vgl. *ibid.*, Ill. 40–41.

8   Vgl. *ibid.*, Ill. 42–43.

sequenzen davon zu tragen hat. Vielleicht hat sich dies mehr als einmal ereignet – und vielleicht wird es sich wieder ereignen. Insgesamt noch wichtiger für Evolas Denken ist der von Bachofen herausgearbeitete Mythos zweier Zivilisationstypen: die solare, uranisch-männliche, olympische Zivilisation einerseits, die lunare, chthonische, „mütterliche" Zivilisation andererseits. Das historische und geographische Fundament dieses Mythos ist ebenso nebulös wie jenes eines aktiven Okzident und passiven Orient – was Evola dazu verleitete, Guénon zu kritisieren. Dessen ungeachtet prägt die Lehre der *Rivolta* diese Mythen dem Gedächtnis ein und macht sie zur Grundlage nicht eines historischen Verständnisses, sondern einer Theoretisierung der „Rassen" der Seele und des Geistes.

Abschließend noch ein Wort zum Titel von Evolas „geistiger Autobiographie". Der *Zinnober*, auch genannt Quecksilbersulfid (HgS), ist eine rötliche mineralische Verbindung, die in der Natur vorkommt und aus der man seit der Antike durch Destillation Quecksilber gewinnt. Durch Wiederverbindung von Quecksilber und Sulfid erhält man einen neuen Zinnober von eindrucksvoller symbolischer Farbe (*rubedo*), die der Endphase des alchemistischen Werks entspricht. In einer Schrift des Comarius, zitiert in *La tradizione ermetica*, wird der Zinnober mit dem Geist assoziiert,[9] wobei zu berücksichtigen ist, dass in diesem Kontext „unter ‚Geist' [...] die Gesamtheit der psycho-vitalen Energien verstanden [wird], die eine Art Zwischenglied zwischen dem Körperlichen und dem Unkörperlichen darstellen und das ‚Leben', also das beseelende Prinzip des Organismus ausmachen", während die „Seele" [...] gleichbedeutend mit dem eigentlich übernatürlichen Element der Persönlichkeit" ist.[10] In *Il cammino del cinabro* werden die beiden Termini, vor allem in Kapitel 11, bezüglich der menschlichen Hierarchie umgekehrt: der „Geist" ist der „Seele" übergeordnet. Der für das Buch titelgebende Begriff ist

---

9   Vgl. Julius Evola, *Die Hermetische Tradition*, Interlaken ²1990, 220 f.
10 *Ibid.*, 70.

nicht der abendländischen oder arabischen Alchemie zugehörig, sondern der chinesischen, in welcher der Übergang vom einen zum anderen Zinnober den Weg der Befreiung symbolisiert.[11] Keineswegs ausgeschlossen bleibt dabei die Möglichkeit, die auf einen Weg und ein Leben anspielt, in dem die Selbst-Verwirklichung sich vermittels einer Beeinflussung der eigenen psycho-vitalen Energien vollzieht, durch wiederholtes *Auflösen* des ursprünglichen Zinnobers und seiner *Zusammenfügung* in einer neuen Verbindung.

Der italienische Originaltext ist erschienen als Einleitung zu Julius Evola, *Fuoco segreto: Lettere, interviste, documenti, testimonianze, inediti*, Rom 2024, 13–20.

Julius Evola:
Fuoco segreto:
Lettere, interviste, documenti,
testimonianze, inediti.
Vorwort von Joscelyn Godwin
Pb., 488 Seiten, mit Abb.
Roma: Edizioni Mediterranee, 2024
ISBN 978-8827233146

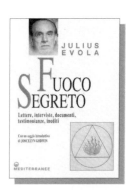

Abb. vorne: „Ignis". In: *Alchemiehandbuch* des Appenzeller Wundarztes Ulrich Ruosch (1628–1690), um 1680. Das lediglich zirka 8 x 6 cm messende Büchlein in braunem Ledereinband ist die kleinste alchemische Handschrift der Schweiz. Die Rückseite von Blatt 31 zeigt das Symbol für Feuer, eines der vier Elemente. Quelle: https://zeitzeugnisse.ch/detail.php?id=173&stype=4.

---

11 Vgl. das Vorwort von H.T. Hansen [Hans Thomas Hakl] zu Julius Evola, *The Hermetic Tradition*, Rochester 1995, XII.

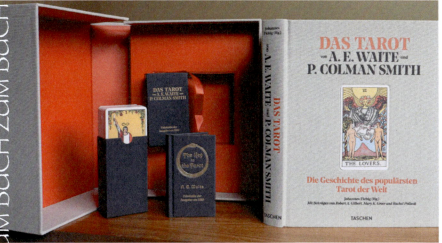

Ambivalenz als Prinzip
Johannes Fiebigs Opus magnum
zum Waite-Smith-Tarot

Bertram Herr

𝒟ie Publikation von Johannes Fiebig ist mehr als ein Buch; es kommt eher wie ein Schatzkästchen daher, das neben dem Sammelband noch Faksimiles des Waite-Smith-Decks[1] und der ersten monografischen Publikation von Waite zum Thema enthält. Alles zusammen in einer ansprechenden Box. Denn Sammelband und Schatulle sind übereinstimmend gestaltet: Leinen mit eingeprägter schwarz-roter Schrift und einer aufgebrachten Karte „Die Liebenden". Das großformatige Buch besticht durch gediegenen Druck und das hochwertige Papier. Schon das Äußere signalisiert: Es will dem Waite-Smith-Deck ein Denkmal setzen.

---

1   Auch in dieser Nummer der Literaturüberblick zu Colman Smith: „Strength and Justice. Späte Anerkennung für die Designerin des weltweit populärsten Tarot-Decks".

Fiebig bietet im Hauptteil des Buches eine psychologische Deutung des Waite-Smith-Decks. Er unterzieht ganze Kartengruppen und vor allem jede Einzelkarte ausführlich dieser Interpretationsweise. Zunächst erläutert er die Großen Arkana (54–147), dann die Kleinen (148–399). Die Großen Arkana drehen sich um zentrale Lebensfragen. Bei den Kleinen Arkana präsentieren die Hofkarten „in unterschiedlichen Aspekten die Idee eines ‚majestätischen‘, meisterhaften und souveränen Umgangs mit dem betreffenden Element" (216 u. ö.). Mit „Element" sind die Ebenen von Tatkraft, Gefühl und Denken gemeint und die Potenziale, die einer Person zukommen. Die Farben von Schwertern, Stäben, Münzen und Kelchen bringen diese Persönlichkeitsebenen zum Ausdruck. Die übrigen Karten der Kleinen Arkana befassen sich nochmals mit einzelnen Aspekten und Herausforderungen auf jeweils einer dieser Ebenen.

Die psychologische Auslegung ist die derzeit angesagte und wohl am meisten nachgefragte Deutungsform des Tarot – zumindest im deutschsprachigen Raum. Ziel ist die Entwicklung der Persönlichkeit, indem man sich selbst reflektiert, bislang unerkannte Schwächen ausmacht und ausräumt und eigene Potenziale klarer sieht und besser ausschöpft. Als Ideal schwebt Fiebig das selbstbestimmte, autonome Individuum vor. Dadurch, dass man Halb- und Unbewusstes ins Bewusstsein holt, wird es handhabbar und man gewinnt einen bewussteren und freieren Umgang damit. Insofern Fiebig das Ideal der Autonomie obenan setzt, ist er ganz ein Kind der Moderne.

Immer wieder rät er, Ambivalenzen zu erkennen und anzuerkennen. Das stimmt gleichermaßen für die Kartenmotive, die gegensätzlich aufgefasst werden können, wie für die Seiten der eigenen Persönlichkeit. Schwächen sind immer die Kehrseite von Stärken und umgekehrt. Sich das zu vergegenwärtigen, ist ein zentrales Anliegen Fiebigs. In Vielem folgt Fiebig den Spuren von C. G. Jung: etwa die eigenen Schatten anzunehmen und zu integrieren. Oder die Unterscheidung von Körper, Wille, Seele und Geist, die er den Kleinen Arkana der Münzen, Stäbe, Kelche und Schwerter zuordnet (151). Bereits die Tradition des Golden Dawn kannte ihre Zuweisung an die vier Elemente Erde, Feuer, Wasser und Luft, der auch Fiebig folgt. Was kein Thema bei ihm ist, sind die Archetypen, obwohl Archetypisches oft für die Darstellungen von Colman Smith in Anspruch genommen wird. Der Verzicht stimmt aber zu der Gesamtsicht Fiebigs, auf die gleich noch einzugehen sein wird.

Fiebigs Darlegungen beinhalten viele zu beherzigende Lebensweisheiten. Dennoch erschließt sich nicht leicht, wie sie sich gerade aus dieser und nicht einer anderen Karte ergeben, also ob die Ratschläge wirklich dem Waite-Smith-Tarot inhärent sind. Die Richtlinien, die Fiebig entwickelt, sind nahezu allgemeingültig. Das macht es andererseits nicht leicht, sie auf alltägliche Herausforderungen und konkrete Fragen der persönlichen Entwicklung zu beziehen. Praxisnahe Anregungen sind die Ausnahme. Die umfangreichste hierunter sind die Legemuster (410–421). Sie sind Standard in jedem Tarotbuch mit Anspruch.

Für jede einzelne Karte schreitet Fiebig die Deutungsmöglichkeiten aus seiner Sicht ab. Und dennoch steht auch hier die Autonomie jedes Einzelnen an oberster Stelle. Jede Nutzerin und jeder Nutzer mag eine Karte nach eigenem Verständnis auslegen, nichts ist festgelegt, alle sind in ihrer Interpretation vollkommen frei. Selbst „kulturelle Gewohnheiten ... und tief verwurzelte Einstellungen und Glaubenssätze ... lassen sich durch unser Tun ändern" (S.18). Kein Wunder, dass bei Fiebig Archetypen, die der Menschheit fest eingeprägt sind, keine Rolle spielen. Dass Fiebig die Deutungshoheit an jeden einzelnen Tarot-Nutzer abgibt, mag verwundern; entfaltet er doch auf 354 Seiten Erklärungen für die Karten. Trotzdem ist eine vieldeutige Interpretationsmöglichkeit jeder Karte schon in Fiebigs Ansatz angelegt. Denn, wenn alle Kartenmotive von Ambivalenz gekennzeichnet sind, dann ist ihre Auslegung per se schon vielschichtig. In letzter Konsequenz ist selbst die Gestaltung der Karten völlig in das Belieben der Tarot-Liebhaber gestellt. Alle sind frei, sich ihre eigenen Karten zu gestalten. Mit dieser Auffassung von Tarot übersteigt Fiebig die Moderne (die von vorgegebenen Grundsätzen ausgeht) hin zur Postmoderne: alles ist uneingeschränkt konstruierbar.

Der ursprüngliche Zweck des Waite-Smith-Tarot – eine Einheit mit Gott (43) – spielt bei Fiebigs psychologischem Tarot-Ansatz keine Rolle mehr. Entsprechend hat auch der kabbalistische Lebensbaum, seit Waites Zeiten untrennbar mit den Tarotkarten verbunden, bei Fiebig keinen Platz. Auf Seite 397 ist zwar vermerkt, dass bei „Zehn der Münzen" die Pentagramme entsprechend der Sephirot des Lebensbaums angeordnet sind; auf die Bedeutung der Karte hat das aber keinen Einfluss, geschweige denn auf die Sicht des Tarot insgesamt. Vergleicht man die Tarot-Autoren Hans-Dieter Leuenberger, Hajo Banzhaf und Johannes Fiebig, lässt sich die Entwicklung der mitteleuropäischen Esoterik nach 1945 eindrucksvoll nachvollziehen: von einem religiösen Erlösungsweg zur säkularen Selbstverwirklichung.

Historische Rekonstruktionen sind nicht Fiebigs Hauptanliegen. Darin stimmt er wieder mit vielen tiefenpsychologischen Arbeiten überein. Er stützt sich vielmehr auf grundsätzliche Thesen, die vermeintlich selbstevident sind. Zur Verdeutlichung: Auf Seite 61 f unterscheidet Fiebig folgende Schritte in der Bewusstseinsentwicklung der Menschheit: das magische Denken, den Mythos, die Philosophie, das Christentum, das Zeitalter der Vernunft und schließlich das jetzige – das der individuellen Selbstverwirklichung. Doch gilt eine solche Einteilung höchstens für Europa, und auch für Europa ist sie falsch. Beispielsweise hat etwa die Philosophie keineswegs den Mythos abgelöst, beide koexistierten in der Antike nicht nur friedlich nebeneinander, sondern befruchteten sich gegenseitig; genauso wenig hat das Christentum die antike Philosophie verdrängt, die Philosophie lebte vollauf weiter. Philosophie und Religion sind einfach Phänomene auf verschiedenen Ebenen. Ebenso wenig lässt sich zwischen dem Zeitalter der Vernunft und dem der Philosophie ein Gegensatz konstruieren. Die gesamte Zeitalterfolge steht auf wackeligen Beinen.

Das bedeutet aber nicht, dass der Band historische Zusammenhänge ausspart. Diese Aufgabe übernehmen Gastbeiträge: Saskia J. Jansen stellt „Die früheren Ausgaben der Waite-Smith-Karten" vor

(430–432), genauer die Drucke bis 1940. Mary K. Greer („Pamela Colman Smith, Das Tarot und die inneren Augen", 35–41) zeichnet nach, wie sich Colman Smith künstlerisch und spirituell entwickelte. Spekulationen über eine fremdländische Herkunft oder ihre sexuelle Orientierung weist Greer zurück (41). Fiebigs („Geschichte des Tarot von Waite und Smith" 43 ff) reflektiert die Entstehungsumstände und die Bedeutung des Decks: Für Colman Smith sei dies eine Auftragsarbeit wie viele andere gewesen mit üblichem Honorar; Waite hatte weder Rechte an den Karten noch Einnahmen durch Tantiemen (43 f). Die inzwischen verstorbene Rachel Pollack macht darauf aufmerksam, wie unbestimmt der Ausdruck der Gesichter auf den Karten ist („Magische Spiegel: Verborgene Wunder im populärsten Tarot der Welt", 47–51). Das begünstige die Vieldeutigkeit der Bilder (die von Waite durchaus gewollt war) und eine Deutungsoffenheit bis auf den heutigen Tag. So regte das Waite-Smith-Tarot viele weitere Decks an. Robert A. Gilbert schildert, wie sich Waite dem Tarot näherte und seine eigenen Entwürfe entwickelte („Das Tarot und sein Aufstiegsweg", 25–33). Für ihn war wahrscheinlich Florence Farr als Dritte am Waite-Smith-Tarot beteiligt (29–32). In seinem „Unabhängigen und Berichtigten Ritus" habe Waite dieses Deck niemals verwendet, somit hat auch Colman Smith nie damit gearbeitet. Und für die Nachfolgeorganisation des Unabhängigen und Berichtigten Ritus (der „Bruderschaft des Rosenkreuzes") entwickelte Waite mit John Brahms Trinick 1917–1921 ein weiteres Tarot-Deck.

Wie im Äußeren besticht das Buch auch im Inneren durch seine Gestaltung. Ganzseitige Abbildungen bereichern den Band, jedem Kapitel ist eine solche vorangestellt. Hinzu kommen kleinere Illustrationen, die den Text auflockern (aber nicht immer in direktem Zusammenhang zum fortlaufenden Text stehen). Besonders ansprechend sind die vielen Detailabbildungen, die Einzelheiten aus den Motiven einer Karte herausgreifen. Alles in allem setzt diese Publikation in ihrer Aufmachung Maßstäbe. Inhaltlich dürfte sie vor allem für diejenigen interessant sein, die sich zu tiefenpsychologischen Ansätzen hingezogen fühlen.

JOHANNES FIEBIG (Hg.):

Das Tarot von A. E. Waite und P. Colman Smith

Die Geschichte des populärsten Tarot der Welt

Mit Beiträgen von Robert A. Gilbert, Mary K. Greer, Rachel Pollack

444 Seiten in Leinen gebunden

Deck mit 78 Karten und Faksimile in einer Schlagkassette

23 x 28,7 cm, 3 kg

TASCHEN: Köln 2023

ISBN 978-3-8365-8643-6

Joachim Telle

Ein Traumgesicht
von Hieronymus Brunschwig (1512)

Zur ikonographischen Autorpräsenz
im deutschen Frühdruck

Freunde des alten Buchs wurden kürzlich daran erinnert, daß bildliche Darstellungen, die einen deutschen Autor im literarischen Produktionsprozeß zeigen, im deutschen Frühdruck durchaus ‚selten‘ sind:[1] Bei einer Ausschau nach bildlichen Zeugnissen auktorialer Präsenz aus der Zeit um 1500 fiel der Blick nämlich nur auf das Werk eines Mannes, der in sich den Kanzler der Freien Reichstadt Straßburg mit einem Dichter und vielsei-

---

1   Joachim Knape, „Autorpräsenz. Sebastian Brants Selbstinszenierung in der Orator-rolle im ‚Traum‘-Gedicht von 1502“, in: *Self-Fashioning. Personen(selbst)darstellung*, hrsg. von Rudolf Suntrup / Jan R. Veenstra, Frankfurt a. M. 2003 (Medieval to Early Modern Culture, 3), S. 79–108.

Doctor Sebastianus Brants traum Jn tütsch.
© Universitätsbibliothek Freiburg:
http://dl.ub.uni-freiburg.de/diglit/brant1502/0009

tigen Publizisten verband: Sebastian Brant (1457/10. Mai 1521, Straßburg). Aufmerksamkeit beanspruchte namentlich Brants *Traum*-Gedicht (lat.: *Somnia*, ca. 1501/02; dt.: *Traum*, 1502). Ein Holzschnitt, befindlich auf dem Titelblatt sowohl der lateinischen als auch deutschsprachigen *Traum*-Ausgabe, präsentiert den im Titel genannten Autor (Ed. 1502: *Doctor Sebastianus Brants träum In tütsch*) in Gestalt eines Gelehrten, der neben einem Kreuz Christi in einem Stuhl sitzt und über einem aufgeschlagenen Buch ins Träumen geraten ist.

Die Versuchung des Müßiggängers (Der Traum des Doktors), ca. 1498.
© https://commons.wikimedia.org

Beim Betrachten dieses träumenden Gelehrten dürfte es Kennern der Kupferstiche Albrecht Dürers schwerlich entgehen, daß der Holzschnitt Kenntnis einer Bildtradition verrät, die bereits um 1500 in Dürers sogenanntem *Traum des Doktors* (Kupferstich von ca. 1498/99) zu ihrer vielleicht markantesten Ausformung gefunden hatte.[2]

Angesichts des Fehlens von Hinweisen auf verwandte Bildzeugnisse in der Druckproduktion um 1500[3] kann nun leicht der Eindruck aufkommen, bei der Szene vom träumenden Autor auf dem Titelholzschnitt zum Brantschen *Traum*-Druck handele es sich um ein solitäres Zeugnis. Ein genauerer Blick auf den Straßburger Büchermarkt aber zeigt, daß der Bildtypus ,Träumender Autor' keineswegs nur von Brant zu seiner ikonographischen Selbstinszenierung gebraucht worden ist, sondern auch von einem Straßburger Zeitgenossen Brants, der freilich in krassem Unterschied zum allgegenwärtigen *Narrenschiff*-Verfasser durchaus nur gelegentlich ins buchkundliche und literarhistorische Gesichtsfeld gerät: der Straßburger Wundarzt und Sachschriftsteller Hieronymus Brunschwig (um 1450 [?] Straßburg; 1512/13 [?] ebendort).[4]

Vor dem Hintergrund einer gelehrt-lateinisch geprägten und zunehmend humanistisch tingierten Schriftkultur nimmt sich Brunschwig, ein deutschsprachig gebundener Handwerkerautor, entschieden einzelgängerisch aus. Immerhin gesellte sich dieser gelehrte Ungelehrte zu den wirkmächtigen Pionieren einer deutschsprachigen Druckproduktion medizinischen Inhalts, beförderte mit seinen Schriften schon früh den allmählichen Aufstieg der Landessprache zu einem im 18. Jahrhundert dann allgemein an-

---

2 Erwin Panofsky, „Zwei Dürerprobleme" (Der sogenannte ,Traum des Doktors' und die sogenannten ,Vier Apostel'), in: *Münchner Jahrbuch der bildenden Kunst*, N. F. VIII, 1931, S. 1–48; Joachim Poeschke, „Dürers ,Traumgesicht'", in: *Self-Fashioning* (Anm. 1), S. 187–206.

3 Knape (Anm. 1).

4 *Neue Deutsche Biographie*, II, 1955, S. 688 (Gerhard Eis); *Dictionary of Scientific Biography*, II, 1970, S. 546 f (Rudolf Schmitz); *Die deutsche Literatur des Mittelalters. Verfasserlexikon*, I, 1978, Sp. 1073–1075 (Jan Frederiksen); *Lexikon des Mittelalters*, II, 1983, Sp. 793 f (Gundolf Keil / Peter Dilfg); *Nouveau dictionnaire de biographie alsacienne*, Straßburg 1984, S. 393 f [Pierre Bachoffner / Theodore Vetter]; *Literaturlexikon*, hrsg. von Walther Killy, II, 1989, S. 266 f (Joachim Telle).

erkannten Medium der Medizin und schrieb sich im Zuge seiner publizisti-
schen Tätigkeit in die frühen Annalen des Urheberschutzgedankens ein.[5]

Ein Buch über die Kunst, zusammengesetzte Stoffe zu destillieren. Das
Buch von der wahren Kunst des Destillierens der zusammengesetzten
und einfachen Stoffe und das Buch Thesauris pauperum, ein Schatz der
Armen, genannt Micarium, Brosamen, die aus den Arzneibüchern gefallen
sind und von mir, Hieronymus Brunschwig, nach eigener Erprobung ge-
sammelt und offenbart wurden, zum Trost all jener, die es begehren.

Mustert man nun Brunschwigs Schriften, greifbar in etlichen frühneuzeitlichen Ausgaben und Übersetzungen[6], so bekundet sich gelegentlich ein
Mann der medizinisch-pharmazeutischen Praxis; vorab aber führte ein durch
und durch belesen-textfixierter Autor die Feder, bietet sich allenorts längst
schriftlich gefaßtes, von Brunschwig nun aufgegriffenes und der frühen Neuzeit vermitteltes Lehrgut. Traditionsgebundenheit kennzeichnet Brunschwigs
literarischen Erstling, seine an wundärztliche Zunftgenossen und chirurgisch

---

5   Johanna Belkin, „Ein frühes Zeugnis des Urheberschutzgedankens in Hieronymus
    Brunschwyg, Liber de arte distillandi de Simplicibus von 1500", in: *Gutenberg-Jahr-
    buch*, LXI, 1986, S. 180–200.
6   Josef Benzing, „Bibliographie der Schriften Hieronymus Brunschwigs", in: *Philobiblon*,
    XII, 1968, S. 113–141.

tätige Laien adressierte *Cirurgia* (Straßburg 1497), mit der man die älteste in deutscher Sprache gedruckte Wundarznei in Händen hält, aber auch seinen *Liber pestilentialis* (Straßburg 1500). Auch das *Kleine Destillierbuch* (Straßburg 1500), bei dem es sich um die älteste gedruckte Summe der Destillationskunst handelt, und das *Große Destillierbuch* (Straßburg 1512) lassen an ihrem kompilativen Charakter keine Zweifel.

Kompilatorenfleiß prägte auch Brunschwigs heute meist unbeachtetes Arzneibuch mit dem Doppeltitel *Micarium medicine/Liber micarium* (*Brösemlin der artzny/Bůch der brösemlin*) und *Thesaurus pauperum* (*Bůch vnd schatz der armen Artzeney*)[7], eine umfangreiche Rezeptsammlung, die von Brunschwig erprobte „experimente" birgt, hauptsächlich aber aus „büchern der Artzney" entlehnte Ratschläge, die oftmals versprachen, daß man bestimmte Krankheiten „on grossen kosten", nämlich mit preislich wohlfeiler oder kostenlos erlangbarer Materia medica („gemeiner artzney") heilen könne. Sein ungewöhnlich intensiv von sozialethischen Impulsen gespeistes Konzept, verwirklicht in einer Textredaktion, die immer wieder Brunschwigs Rücksichtnahme auf „arme", „nithabende" Menschen bezeugt, sichert dem *Micarium* unter der Vielzahl deutschsprachiger Arzneibücher für den (gewöhnlich im „gemeinen Mann" personifizierten) Laienmediziner den Rang einer raren Frühform ökonomisch-sozial geprägter (erst mit dem 18. Jahrhundert häufiger auf den Markt gelangter) Schriften zur Krankheitsheilung.

Freilich stößt man in Brunschwigs *Micarium* für „gemeine leut" immer wieder auf entschieden teure, kostspielige Rezepturen („hohe artzney"), so daß

---

7   Das *Micarium* gelangte uneigenständig als Buch V des *Großen Destillierbuchs* in Druck: *Hieronymus Brunschwig, Liber de arte Distillandi de Compositis. Das bůch der waren kunst zů distillieren die Composita vnd simplicia / vnd dz Bůch thesaurus pauperum / Ein schatz der armen genant Micarium / die brösamlin gefallen von den büchern der Artzny / vnd durch Experiment*, Straßburg: J. Grüninger 1512, S. 283r–338v. – Insgesamt erschien das *Micarium* in sieben Ausgaben des 16. Jahrhunderts; hinzu traten etliche unter Brunschwigs Namen gedruckte Derivatformen (siehe Benzing, Anm. 6).

von einer reinen ‚Armenarznei‘ keine Rede sein kann. Brunschwigs Gemenge ‚gemeiner‘ mit hoher Arznei beruht indes keineswegs auf redaktorischem Unvermögen: Bereits sein programmatisch gefaßter und prologartig placierter Traumbericht[8] läßt keine Zweifel daran, daß Brunschwig durchaus nicht nur den „gemeinen armen Mann" als Adressaten seiner ärztlichen Ratschläge avisiert hatte, sondern ebenso auch Angehörige des Landadels und kleinstädtischer Bürgerschaften, die zwar Arzt- und Arzneikosten aufbringen konnten, aber weit entfernt von Arztpraxen und Apothekeroffizinen lebten, sich also im Fall der Not auf Selbsthilfe verwiesen sahen. Es heißt da (fol. 283r):

„Als nun diß fierd bůch [des *Großen Destillierbuchs*] wolbracht ist / mit bystand des Herren / on des hilff nichtz volbracht mag werden / Da begert ich die růw / mich legt vnd hart entschlieff / Schreigen vnnd rüffen ich hört / Wie gar / wie gar / wie gar hast du vnßer vergessen / Ich erwacht / Sprechende / Wer seind ir / Wir seint die armen / wer seint die armen / Die weder haller noch pfenig haben / Wer me / wir seind die bauleüt / auß den dörffern / Wer me / wir seind die von den schlossen vnnd vß den cleinen stettlin / Wan wir schon zimlich gelt hont / haben wir doch weder artzet noch die Ertzney / das wir vnß mügen behelffen / So doch Got hat beschaffen den gesunden die speise / den krancken die ertzney / Was wollen ir dz ich thů / wir wollen dz du vnser auch gedenckest / Seit du den reichen / vnd den in grossen Stetten / welche die

---

8 Brunschwig, *Micarium*, in: *Liber de arte Distillandi de Compositis* (Anm. 7), fol. 283 r–v: Text und Bild (Holzschnitt). – Die *Micarium*-Drittausgabe im *Liber de arte distillandi de compositis* (Straßburg 1532, fol. 229r) bietet von dem Text/Bild-Ensemble nur das Bild. Der Traumbericht-Text auch bei Michael Giesecke, *Der Buchdruck in der frühen Neuzeit. Eine historische Fallstudie über die Durchsetzung neuer Informations- und Kommunikationstechnologien*, Frankfurt a. M. 1991, S. 532; Pierre Bachoffner, „Jerome Brunschwig, Chirurgien et apothicaire strasbourgeois portraituré en 1512", in: *Revue d'Histoire de la Pharmacie*, XL, 1993, S. 269–278, hier S. 276–278 (Transkription fehlerhaft; mit frz. Übersetzung).

artzet zů bezaln vnd die ertzney auch haben seint / denen [fol. 283v] du vil schreibest vnd sie lerest / Vnd vnser armen gantz vergissest / nit in gedencken oder betrachtend bist die wort des armen Lazari schreigende vnd begerend die brösemlin / welche vielent von dem tisch des reichen / dauon er gesettiget würd. Im dem erwachet ich / vnd gab mich zů der arbeit vff lesende die brösamlin / gefallen von meinen vnd andern experimenten".

Die Hauptfiguren dieses Traumberichts kehren im Bild wieder:[9] Man erblickt auf dem Holzschnitt, zentral placiert, einen Mann, laut Traumbericht-Text identisch mit dem Autor / Brunschwig, der an einem Tisch sitzt, dabei Arme und Kopf auf ein Polsterkissen gebettet hat und über ein Buch eingeschlafen ist; apothekarische Standgefäße im Fenster und auf einem Wandregal signalisieren einen Arztapotheker. Den Schläfer umgeben vier Gestalten, laut Traumbericht-Text Repräsentanten von Bevölkerungsschichten, die im Krankheitsfalle aus ökonomischen und/oder geographischen Gründen des Beistandes professioneller Heilpersonen entraten mußten und deshalb vom Autor eine literarische Hilfe zur therapeutischen Selbsthilfe verlangen. Links stehen zwei Vertreter der „armen", die „weder haller noch pfenig haben", namentlich die „bauleüt [Bauern] / auß den dörffern". Rechts gewahrt man einen Adeligen mit einem Zettel, wohl einem Rezept, und einen Bürger mit Harnglas, also jene im Traumbericht-Text genannten Menschen „von den

---

9 Bildwiedergabe bei Giesecke (Anm. 8), S. 533. Mit unpräziser Legende: „Die Armen erscheinen den Autoren im Traum". – Bachoffner (Anm. 8), S. 273. Bachoffners Angabe: „cette gravure représente l'auteur [Brunschwig] en personne" (S. 274), suggeriert, daß ein physiognomisch ähnliches Bildnis vorliegt (S. 274, 275), doch dürfte dies schwerlich zutreffen; zum Problem der Individualität in der Personendarstellung siehe Dieter Mertens, „Oberrheinische Humanisten im Bild. Zum Gelehrtenbildnis um 1500", in: *Bild und Geschichte. Studien zur politischen Ikonographie. Festschrift für Hansmartin Schwarzmaier*, hrsg. von Konrad Krimm / Herwig John, Sigmaringen 1997, S. 221–248.

⁋ Hie so fahet an das fünffte Büch wie wol ich ver

meint ein gnügen geton hab mit den gemachtē fier büchern/ Jedoch so hab ich mich
etlich bewegen lon/ vñ die in liebin bedacht vñ hie daz fünffte büch dartzü gemacht/
welches genant wirt/ Vicariū Medicine/ vel Thesaurus pauperū oder das büch/
schatz der armē Artzny/ Vnd auch derē/ die da uff den schlossen/ vnd in dē cleinē stet
lin/ vñ dösffern wonē/ Die da mit wol die hohen artzny erreichen mögē/ Deßhalb ich
in disem büch lere/ wie sich ein yed gnügsamglich mit gmeiner Artzny ernerē mag.

 Ls nun diß fierd
büch volbzacht ist/ mit by
stand des Herren/ on des
hilff nichtz volbzacht mag
werden / Sa begert ich die
rüw/ mich legt vñ hart ent
schlieff/ Schweigen vnnd rüffen ich hort/
Wie gar/ wie gar/ wie gar hast du vnser
vergessen/ Ich erwacht/ Sprechende/ Wer
seind ir/ Wir seint die armen/ wer seint die
armen/ Die weder haller noch pfennig ha

ben/ Wer me/ wir seind die bauleüt/ auß
den dösffern/ Wer me/ wir seind die von
den schlossen vnnd vß den cleinē stettlin/
Wan wir schon zimlich gelt hont/ haben
wir doch weder artzet noch die Ertzney/
das wir vnß mitgen behelffen/ So doch
Got hat beschaffen den gesundē die spei-
se/ den krancken die ertzney/ Was wöllen
ir dz ich thü/ wir wöllen dz du vnser auch
gedenckest/ Seit du den reichen/ vnd den
in grossen stetten/ welche die artzet zü bezaln vnd die ertzney auch habē seint/ denē

ᷓ

schlossen [Schlössern] vnnd vß den cleinen stettlin", die zwar „zimlich gelt" besaßen, doch weder Arzt noch Apotheker erreichen konnten.

Nun wurde behauptet, „die Hilflosigkeit, mit der arme, kranke Menschen [...] Krankheiten gegenüberstanden", sei einer „sensiblen Natur" wie Brunschwig dermaßen „zu Herzen gegangen", daß „ihn nachts schwere Träume" heimgesucht hätten.[10] In dieser Sicht handelt es sich bei Brunschwigs Traumbericht um das Notat eines selbsterlebten Traums; träfe diese Sicht zu, könnte mithin Dürers *Traumgesicht* (1525), eine schriftliche Schilderung und bildliche Darstellung eines Angsttraums, nicht mehr wie üblich[11] als erstes und durchaus solitäres Zeugnis seiner Art gelten. Nach Indizien für die Auffassung, Brunschwig schildere in seinem Traumbericht einen selbsterlebten Traum, späht man indes vergeblich.

Eingedenk der engen Gebundenheit eines erklärten Kompilators an die literarische Tradition, der nach Selbstzeugnis im *Kleinen Destillierbuch* (1500 u. ö.) ... „in etlichen alten liberyen / vnd von gůten meistern [...] ob dreytausent" Bücher „gesehen vnd gelesen" haben will[12], aber auch angesichts der vielfältigen Formen und Funktionen von Träumen und Visionen in zahlreichen Schriftbereichen der frühen Neuzeit[13] wird man Brunschwigs Traumbe-

---

10 Giesecke (Anm. 8), S. 532. – Dieser Sicht gemäß behauptete Giesecke (ebd., S. 534), Brunschwig habe erklärt, erst „schlaff mit rŭwe" gefunden zu haben, als er „die Bitten seiner Traumgestalten" mit dem *Micarium* erfüllt hatte. In Wirklichkeit freilich bezog sich Brunschwig (*Micarium*, Anm. 7, S. 283v) nicht auf sein *Micarium*, sondern auf geplante (unausgeführt gebliebene) Werke: Um seines „ruhigen Schlafs" und seiner „ewigen Ruhe" willen wollte Brunschwig weiterhin die menschliche Wohlfahrt fördern und auch künftig „menschlichem heil" zugute Exzerpte aus medizinischen Schriften („brösamlin") veröffentlichen.

11 Dazu zusammenfassend Poeschke (Anm. 2).

12 Hieronymus Brunschwig, *Das neüwe Distilier buoch Der rechten kunst [..] zů distilieren,* Straßburg 1531, Vorrede, S. VI v.

13 Zu Traum/Visio-Formen siehe beispielsweise Marianne Zehnpfennig, *„Traum" und „Vision" in Darstellungen des 16. und 17. Jahrhunderts",* Diss. phil. Tübingen 1979; Peter Dinzelbacher, *Vision und Visionsliteratur im Mittelalter,* Stuttgart 1981 (Monographien zur Geschichte des Mittelalters, 23); *Traum und Träumen. Inhalt, Darstel-*

richt als eine der vielen fiktiven Traumszenen beurteilen. Da man im Traum gemeinhin ein Medium göttlicher Offenbarungen erblickte, tauchte Brunschwig sein (noch lange von mächtigen Gegnern deutschsprachiger Medizinliteratur für den „gemeinen Mann" scharf bekämpftes) *Micarium* mittels seines wohlkalkulierten Traumberichts ins Licht eines von Gott verordneten und konzeptionell von Gott autorisierten Werks. Ob seine Selbstinszenierung als ein im göttlichen Auftrag handelnder Arzneibuchverfasser von Sebastian Brants *Traum*-Dichtung (1502) inspiriert worden ist[14] oder aber aus Kenntnis anderer funktional verwandter Traumtexte erfolgte, steht dahin. Auf jeden Fall aber nimmt sich Brunschwigs Traumgesicht unter den programmatisch gefaßten Texten in deutschsprachigen Medicinalien des 15. und 16. Jahrhunderts derzeit zimelienartig aus.

lung. Funktion einer Lebenserfahrung in Mittelalter und Renaissance, hrsg. von Rudolf Hiestand, Düsseldorf 1994 (Studia Humaniora, 24); *Lexikon des Mittelalters*, VIII, 1997, s. v. Traum, Sp. 962–964 (Hans Hugo Lauer); ebd., s. v. Vision und Visionsliteratur, Sp. 1734–1747 (Peter Dinzelbacher u. a.); *Religion in Geschichte und Gegenwart: Handwörterbuch für Theologie und Religionswissenschaft*, 4. Aufl., hrsg. von Hans Dieter Betz u. a., VIII, Tübingen 2005, s. v. Vision / Visionsbericht, Sp. 1126–1134 (Karl Hobeisel u. a.).

14 Daß Brunschwig Texte seines berühmten Mitbürgers kannte, namentlich Brants „Verwahrung" gegen den Nachdruck seiner „arbeyt" im Narrenschiff (Basel 1499 u. ö.), dokumentiert sein Nachwort im *Kleinen Destillierbuch* (1500 u. ö.); siehe dazu Belkin (Anm. 5), S. 188 f.

Bd.	1	(= TĀ, Kap. 1):	514 S.
Bd.	2	(= TĀ, Kap. 2–3):	441 S.
Bd.	3	(= TĀ, Kap. 4):	549 S.
Bd.	4	(= TĀ, Kap. 5–6):	544 S.
Bd.	5	(= TĀ, Kap. 7–8):	427 S.
Bd.	6	(= TĀ, Kap. 9–10):	524 S.
Bd.	7	(= TĀ, Kap. 11–14):	444 S.
Bd.	8	(= TĀ, Kap. 15):	459 S.
Bd.	9	(= TĀ, Kap. 16–27):	477 S.
Bd.	10	(= TĀ, Kap. 28–29):	467 S.
Bd.	11	(= TĀ, Kap. 30–37):	447 S.

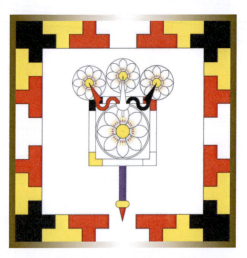

Trisula-Mandala © www.anuttaratrikakula.org

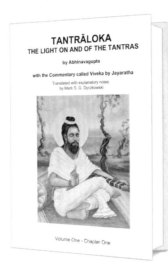

ABHINAVAGUPTA:
Tantrāloka.
The Light on and of the Tantras,
with the Commentary
called Viveka by Jayaratha.
Translated with extensive explanatory
notes by Mark S. G. Dyczkowski
11 Bände (sh. linke Seite), Gebunden
Independently published, 2023
ISBN 979-8376139219

Zum Erscheinen von
Mark Dyczkowskis
Tantrāloka-Übersetzung

Felix Herkert

𝒟er nicht-dualistische Śivaismus von Kaschmir, eine phi-
losophisch-religiöse Geistestradition tantrischer Prägung, die vor
allem vom 9. bis 13. Jahrhundert blühte und als deren bedeutends-
ter Vertreter ABHINAVAGUPTA (10./11. Jh.) gilt, hat in den vergangenen Jahrzehnten zunehmend das Interesse westlicher Forscher ge-
weckt. Zu den besten Kennern dieser Tradition zählt zweifellos der
1951 in London geborene MARK DYCZKOWSKI. Schon im Alter von
17 Jahren zog es ihn 1969 erstmals nach Indien. Nach mehrjähri-
gem Studium an der Universität von Benares – neben seinen Sans-
kritstudien widmete sich Dyczkowski u. a. dem Sitarspiel – kehrte er
1975 nach England zurück, um unter Anleitung von Alexis Sanderson eine Promotion in Oxford zu beginnen. Es war Sanderson, der
ihm den Kontakt zum bedeutendsten damals lebenden Meister des

kaschmirischen Śivaismus, SWAMI LAKSHMANJOO (1907–1991), vermittelte. In dessen Ashram in Srinagar sollte Dyczkowski in der Folge für einige Zeit die Lehren und Praktiken des kaschmirischen Śivaismus studieren. 1976 wurde er von Swami Lakshmanjoo in die Tradition initiiert. Nach Abschluss seiner Promotion im Jahre 1979 übersiedelte Dyczkowski nach Benares, wo er seither einen Gutteil seines Lebens verbracht hat und bis heute verbringt.[1] In seinem Zugang zum kaschmirischen Śivaismus verbinden sich westlich-akademische mit östlich-traditionellen Methoden, d. h. Studium „von außen" und „von innen". Textbasierte und philologisch geschulte Forschung geht hier Hand in Hand mit dem lebendigen Kontakt zu qualifizierten Repräsentanten dieser Tradition bzw. der Ausübung von durch die Überlieferung selbst bereitgestellten Praktiken.

Nebst einer Anzahl von Studien zum Tantrismus hat Dyczkowski im Laufe der Jahre englische Übertragungen von einer Vielzahl entsprechender Quellentexte veröffentlicht. Zu seinen wichtigsten Werken gehören die beiden Monografien *The Doctrine of Vibration. An Analysis of the Doctrines and Practices of Kashmir Shaivism* (1987) – d. i. die überarbeitete Version seiner Dissertation und eine erstklassige Einführung zum kaschmirischen Śivaismus – und *The Canon of the Śaivāgama and the Kubjikā Tantras of the Western Tradition* (1987), ferner die Textsammlung *A Journey in the World of the Tantras* (2004). Als Übersetzer und Kommentator śivaitischer Quellen hat Dyczkowski sich u. a. durch folgende Werke hervorgetan: *The Stanzas on Vibration. The Spandakārikā with Four Commentaries* (1992), *The Aphorisms of Śiva. The Śiva Sūtra with Bhāskara's Commentary, the Vārttika* (1992); nicht zuletzt

---

1 Informationen zu Leben und Werk Dyczkowskis finden sich auf seiner Homepage: https://www.anuttaratrikakula.org/

hat er das Großprojekt der Teilübersetzung eines sehr umfangreichen tantrischen Textes, des *Manthānabhairavatantra*, verwirklicht, die nach über zwanzigjähriger Arbeit 2009 mit ausführlichen
Kommentaren versehen in 14 Bänden erschienen ist. Dieses monu-
mentale Werk kreist um den Kult der Göttin Kubjikā, die in einigen
Regionen Nepals nach wie vor – im Verborgenen – verehrt wird.

Doch sind all diese Werke im Grunde nur Prolog zu Dyczkowskis eigentlichem Lebenswerk: der englischen Komplettüber-
setzung von Abhinavaguptas großer, auf Sanskrit verfasster Sum-
ma tantrischen Wissens, dem *Tantrāloka*, einschließlich des maßgeblichen traditionellen Kommentars von Jayaratha. Das Erscheinen dieses elfbändigen Werkes, an dem Dyczkowski fast fünf Jahrzehnte gearbeitet hatte, ist ein besonderes Ereignis. Dass es sich
im Wesentlichen der Kompetenz und beharrlichen Arbeit eines
Einzelnen verdankt, wird nur denjenigen überraschen, der nicht
begreift, „daß die menschlichen Werke um so hinfälliger sind, je
mehr Menschen daran beteiligt sind". Dyczkowskis *Tantrāloka*-
Übersetzung ist ein gutes Beispiel dafür, was ein einzelner Sterbli-
cher aus sich heraus, ohne einen besonderen institutionellen Rahmen zur eigenen Aufwertung nötig zu haben, immer noch leisten
kann. Eine derartige Arbeit ist im Grunde nicht rezensierbar, man
kann nur mit Staunen und Bewunderung darauf hinweisen.

Es sei nur kurz ins Gedächtnis gerufen, was das *Tantrāloka*
eigentlich ist: eine der bedeutendsten spirituellen Schriften der
Menschheit, die – wenn auch inhaltlich sehr viel stärker auf ritua-
listische Elemente bezogen – dem Rang (und auch Umfang) nach
vergleichbar ist mit den großen Schriften eines Śaṅkarācārya oder
Ibn ʿArabī. Dass dieses Werk in seiner Gesamtheit und mit Jayara-
thas Kommentar, ohne den Abhinavaguptas Text für den Nichtein-
geweihten über weite Strecken kryptisch bleiben muss, jetzt erst-

malig auch für ein nicht-sanskritkundiges Publikum zugänglich ist, kann nur begrüßt werden. Die künftige Auseinandersetzung mit dem kaschmirischen Śivaismus wird hierdurch auf eine neue Grundlage gestellt.

Bruno Bérard

Abt Lacuria

Ein unabhängiger Priester im 19. Jahrhundert[1]

bbé Lacuria (1806–1890) ist eine Gestalt, die man auf unzähligen Listen wiederfindet, auf denen von Okkultisten, Esoterikern, romantischen Magiern, Kabbalisten und Alchemisten die Rede ist, obwohl wir es hier mit einem einfachen Priester zu tun haben, der auch ein wenig Theologe war, aber vor allem ein wahrer Metaphysiker und echter Mystiker, der allen Reduktionismen seiner Zeit entkam: Rationalismus, Fideismus, Traditionalismus, Prophetismus, Apokalyptismus, Sozialismus ... Die Wahrheit musste wiederhergestellt werden.

---

1 Französischer Text ins Deutsche übersetzt von Bruno Bérard und Felix Herkert. *Politica Hermetica*-Konferenz am Freitag, den 10. April 2015, im Convent de l'Annonciation, rue du Faubourg-Saint-Honoré, Paris. (Siehe https://metafysikos.com/de/)

Einführung

Abbé Lacuria ist eine eher unbeachtete Gestalt des turbulenten 19. Jahrhunderts. Wenn einige von ihm gehört haben, dann nicht, weil sie sich für die Geschichte, Politik, Gesellschaft oder die katholische Kirche des 19. Jahrhunderts interessiert haben; noch weniger für Theologie, Philosophie, Ethik, Ästhetik, Psychologie, Erziehungswissenschaften oder Metaphysik und auch nicht für die Mystik – allesamt Bereiche, die Abbé Lacuria bevorzugt hat. Die einzigen Bereiche, in denen Lacuria in jüngster Zeit – im letzten Drittel des 20. Jahrhunderts – erwähnt wurde, waren paradoxerweise die der Romantik, Esoterik und des Okkultismus.

Mit den esoterischen Aspekten, ob musikalisch oder nicht, arithmologisch oder nicht, wissenschaftlich oder amateurhaft, befassen sich einerseits die Akademiker Jean-Pierre Laurant, Jean-Pierre Brach und Joscelyn Godwin, andererseits die Schriftsteller Raymond Christoflour und Jean-Pierre Bonnerot; im Kontext der Romantik stößt man auf Franck Paul Bowman; in dem der Okkultistik schließlich ist es Robert Amadou, der am weitesten ausholt und sich als Verfechter eines Lacuria aufspielt, der Theosoph und Magier sein soll.

Wenn man die Zeit bis zur Belle Époque oder sogar bis zum Ende des 19. Jahrhunderts zurückverfolgt, wird Lacuria bereits von Albert Jhouney[2] für ei-

---

2   Albert Jhouney beschreibt die Geschichte der Esoterik von ihren christlichen Ursprüngen an und unterteilt sie in vier Epochen: Die der neuplatonischen Philosophie mit den Alexandrinern und Gnostikern, die der Renaissance mit Guillaume Postel, Paracelsus und Agrippa, die dritte mit Claude de Saint-Martin, dem unbekannten Philosophen und Bewunderer Jacob Böhmes, dessen Schnürsenkel zu lösen er sich unwürdig fühlte; schließlich die vierte Epoche mit Fabre d'Olivet, Hoene-Wroński, Lucas, Eliphas Lévi, Lacuria, bis hin zu Benoît Malon, dem „sanften Philosophen"; Bosc, Ernest, „Esoterik und Sozialismus", *La Curiosité. Journal de l'occultisme scientifique,* Nizza: [s.n.?], 7. Jg., neue Serie, Nr. 129, Mai 1895, S. 6–7 (Übersetzung von uns).

nen „Esoteriker der vierten Epoche" gehalten, von Camille Mauclair für einen Hermetiker, von Marcus de Vèze für einen „Okkultiker" („occultique", unbenutzter Neologismus auf französisch), von François Jollivet-Castelot für einen Okkultisten, von einem westfranzösischen Regionalpolitiker, von Papus oder auch von Jacques Marion für einen Kabbalisten ... Lacuria gehört sogar zu den handverlesenen Magiern aus der Feder von Sar Péladan, was sofort von Huret, Henri Nizer, Etienne Cornut, Sergines, Pierre Janet aufgegriffen wird ... diese Liste ließe sich fortsetzen!

Das heißt, dass Lacuria hauptsächlich dort anzutreffen ist, wo er nicht wirklich war, so dass man befürchten könnte, es sei irrelevant, ihn in der *Politica Hermetica* zu erwähnen! Glücklicherweise war er sein ganzes Leben lang Priester und darüber hinaus etwas Theologe, ein echter Metaphysiker und wahrer Mystiker. Das bedeutet, dass Lacuria weit davon entfernt war, der Priester zu sein, den die Historiker im 19. Jahrhundert erwartet hatten: eine soziale Gestalt, die im Feuer der sulpizianischen Reform geschmiedet wurde und dem erwarteten Modell entsprach.

Weit entfernt also von einer solch eingeschränkten Haltung, umfasst Lacuria die gesamte dem Katholizismus innewohnende Esoterik, was wie uns scheint, für das 19. Jahrhundert ein Kunststück darstellt, während er sich gleichzeitig allen Reduktionismen seiner Zeit entzieht: Rationalismus, Fideismus, Traditionalismus, Prophetismus, Apokalyptismus ... (und sogar Royalismus, wegen seiner möglicherweise sakralen Komponente).

Da er sich darüber hinaus, wenn auch nur als Amateur, mit Gesellschaft, Politik, Bildung und Wirtschaft beschäftigt, erweist sich Lacuria *letztendlich* als ein sehr relevantes Thema im Rahmen der Untersuchung der Verbindungen zwischen dem *Hermeticus* und dem *Politicus*. Wir werden einige Worte zu seiner Biografie sagen, bevor wir diese Verbindungen an mehreren bedeutenden Punkten veranschaulichen.

Biografie

Lacuria wurde im Januar 1806 in Lyon geboren und in der Kirche Saint-Nizier getauft, wo auch Ballanche dreißig Jahre zuvor getauft worden war. Es handelt sich um eine Familie piemontesischen Ursprungs, deren erste Mitglieder seit 1625 in Savoyen leben und von der ein Zweig im 18. Jahrhundert nach Lyon zieht. Lacurias Vater ist wie seine beiden Brüder Goldschmied und Juwelier, seine Mutter ist Waise und Weberin. Lacuria ist das dritte Kind von fünf überlebenden Geschwistern; zwei seiner Brüder werden Ingristen-Maler, eine Schwester wird Lehrerin und eine weitere, die ihn um drei Jahre überlebt, Gründerin eines von Hilfsschwestern geleiteten Altersheims.

Lacurias frühe Kindheit fällt in die Anfangsjahre des Ersten Französischen Kaiserreichs, als „die Bürger, die sich aus Unglauben von den Kirchen fernhielten, begannen, sich dort zumindest aus Anstand zu zeigen"[3], was natürlich nicht für Lacurias sehr fromme Familie galt. Die erste Restauration mit dem Minister Fontanes[4], der die Religion zur „Seele der gesamten Erziehung" machen will,[5] wird es Lacuria ermöglichen, in einem Kleinen Seminar zu studieren. Dort wird er seinen beiden Vornamen – François, Gaspard – „Paul" hinzufügen.

---

3   Portalis, ministre des cultes (Minister für religiöse Angelegenheiten), 1807; zitiert von Adrien Dansette, *Histoire religieuse de la France contemporaine, De la Révolution à la IIIème République,* Flammarion, 1948, S. 201.

4   (Jean-Pierre) Louis (Marquis) de Fontanes (1757–1821), erster Großmeister der Universität während des Kaiserreichs und Minister für öffentliche Bildung während der Restauration.

5   „Es gibt nur ein sicheres Mittel, um die Gefühle und Sitten zu regulieren, nämlich sie unter den Einfluss der Religion zu stellen. Es ist nicht hinreichend, dass die Religion Teil der Erziehung sei; sie muss die Seele der gesamten Erziehung sein", vgl. Rundschreiben an die Rektoren vom Juni 1814, zitiert in Gérard Cholvy / Yves-Marie Hilaire (unter der Leitung von), *Histoire religieuse de la France, 1800–1880,* Toulouse: éd. Privat, 2000, S. 22. Text, „den seine Nachfolger, Frayssinous, Guizot oder Falloux nicht verleugnen würden" (*ebd.*).

Lacuria trat 1826 in das Große Seminar Saint-Irénée in Lyon ein und wurde neben dem Oberen Gardette von einem der „Väter des Lyoner Klerus"[6] ausgebildet: Abbé Duplay, „der perfekte Typus des Sulpizianers des 19. Jahrhunderts"[7]. Dass er schließlich erst 1836 zum Diözesan-Weltpriester geweiht wurde, ist darauf zurückzuführen, dass Lacuria sein Priesterseminar von 1829 bis 1834 unterbrach. Wenn man sich an die Dokumente und die nachgewiesenen Tatsachen hält, könnte er sehr kurz Militärdienst geleistet haben, vor allem aber könnte er, wie andere, unter der Unterbrechung seines Stipendiums gelitten haben. Er engagierte sich daraufhin in der Lyoner Bewegung des liberalen Katholizismus – deren Ortsvorsitzender er wurde – und beteiligte sich an der Bewegung *L'Avenir* für die Freiheit des Unterrichts, während er an der „Manécanterie" von Saint-Nizier unterrichtete – „manécanterie", d. h. ein kleines Seminar, das den Armen Zugang zum Kollegium verschaffte und so genannt wurde, um das Gesetz zu umgehen. Dies ist die zukünftige Schule der *Petit Chose*, in der man, wie Daudet schreibt, eher lernt, bei der Messe zu dienen, als Griechisch oder Latein zu lernen.[8]

Er beteiligte sich dann 1833 an der Gründung des Kollegs in Oullins, wo er sein Seminar beendete, um geweiht zu werden, und wo er bis 1847 blieb. Dies waren zweifellos die schönsten Jahre seines Lebens. Er baut Beziehungen zu den Kindern auf, die zu unverbrüchlichen Freundschaften werden,

---

6   Félix Thiollier, *Le Forez pittoresque et monumental,* 1889, S. 436.

7   Gabriel Mas, *Le cardinal de Bonald et la question du travail* (1840–1870), thèse d'histoire de l'Université Lumière Lyon 2, 2007, 1ère partie, ch. IV, III 1. Welche Ausbildung für Seminaristen und Geistliche?

8   „Mein Vater hätte uns gerne auf ein College geschickt, aber das war zu teuer. „Wenn wir sie in eine Manécanterie schicken würden?", sagte Frau Eyssette […] „Da St-Nizier die nächstgelegene Kirche war, schickte man uns in die Manécanterie von St-Nizier"; Alphonse Daudet: *Le petit Chose: histoire d'un enfant,* Paris: J. Hetzel, 1868 (4e ed.), S. 20. „Es war sehr amüsant, die Manécanterie! Anstatt uns wie in anderen Institutionen den Kopf mit Griechisch und Latein zu stopfen, lehrte man uns, auf jede erdenkliche Weise bei der Messe zu dienen, die Antiphonen zu singen, den Kniefall zu machen, elegant zu weihen, was sehr schwierig ist" (*ebd.*).

und erfindet für sie das Konzept der „lebendigen Kunst", das für die Erziehung steht. Dieses Konzept ist nicht in seiner Schrift *De l'Église, de l'État et de l'enseignement* („Über Kirche, Staat und Bildung") enthalten, sondern wird Teil seines Lebenswerkes *Les Harmonies de l'être* („Die Harmonien des Seins") sein, die beide 1847 erschienen sind.[9] Von seinen Kollegen gezwungen, zwischen der Herausgabe seines großen Buches und dem Verbleib am Collège d'Oullins zu wählen, entschied sich Lacuria für die Pariser Fata Morgana. Dort führte er vierzig Jahre lang ein ärmliches Leben in der Nähe des Pantheons, ein Leben, das dem Schreiben von Texten gewidmet war, die nie veröffentlicht wurden, und das auch der eifrigen Teilnahme an den Konzerten der Schüler des Konservatoriums galt, die von François-Antoine Habeneck (1828) eingeführt und von seinem Nachfolger Daniel Auber (von 1842 bis 1871) fortgesetzt wurden.

Aufgrund der großen Zahl an Freunden, mit denen er sich jede Woche traf – Maler, Musiker, Astrologen, ehemalige Schüler, Ärzte, Militärs – kann man ihn als „weltlichen Einsiedler" bezeichnen, was auch für Blaise Pascal gegolten haben mag, den er bewunderte und der übrigens in der Kirche Saint-Étienne-du-Mont beerdigt wurde, der Gemeinde, in der Lacuria überzähliger Priester war.Die Vereinigung der ehemaligen Schüler zahlte ihm ab den 1860er-Jahren eine Pension, und als er mit etwa 80 Jahren krank wurde, wurde seine Rückkehr an das Collège d'Oullins organisiert. Dort legte er letzte Hand an die Neufassung der *Harmonien des Seins,* die sein ganzes Leben

---

9   Die Ausgabe von 1847: *Les Harmonies de l'être, exprimés par les nombres ou les lois de l'ontologie, de la psychologie, de l'éthique, de l'esthétique et de la physique, expliqué les un par les autres et ramenées à un seul principe* („Die Harmonien des Seins, ausgedrückt durch die Zahlen oder Gesetze der Ontologie, Psychologie, Ethik, Ästhetik und Physik, die miteinander erklärt und auf ein einziges Prinzip zurückgeführt werden"), (par P.F.G. Lacuria), Band I korrigiert und Band II, Paris: Comptoir des imprimeurs-unis, 1847; die Ausgabe von 1899: *Les Harmonies de l'être exprimés par les nombres* („Die Harmonien des Seins, ausgedrückt durch Zahlen"), neue Ausgabe, hrsg. von René Philipon. Paris: Bibliothèque Chacornac, 1899, 2 Bände.

in Anspruch genommen hatten und 1899, neun Jahre nach seinem Tod, posthum veröffentlicht wurden.

Verbindungen zwischen „Esoterik" und „Politik"

Es gibt mindestens drei Themen, die bei Lacuria die besonderen Beziehungen zwischen dem Esoterischen und dem Politischen illustrieren: Erstens seine Art, Priester in der Gesellschaft zu sein – was mit der sulpizianischen Ausbildung in Verbindung gebracht werden kann, die damals im Grand séminaire Saint-Irénée in Lyon am Werk war –, zweitens seine Art, Theologie zu betrachten – was mit der sogenannten „École mystique de Lyon" verglichen werden kann – und drittens sein politisch-soziales Denken – was mit mennaisianischen, fourieristischen oder saint-simonianischen Gedanken in Verbindung gebracht werden kann; wie erwähnt und speziell im Fall von Lacuria wird „esoterisch" hier vor allem im Sinne einer katholischen Religion verstanden, die eine Metaphysik ihrer Theologie und eine orthodoxe Mystik zulässt und die Heiligkeit als den spirituellen Weg fördert, zu dem jeder Getaufte eingeladen ist; was „politisch" betrifft, so wird der Begriff im Sinne der *Polis,* der Gesellschaft im weitesten Sinne, verstanden.

Lacuria als Priester

Beginnen wir mit der Art und Weise, wie Lacuria zum Priester wird. Der Historiker möchte den Einfluss der sulpizianischen Ausbildung auf Lacuria zeigen – eine Ausbildung, bei der das Erlernen eines *Standes* (in dem Sinne, wie man heute von einer „sozio-professionellen Kategorie" sprechen würde) Vorrang vor dem Erwerb von Wissen hat[10], bei der es vorbildliche, ja sogar

---

10 Philippe Boutry: „„Vertus d'état' et clergé intellectuel: la crise du modèle ‚sulpicien' dans la formation des prêtres français au XIXe siècle, *Problèmes de l'histoire de l'éducation",* Actes des séminaires organisés par l'École française de Rome et

strenge Moral ist, die es zu erwerben gilt. Es wird schwer sein, diesen Einfluss bei Lacuria zu finden, da er auf seine Weise zu originell, ja sogar ikonoklastisch ist; stattdessen kann man zeigen, wie sehr er sich davon unterscheidet. Das beginnt mit Lacurias grundlegender Motivation: Er will sich „ganz dem menschlichen Elend zuwenden"[11], und dieses menschliche Elend ist für ihn nicht das Ergebnis gesellschaftlicher Fehlfunktionen, sondern es ist, in christlicher Sprache, das Elend, das aus dem Fall der Kreatur resultiert; daher sein täglicher Einsatz für Kinder, für Menschen, die ärmer sind als er selbst, oder für Menschen, die er trifft und die er nebenbei zum Christentum bekehrt; er begegnet ihnen nie von der Höhe eines Status aus, er nimmt sie immer durch die Liebe ein – und viele werden es ihm zurückgegeben haben. Hier haben wir Lacuria unter seinem dritten Vornamen, den er im kleinen Seminar gewählt hat: Paul, als Missionar der Nächstenliebe[12].

Was den Respekt vor Disziplin und Traditionen angeht, den ihm die sulpizianische Ausbildung mit ihren vielen Vorschriften und ihrem Konservatismus hätte beibringen sollen, sodass er sich der typischen Figur des Priesters anpasst, der sich in der Gesellschaft seiner Mitbrüder gefällt: Sie ist in keiner Weise zu sehen. Zwar gehörte er anfangs zur Gruppe der vier leitenden Priester des Collège d'Oullins, aber er grenzte sich sofort von dieser Gruppe ab, zunächst durch seine originelle Beziehung zu den Kindern, die sogar Eifersucht hervorrief, dann durch sein Buch, das er zunächst im Geheimen drucken ließ, d. h. am Rande seiner Mitbrüder, und schließlich durch seine Konsultationen bei einer Wahrsagerin, die für ihn einen Seraph befragte. Das

---

l'Università di Roma – la Sapienza (janvier–mai 1985), Rom: École Française de Rome, 1988. pp. 207–228. (*Publications de l'École française de Rome*, 104); URL: /web/ouvrages/home/prescript/article/efr_0000-0000_1988_act_104_1_3272, abgerufen am 19. März 2015.

11 Brief von Lacuria an Basset, 1828/1829.

12 „Wenn ich auch die Gabe der Weissagung hätte und alle Geheimnisse wüsste und alle Wissenschaft besäße; wenn ich auch den ganzen Glauben hätte, bis dass ich Berge versetze, wenn ich nicht die Liebe habe, so bin ich nichts"; 1 Kor XIII,2.

Handauflegen wird nicht als Unterscheidungsmerkmal erwähnt, da es unter dem Begriff „Magnetisieren" ebenso bei seinem Glaubensbruder, dem Abbé Dauphin, einem sehr konformistischen Mann und späteren Bischof, belegt ist. In der Folgezeit waren die einzigen Priester, mit denen er gelegentlich in Kontakt blieb, drei Freunde: die Abbés Gay, de Beaufort und Mermet sowie Lamennais und zwei ehemalige Schüler, die Abbés Mouton und Captier. Zu den Priestern von Saint-Etienne-du-Mont hingegen baute er keine wirkliche Verbindung auf, obwohl er dort dreißig Jahre lang jeden Sonntag die Messe lesen würde. Vor allem aber waren seine wichtigsten Freunde – oder sogar seine bloße Bekanntschaft – Maler und Musiker (Gounod, Chausson, d'Indy, Odilon Redon, die Brüder Flandrin, Fantin-Latour Vater und Sohn ...[13]) oder Literaten (Blanc-de-Saint-Bonnet, Paul de Musset, Victor de Laprade ...[14]); es gab noch viele andere, die in ganz unterschiedlichen Bereichen tätig waren und mit denen Lacuria insbesondere im Salon seiner Freundin Berthe de Rayssac verkehrte.

Bleibt noch die Priorität, die der Frömmigkeit vor dem Studium eingeräumt wird.[15] Auch hier geht Lacurias echte Mystik weit über die Frömmigkeit hinaus, obwohl er sein ganzes Leben lang das Brevier liest – bis er, als er 1880 erblindet, seinen Bischof um Dispens bittet. Doch ist der Gehorsam gegenüber der Kirche kein ausschließliches Merkmal der sulpizianischen Ausbildung. Was das Studium betrifft, so verbrachte Lacuria sein Leben vielmehr damit, alles zu studieren, was ihm in die Hände fiel, wenn auch ungeschickt, aber praktisch alles. Da sind zunächst Pascal und St. Augustinus, seine Favoriten, dann Thomas von Aquin, schon bevor der Doctor Angelicus wieder in

---

13 Borel, Chenavard, Janmot, Ricard, Laurens, Guiguet, Courbe, Baron, Français, Daubigny, Nanteuil …
14 Charvériat, Charles Blanc, Victor Fournel, Louis Peisse …
15 Gabriel Mas, *Le cardinal de Bonald et la question du travail (1840–1870),* thèse d'histoire de l'Université Lumière Lyon 2, 2007, 1ère partie, ch. IV, III 1. Welche Ausbildung für Seminaristen und Geistliche?

den Vordergrund rückte, aber auch Gioberti, der von Lacordaire selbst emp-
fohlen wurde, Bossuet ebenso wie Fénelon, natürlich Blanc-de-Saint-Bonnet
und die von Victor Cousin übersetzten deutschen Philosophen, und so weiter und so fort.

Weniger bekannt ist Lacurias großes Interesse an allen Wissenschaften:
Astronomie, Chemie, Medizin, sogar an solchen, die nie als Wissenschaften
anerkannt werden sollten: Physiognomik, Phrenologie, Astrologie und auch
an der Gold- oder Elektrizitätsmedizin, in einem Jahrhundert, in dem gerade die Medizin ihren theoretischen Diskurs zugunsten des Experiments auf-
gibt. Aufgrund seines Interesses an den Wissenschaften schickte Lacuria sein
Synthesebuch – eine ehrgeizige „Synthese" mit dem Untertitel: „Die Gesetze
der Ontologie, der Psychologie, der Ethik, der Ästhetik und der Physik werden
wechselseitig aus einander erklärt und auf ein einziges Prinzip zurückgeführt"
– im Jahr 1847 als Pressedienst an anerkannte Wissenschaftler und wissenschaftliche Zeitschriften: *Arago, Becquerel, Raspail* und andere, die weniger
bekannt sind, sowie die *Annales de la chimie,* die *Gazette médicale* und das
Bulletin de l'Académie de médecine.

In der Theologie selbst zögerte er nicht, entgegen einem den Laien bekannten verkürzten Katechismus, die christlichen Mysterien zu meditieren,
bis er fälschlicherweise beschuldigt wurde, sie vollständig erklären zu wollen
– was ausdrücklich nie sein Ansatz oder sein Anspruch war. Hinzu kommt,
dass Lacuria seine sulpizianische Ausbildung – die, wie man sagen muss, eine Degeneration der ursprünglichen war – so sehr widerstrebt, dass er seinen
ehemaligen Schülern rät, selektiv zu verfahren; was man nehmen müsse, sind
St. Augustinus und St. Thomas von Aquin, was aufgegeben werden müsse, ist
fast alles andere – mit Ausnahme natürlich von allem, was mit der Feier der
heilige Messe zu tun hat, die für Lacuria eine unendliche Würde[16] und eine

---

16   „Es ist in der Tat fünfzig Jahre her, dass ich meine erste Messe im Schloss Le Perron
      gelesen habe. Wie viele Danksagungen schulde ich Gott für eine so lange Verlän-

Funktion darstellt, derer nicht einmal die Engel würdig sind. Man könnte dieses fast ikonoklastische Porträt eines Priesters im Vergleich zum sogenannten sulpizischen Vorbild mit einem Zitat von Berthe de Rayssac beenden:

„Es scheint, als würde der gute Abt einen ganzen *Chor von Cherubinen* mit sich herumschleppen und einige von ihnen hinter sich lassen. Sein armseliger, gebogener Stab ist ein schöner, mystischer Bischofsstab, und sein weißer Bart erhellt sein kindliches Gesicht".[17]

Oder das Zeugnis des Kanonikus Pisani, der sich 1900 an Lacuria erinnert:

„Zur gleichen Zeit [er spricht von den 1850er-Jahren] erschien Abbé Lacuria, der begann, um 12.30 Uhr die Messe zu lesen, und dies fast dreißig Jahre lang fortsetzte. Wir haben ihn alle gesehen, pünktlich und bescheiden, er sprach wenig und hatte vielleicht gerade deshalb den Ruf eines großen Gelehrten; alles an ihm war geheimnisvoll, bis hin zu diesem kleinen, abgegriffenen und sogar schmutzigen Buch, das er aus seiner Tasche zog und dem Messdiener überreichte, weil er ihm nach dem Lyoner Ritus antworten musste, den er auch nach der Übernahme des römischen Ritus weiter befolgt hatte. Abbé Lacuria ist einer der letzten Priester, die den Brauch beibehalten haben, einen Zylinderhut zu tragen".[18]

---

gerung einer unendlichen Würde, wie viele Vergebungen brauche ich für die fehlerhafte Ausübung eines Amtes, dessen die Engel nicht würdig sind"; Zitat aus einem Brief von Lacuria an Paul Borel, Paris, 20. Juni [1886] im Archiv der Dominikaner in Toulouse.

17 De Rayssac, zitiert von Élisabeth Hardouin-Fugier, „L'abbé Lacuria, portraits et images", *Atlantis* Nr. 314, Mai–Juni 1981, S. 342. Hervorhebung durch uns.

18 Paul Pisani, *Patronage Sainte-Mélanie: souvenirs de famille, 1850–1900,* Paris: J. Mersch, 1900, S. 6, 17–18.

Lacuria als Theologe

Wenn wir nun auf Lacurias theologische Forschungen zu sprechen kommen, ist seine Unabhängigkeit auch hier stark ausgeprägt. Sie ist notwendigerweise zum Teil auf den Kontext seiner Ausbildung zurückzuführen, und in diesem Fall eher auf die Mängel seiner Ausbildung. So wird ihn höchstwahrscheinlich die Unzulänglichkeit der Philosophie des Seminars in Lyon frustriert haben, bis er bei Lamennais sowohl das Herzstück seiner Forschungen als auch die Lösung aller Fragen findet: eine Idee der Dreifaltigkeit, die er mit neuen Mitteln überarbeiten wird („mit neuen Mitteln", denn Lacurias Dreifaltigkeit ist nicht philosophisch wie die von Lamennais, sie bleibt theologisch, selbst wenn sie sich metaphysisch oder besser gesagt sogar mystisch ausdrückt).

Hier entspricht Lacuria ganz seinem ersten Vornamen: François, „sanft und mystisch", wie der Lyoner Akademiker Joseph Serre später sagen wird, wenn er Lacuria mit Franz von Assisi vergleicht. Der Sanftmut entspricht die systematische Synthese, die im Anschluss an Irenäus in der Schöpfung das Werk der beiden Hände Gottes sieht[19], was bei Lacuria bis hin zum Molekül der modernen Chemie geht, das enthüllt, was dem Sohn und was dem Heiligen Geist zukommt. Der Mystik entspricht alles, was seine Glaubensbrüder vor den Kopf stoßen wird: sein Versuch einer Synthese zwischen Schöpfung und Pantheismus unter der allzu ungeschickten Bezeichnung „Einheit der Substanz", oder seine ganz besondere Definition der Philosophie als Möglichkeit der Harmonie zwischen Wissenschaft und Glauben – also eigentlich eine mystische Theologie, direkt dionysisch[20] –, oder auch seine Auffassung der natürlichen und übernatürlichen Ordnungen, dass sie sich nicht gegenseitig ausschließen. Hier wird Lacuria Kardinal de Lubac vorangehen, aber

---

19   St. Irenäus, *Contra Haereses* IV, praefatio, P. G., t. VII, col. 975 B.
20   Letztere überragt und vollendet dem Areopagiten zufolge den theologischen Weg. Vgl. Borella, *Lumières de la théologie mystique* (Lausanne: L'Âge d'Homme, 2002).

nicht mehr Erfolg haben, in einem Jahrhundert, in dem ein gewisser Ontologismus – offiziell in Löwen gelehrt – schließlich mit dem Badewasser ausgeschüttet wurde.

Diese drei Hauptelemente einer möglichen Heterodoxie Lacurias (sein Pseudopantheismus, seine Fehlverwendung des Wortes „Philosophie" und die Präsenz des Übernatürlichen im Natürlichen) stellen eine der objektiven – wenn auch kurzsichtigen – Quellen für seine Gleichsetzung mit, je nach Autor, verschiedenen Formen der Esoterik dar. Beispielsweise liegt Lacurias pantheistischer – oder pantheizistischer – Fehler vor allem in einer ungeschickten Formulierung; so wird Lacordaire zwar „Häresie" schreien, aber Lamennais wird bestätigen, dass S. Augustinus nichts anderes gesagt hat. In jedem Fall formuliert Lacuria, sobald er das Risiko erkennt, seine Einheit der Substanz gemäß seiner klugen Metaphysik der Idee des Nicht-Seins neu, die ihrerseits von da an ontologisch, aber nicht substanziell eine Verbindung zwischen Schöpfer und Geschöpf herstellen kann.

Die Zahlen in Lacurias theologischem Werk veranschaulichen auch seine völlige Diskrepanz, seine absolute Unabhängigkeit, die durchaus das Werk eines Mystikers, eines Autodidakten und einer idiosynkratischen Persönlichkeit ist. Es geht also nicht um Zahlensymbolik oder Zahlenmystik. Bei Lacuria gibt es keine Gematrie, Isopsephie oder Arithmosophie, sondern nur eine späte und anekdotische Erwähnung der jüdischen Kabbala. Lacurias Verwendung einiger Zahlen ist am ehesten als Metaphysik der Zahlen oder, vielleicht noch besser, als Theologie der Zahlen zu bezeichnen. Denn bei Lacuria sind die Zahlen weder Ursachen von etwas noch Instrumente von etwas; sie haben weder einen ontologischen noch einen epistemologischen Status; sie gehören zu einer Wissenschaft, die nur Gott bekannt ist und die Lacuria selbst zugegebenermaßen völlig ignoriert.

Was bleibt übrig? Es bleiben Zahlen, die von Natur aus negativ sind, da sie Grenzen, Unterscheidungen und verständliche Formen ausdrücken ... und diese verständlichen Formen werden in Gott selbst verortet, im Wort, durch das alles erschaffen wurde. Das ist schlicht und einfach Platonismus, der von Augustinus korrigiert wurde. Von daher drückt das Mathematische oder Geometrische, das das Theologische und das Wissenschaftliche verbindet, die Verbindung zwischen der Realität und ihrem Prinzip, zwischen Gott und der Welt aus. Es ist nicht das Sein, das Gott und den Geschöpfen gemeinsam wäre, sondern sein negativer Ausdruck durch die Zahl.

Daher mag Lacurias Theologie zwar manchmal die Form einer *Theosophie*, einer Entschlüsselung der *Signatura rerum,* anzunehmen scheinen, doch geschieht dies immer nur auf dem kontemplativen Weg einer *theophanischen* Welt, in der zudem nichts, was empfangen wird, etwas anderes als gegeben sein kann. Lacuria folgt lediglich dem *Itinerarium* einer Kontemplation der von Gott geschaffenen Natur, des Universums und des Menschen[21]; erinnern wir uns hier daran, dass das *Itinerarium* sieben Kapitel reiner Kontemplation vorschlägt, vor einem Endpunkt, der nichts anderes ist als eine „spirituelle und mystische Verzückung". Im Übrigen verwendet Lacuria das Wort „Theosophie" nicht, weil wir uns in dieser mystischen Theologie befinden, die er Philosophie nennt.

Man versteht daher, warum Joseph Buche Lacuria aus seiner *École mystique de Lyon* ausschloss, sehr zum Bedauern eines Hector Talvart[22]: Das liegt daran, dass *Les Harmonies de l'être* im Grunde nichts anderes sind als eine metaphysische Meditation der christlichen Mysterien und eine einfache katholische Apologetik.

---

21   Die sieben Kapitel des *Itinerariums* führen über verschiedene Kontemplationen (Kap. I bis VI) zur „geistigen und mystischen Verzückung" (Kap. VII).

22   Hector Talvart [1880–1959], „La semaine bibliographique analytique et critique" [über das Erscheinen von *L'École mystique de Lyon, 1776–1847. Der große Ampère, Ballanche, Cl. Julien Bredin, Victor de Laprade, Blanc de Saint-Bonnet, Paul Chenavard.* (Vorwort von M. Edouard Herriot, Alcan, 1935), von Joseph Buche], *Les Nouvelles littéraires, artistiques et scientifiques: hebdomadaire d'information, de critique et de bibliographie,* Paris: Larousse, 12. Jahrgang, Nr. 635, 15. Dezember 1934, S. 9.

Lacuria als Sozialpolitologe

Wie steht es schließlich mit seinem politisch-sozialen Denken in einem Jahrhundert, das so sehr von Ideologien aller Art geprägt ist? Wird er Royalist oder Sozialist sein, wird er für einen bestimmten Millenarismus eintreten oder, wie viele andere, apokalyptisch sein? Was denkt er über die industrielle Revolution, den technischen Fortschritt und das Verschwinden der Armen?

Auch hier beweist Lacuria eine unglaubliche Unabhängigkeit im Denken. Sein Streben nach Synthese „um jeden Preis" warnt ihn davor, sich in irgendeinem System zu verfangen, verbietet ihm, sich hinter einer „Einheitsmeinung" („pensée unique") zu verstecken; er kann nicht die Züge einer Karikatur annehmen oder sich in die Form irgendeiner Kategorie einfügen. Das Jahrhundert mit Lacurias Augen zu lesen, bedeutet, sich von jeder reduktionistischen Versuchung und jeder zu simplen Vereinfachung fernzuhalten und die Subtilität der Dinge innerhalb einer anerkannten Komplexität zu entdecken. So findet Lacuria in den meisten Ideen anderer Menschen Qualitäten, folgt er der Pascalschen Auffassung von Irrtum als unvollständiger Wahrheit und bleibt dabei selbst auf der radikalen Linie der klassischen metaphysischen Prinzipien und der katholischen Lehre. Unter „klassischen metaphysischen Prinzipien" verstehen wir im Wesentlichen die Unterscheidungen zwischen Endlichem und Unendlichem sowie zwischen Intelligenz und Vernunft.

Sehr genau muss betont werden, dass Lacuria in keine der Fallen des Jahrhunderts getappt ist: Während er ein begeisterter Anhänger wissenschaftlicher Entdeckungen ist, ist Fortschritt für ihn nur „eines dieser Wörter, die der Utopie als Flagge gedient haben"[23]; während er eine gerechtere Gesellschaft propagiert, bleibt Gleichheit für ihn ein „unmögliches und nutzloses Hirngespinst"[24]. In der Wirtschaft folgt Lacuria zwar – ohne es zu wis-

---

23 Lacuria, *Harmonies* (1899), Bd. II, Kap. II. Über den Fortschritt, S. 17–18.
24 Lacuria, „La Voie unique", S. 19 [B.M.L. Ms 5.943 C]; Untereiner-Archiv.

sen – der aristotelischen Unterscheidung zwischen Ökonomie und Chrema-
tistik, stimmt aber zu, dass Reiche und Arme dazu verurteilt sind, nebeneinander zu existieren, und nur die Intelligenz dieser Koexistenz zählt. So entgeg-
net Lacuria dem Fortschritt der Utopisten, der darin besteht, zu allen Mahl-
zeiten „Fleisch zu essen und Wein zu trinken": „gibt es nichts anderes zu begehren?". Fourier, der „eine Zeit verspricht, in der man sechs gute Mahlzei-
ten pro Tag zubereiten wird", fragt er: „Aber warum diese Grenze von sechs?".
Und schlägt angesichts der Absurdität einer Gesellschaft der Reichen folgende absurde Argumentation vor:

> „Angenommen, wir erreichen dieses Ziel [überhaupt keine Armen mehr],
> dann gehen wir bis zur Extravaganz, setzen wir voraus, dass alle Men-
> schen reich sind, dass sie alle Millionäre sind! Warum sollte man bei ei-
> ner Million aufhören? Ist eine Million die letzte Grenze des unbestimm-
> ten Fortschritts? Gibt es nicht schon viele, die sich damit nicht zufrie-
> dengeben können?"

In der Politik ist Lacuria, anders als man erwarten würde, kein Royalist: „Die
Macht, wenn sie sich an eine Fiktion bindet, dauert nur so lange, wie die Fiktion selbst besteht, so dauert die königliche Macht nur so lange wie die Fiktion,
die man Königtum nennt"[25]; dies schrieb er in seinen *Harmonien* schon 1847.
In seiner Schrift über das Bildungswesen war sein Urteil eindeutig: „Die Kö-
nige missbrauchten auf seltsame Weise das göttliche Recht, das nur ein Spie-
gelbild der Kirche war und das sie für ein Licht hielten, das aus ihnen selbst
hervorgegangen war"[26]. Er war vom Frühling der Völker geprägt: Nur „den
Völkern in der Kindheit kann die Vereinigung der beiden geistigen und materiellen Mächte entsprechen", schrieb er 1843[27]. Mehr noch, in einem seiner

---

25 Lacuria, *Harmonies* (1847), Bd. I, Kap. XXII. „De la spontanéité et de la liberté" (Über
   Spontaneität und Freiheit), S. 358.
26 Lacuria, *De l'Eglise, de l'Etat et de l'enseignement,* Lyon: L. Boitel, 1847, S. 15–16.
27 Entwurf eines Briefes an den Direktor einer (nicht identifizierten) Zeitung als Reak-

Manuskripte verteidigt Lacuria die Republik gegen den Vorwurf, Ursache der Säkularisierung zu sein: „Wenn sich also das Volk von Gott entfernt, so ist die wahre Ursache nicht die Republik"[28].

Dennoch ist er weder „Republikaner" noch Royalist, noch wirklich Demokrat (die Diktatur der Vielen nennt er es, oder die *Herrschaft* der Mehrheit); er beschränkt sich auf die Feststellung, dass Autorität Unfehlbarkeit erfordert:

„Die soziale Einheit kann nur auf zwei Arten hergestellt werden: entweder durch Gewalt oder durch Autorität, deren Quelle die Unfehlbarkeit ist. Die Gewalt schließt die Freiheit aus, die Unfehlbarkeit lässt sie zu [...]. Die lebenswichtige Frage ist also die nach der Unfehlbarkeit"[29].

So sieht er die soziale Einheit in der Pfarrei, wobei die Bischöfe von den Gläubigen gewählt werden. Es ist eine ebenso einfache wie unpraktische Lehre, die auf der unwiderlegbaren Argumentation eines Gläubigen beruht: „Die Kirche allein", schreibt er, „hat genug Macht und Liebe, um die Menschheit zu ihrer Vollkommenheit zu erheben; [...] sie allein hält das Geheimnis der letzten Vollkommenheit und kann dem Werk das letzte Siegel aufdrücken; sie ist das soziale Meisterwerk des göttlichen Gedankens auf Erden"[30], auch wenn „der Himmel [erst] die Apotheose sein wird"[31].

Hier nimmt er die Soziallehre der Kirche vorweg, die durchaus mit der Trennung von Kirche und Staat vereinbar ist, für die er sich seit 1830 im Ge-

---

tion auf einen erschienenen Artikel über Unterricht und Freiheit im Zusammenhang mit dem Villemain-Gesetz; Archiv „Untereiner".

28   Fazit seines Büchleins: „Sur la foi et la république" (Über den Glauben und die Republik), Bernard Berthet Fund, 14 Seiten.

29   Lacuria, „De L'Infaillibilité, par M. Blanc Saint-Bonnet, chez Dentu", in: „Bulletin bibliographique", *Revue européenne. Lettres, sciences, arts, voyages, politique,* Paris: [s.n.?], t. 15, 1861, S. 1–2 [B.M.L. Ms 5.791, S. 12]; Archiv Untereiner.

30   Lacuria, *Harmonies* (1847), Bd. II, S. 299.

31   Lacuria, *Harmonies* (1847), Bd. II, S. 299.

folge von Lamennais und den Ideen von *L'Avenir* einsetzt und deren Logik er aufzeigt; wir wissen, dass es bis 1905 dauern wird und dass die kirchliche Trauung oder die Ernennung von Bischöfen in Frankreich auch im 21. Jahrhundert noch unter staatlicher Kontrolle stehen. Auf jeden Fall versteht man, warum er sowohl den Saint-Simonismus als auch den Fourierismus ablehnt, die jeweils in den entgegengesetzten Exzess verfallen: „Der eine treibt die Autorität ins Unendliche, der andere die Freiheit ins Unendliche; beide sind [also] unvollständig"[32], schreibt Lacuria in einem unveröffentlichten Werk über das „Soziale Problem".

Wenn man im 19. Jahrhundert von Apokalyptismus sprechen muss, dann unterschreibt Lacuria, der dennoch seinen Kommentar zur Apokalypse verfasst, diesen in keiner Weise, und sein gemäßigter Millenarismus, der ausdrücklich als Hypothese dargestellt wird, bleibt innerhalb der Grenzen der lehramtlichen Akzeptanz und nimmt sogar das Dekret des Heiligen Offiziums von 1944 vorweg. Wenn man bei Lacuria von einer Soziallehre sprechen kann, so ist sie nicht mit seinem hypothetischen Millenarismus zu vergleichen; sie ist weder „soziale Regeneration" noch sozialer Messianismus.

Schlussfolgerung

Die Schlussfolgerung des Historikers, der die katholische Kirche im 19. Jahrhundert untersucht, lautet, dass Lacuria in Bezug auf die Theologie „nur ein Zeuge unter vielen ist, der das allmähliche Fortschreiten einer relativen Uniformierung des katholischen Denkens bezeugt"[33]. Wir glauben vielmehr, dass Lacuria auf dieser Ebene von der Beständigkeit einer christlichen Gno-

---

32 Lacuria, „Soziales Problem", S. 20 [B.M.L. Ms 5.844 C]; Untereiner-Archiv.

33 Vgl. Paul Airiau, „Rapport de soutenance de la thèse de doctorat de M. Bruno Bérard, *Un philosophe et théologien occultisant au XIXe siècle: la vie et l'oeuvre de l'abbé Paul François Gaspard Lacuria (1806–1890),* EPHE, ss dir. Jean-Pierre Brach, 2014. 1392 S. 2 Bde. Anmerkungen: Bibliogr., Index, Tblx., Ill., Anhänge".

sis zeugt – einer Gnosis im Sinne der Heiligen Schrift (Paulus) – und dass er unter sonst gleichen Bedingungen ein exemplarischer Vertreter dieser Gnosis ist, in der Tradition des Areopagiten oder Meister Eckharts, wenn auch in einer anderen Art, da er im 19. Jahrhundert lebt; daher, vor Kardinal de Lubac, seinen Überlegungen zur Unmöglichkeit eines gegenseitigen Ausschlusses der natürlichen und übernatürlichen Ordnung, sein orthodoxer Ontologismus zu einer Zeit, als er noch in Löwen gelehrt wurde, oder ganz einfach seine Vision einer theophanischen Natur und einer Welt, die von der göttlichen Vorsehung geprägt ist, ohne dass dieser Immanentismus in irgendeiner Weise die absolute Transzendenz Gottes überschattet, die bei Lacuria sehr explizit zum Ausdruck kommt.

Auf philosophischer Ebene gibt es einen gemeinsamen Nenner in Lacurias scheinbar so disparatem Werk („rationale Soziologie", Musikwissenschaft, Ethik, Ästhetik, Astrologie ...), nämlich seine systematische metaphysische Perspektive, die auf sein grundlegendes und universelles Gesetz des Seins zurückzuführen ist, das durch seine Triplizität „des Positiven und des Negativen, die Harmonie hervorbringen" ausgedrückt wird, was wiederum direkt von seiner Meditation der christlichen Trinität inspiriert ist.

Mit dieser Verankerung als Fixpunkt ist Lacuria der ideale Ort für alle möglichen Rezeptionen, vom Sozialismus und Utopien über Unfehlbarkeit bis hin zu Beethoven und Märchenliteratur und sogar zu dem, was in der Alchemie kursiert oder in der Astrologie praktiziert wird. Seine Unabhängigkeit, die durch seine Naivität und seinen guten Glauben noch verstärkt wurde, machte ihn fast zu einem Prüfstein in der Ideenflut seines Jahrhunderts. In dieser Hinsicht ist er ein erstklassiges Gegenbeispiel zu bestimmten historischen Verallgemeinerungen oder kategorialen Reduktionen.

Dasselbe gilt für Disziplinen wie die Astrologie, die Lacuria so faszinierte, oder die Physiognomik, die Phrenologie und sogar die Alchemie, von der er alle verfügbaren Werke sammelte. Es bedurfte dieser Interessen Lacurias, um eine Übereinstimmung mit seinem dritten Vornamen herzustellen: Gaspard (der Magier). Lacuria verlässt jedoch nicht den experimentellen Ansatz, der sich zu seiner Zeit in den Wissenschaften etablierte. So ist seine Medizin pragmatisch; seine Astrologie im Wesentlichen charakterologisch und stipulierend, aber nicht prädiktiv; bereits 1844 schreibt er, dass die Phrenologie nicht auf den Menschen angewendet werden kann; was den *Stein der Weisen* betrifft, so wird er in der Ausgabe von 1899 der *Harmonies de l'être*[34] sogar „legendär".

Um philosophisch zu schließen, sei gesagt, dass Lacurias Denken, in welchem Bereich auch immer es sich bewegt – Philosophie, Theologie oder Wissenschaft – niemals idealistisch ist; es ist stattdessen immer realistisch, und sei es ein „symbolischer Realismus", der auf der „Analogie" des Seins beruht.[35]

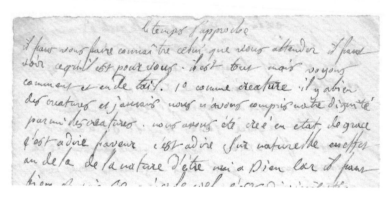

„Die Zeit naht ..." Abbé Lacuria handschriftlich (Quelle: http://lacuria69.blogspot.com/)

---

34   Lacuria, *Harmonies* (1899), Bd. II, Kap. XIII. Über die lebendige Kunst, S. 216.
35   Gemäß der Formel und der These von Jean Borella, die er in seinem *Symbolisme et réalité* (Genf: Ad Solem, 1997) erläutert. Sehr genau: „Sinn ist Forderung nach Analogie" (*Penser l'analogie*, Paris: Ad Solem, 2000, S. 210), „Analogie ist der Sinn des Symbols" (*ebd.*, S. 209) und „Das Symbol ist der Schlüssel zur Ontologie" (*Symbolisme et Réalité*, S. 33); „somit ist die Ontologie grundsätzlich analog [...denn] mehr noch als analog, offenbart sich das Sein als analogal" (*Penser l'analogie*, S. 127, unsere Übersetzung).

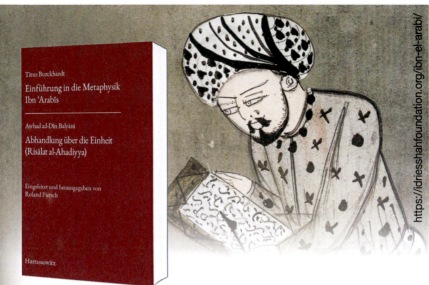

https://idriesshahfoundation.org/ibn-el-arabi/

Neuerscheinungen von
 Titus Burckhardt und Roland Pietsch

Felix Herkert

TITUS BURCKHARDT:
Einführung in die Metaphysik Ibn ʿArabīs
mit Übersetzungen von acht Kapiteln aus seinen
„Fassungen der Weisheit (Fusus al-Hikam)“.
Awḥad ad-Dīn Balyāni: Abhandlung über die Einheit
(Risālat al-Ahadiyya).
Eingeleitet und herausgegeben von Roland Pietsch
VIII, 228 S., Pb., Wiesbaden: Harrassowitz, 2024
ISBN 978-3-447-12193-4

$\mathcal{V}$erdienstvoll ist die von ROLAND PIETSCH besorgte Edition zweier Manuskripte aus dem handschriftlichen Nachlass des Schweizer Perennialisten TITUS BURCKHARDT (1908–1984). Das erste Manuskript bietet eine ausführliche Einführung in die Geisteswelt IBN 'ARABĪS. Auf eher allgemeine Bemerkungen zum Wesen des Sufismus folgt die Diskussion verschiedener metaphysischer Grundbegriffe Ibn 'Arabīs, woran sich die Übersetzung und Erläuterung von acht Kapiteln aus dessen bedeutender Schrift *Fassungen der Weisheit* anschließt.

Komplettiert wird der Band durch Burckhardts erläuterte Übersetzung von AWḤAD AD-DĪN BALYĀNIS *Abhandlung über die Einheit*. Dieses lange Zeit Ibn 'Arabī selbst zugeschriebene, von dessen Lehre jedoch in manchen Aspekten abweichende Traktat über die Einzigkeit Gottes liegt damit erstmals auch auf Deutsch vor. Als konzise Darlegung der esoterischen Einheitslehre hatte die Schrift – die von Ivan Aguéli 1911 für die Zeitschrift *La Gnose* ins Französische übersetzt worden war – nicht zuletzt einigen Einfluss auf René Guénon und dessen geistiges Umfeld ausgeübt. Es ist daher nicht verwunderlich, dass auch Burckhardt sich genauer mit der Schrift beschäftigt hat.

Im Gesamten ist das Buch eine wichtige Ergänzung zu Titus Burckhardts 1953 erschienenem Werk *Vom Sufitum. Einführung in die Mystik des Islam* einerseits und zu seiner 2005 auch auf Deutsch erschienenen Ibn 'Arabī-Übersetzung *Die Weisheit der Propheten* andererseits.

*D*er nächste Band versammelt eine ganze Reihe über die Jahre entstandener Beiträge Roland Pietschs, die teils in *Spektrum Iran*, teils in anderen – zumeist eher entlegenen – Publikationsorganen erschienen waren. Thematisch ist das Buch in fünf Sektionen untergliedert: I. „Über Metaphysik und islamische Theologie", II. „Über

ROLAND PIETSCH:

Abhandlungen zum islamischen Geistesleben

VIII, 408 Seiten, Geb. m. Abb.,
Wiesbaden: Harrassowitz, 2024,
ISBN 978-3-447-12266-5

islamische Mystik", III. „Beziehungen zum Islam und zur islamischen Mystik", IV. „Über persische Dichtkunst", V. „Über iranische Landschaften". Pietschs Interessen entsprechend liegt der Gesamtschwerpunkt auf der persischen Geisteswelt sowie deren Rezeption.

Die ersten beiden Teile kreisen einerseits um einzelne Gestalten aus dem Umfeld von islamischer Philosophie und Mystik (z. B. Mullā Ṣadrā, Avicenna, Ibn ʿArabī, aber auch unbekanntere wie Abū ʿAlī Miskawaih oder Ḫwāǧa ʿAbdullāh Anṣārī), andererseits um Grundaspekte des schiitischen Islam, ferner um das perennialistische Paradigma von der inneren Einheit der Religionen. Die folgenden beiden Teile handeln von der abendländischen Rezeption islamischen Denkens vom Mittelalter bis in die Moderne. Das Spektrum reicht hier von Kaiser Friedrich II. über Jakob Böhme und Hegel bis hin zu verschiedenen Übersetzern persischer Literatur und Dichtung (z. B. Carl Hermann Ethé, Josef Görres, Ottokar Maria Freiherr von Schlechta-Všehrd). Originell sind auch zwei Beiträge zur Auseinandersetzung mit dem Islam im slavischen Umfeld, und zwar einerseits bei dem bedeutenden russischen Religionsphilosophen Vladimir Sergeevič Solov'ev, andererseits zur Hafis-Rezeption in der Ukraine. Pietschs vielfältige Kenntnisse über die unterschiedlichsten Traditionen erlauben ihm immer wieder die Erhellung derartiger überraschender Konstellationen und Brückenschläge.

Eine schöne Ergänzung zu den im engeren Sinne die islamische *Geistes*welt thematisierenden Texten bieten die in die fünfte Sektion aufgenommenen Beiträge. Sie beleuchten das Wirken zweier illustrer Gestalten: Oskar von Niedermayer und Alfons Gabriel. Beide unternahmen abenteuerliche Reisen und durchquerten iranische Wüstenlandschaften, ersterer in zwei Expeditionen im Vorfeld und während des Ersten Weltkriegs, letzterer in drei Expeditionen in den 1920er- und 30er-Jahren. Ihre Reiseberichte zählen zu den faszinierendsten Schilderungen von Landschaften, Städten und Menschen des damaligen Persien.

Besondere Erwähnung verdient schließlich auch die als Anhang beigefügte Übersetzung der Schrift *Der Zusammenfluss zweier Meere* des Mogulprinzen DĀRĀ SHOKŪH. Diese Mitte des 17. Jahrhunderts entstandene Schrift unternimmt einen Vergleich zwischen islamischen und hinduistischen Grundkonzepten und versucht, deren Konvergenz aufzuzeigen. Sie ist damit eines der wenigen Zeugnisse einer vormodernen, von islamischer Seite ausgehenden und unter perennialistischen Vorzeichen vorgenommenen Komparatistik.

Alles in allem deckt Pietsch in dem Band ein weites Themenspektrum ab und gewährt dem Leser einen breiten Einblick in die Vielzahl seiner geistigen Interessen. Dass diese Texte nun in gesammelter Form vorliegen, ist auch deshalb zu begrüßen, weil so der rote Faden, der sich durch Pietschs langjährige Beschäftigung mit der islamischen Überlieferung und deren Rezeption zieht, noch besser kenntlich wird.

Roland Pietsch

Über den Gegensatz von Gut und Böse im Menschen und der Welt

Jakob Böhmes Lehre vom Ursprung des Bösen

as Böse ist nicht nur ein Mangel oder eine Beraubung des Guten (privatio boni)[1], sondern vielmehr eine furchtbare Macht, die Kriege, Feindschaft und unermessliches Elend und Verderbnis immer von Neuem über die Menschheit bringt. Von Philosophen und Theologen ist da-

---

1   Augustinus, *Confessiones*, 3, 7, 12. Vgl. auch Friedrich Billicsich, *Das Problem der Theodizee im philosophischen Denken des Abendlandes*, 1. Band: *Von Platon bis Thomas von Aquin*, Innsbruck / Wien / München 1936; Ders., *Das Problem des Übels in der Philosophie des Abendlandes*, 2. Band: *Von Eckehart bis Hegel*, Wien / Köln 1952; Ders., *Das Problem des Übels in der Philosophie des Abendlandes*, 3. Band: *Von Schopenhauer bis zur Gegenwart*, Wien 1959. Vgl. auch Rolf Schönberger, „Die Existenz des Nichtigen. Zur Geschichte der Privationstheorie". In: *Die Wirklichkeit des Bösen. Systematisch-theologische und philosophische Annäherungen*, Hrsg. von Friedrich Hermanni und Peter Koslowski, München1998, S.15–47.

rüber viel nachgedacht und geschrieben worden, aber keiner von ihnen hat die Frage nach dem Ursprung des Bösen auf der Grundlage der geoffenbarten Gottesweisheit (Theo-Sophia) so tiefgehend beantwortet wie der Mystiker und Theosoph Jakob Böhme (1575–1624).

1. Die Grundlage von Jakob Böhmes Gottesweisheit

Die Grundlage für Jakob Böhmes Antwort ist in der Gottesweisheit (Theo-Sophia) enthalten, die ihm in einer gewaltigen geistigen Schau im Jahr 1600 zuteil wurde. Diese Gottesweisheit besteht im Wesentlichen darin, „daß der Mensch erkenne, daß das Wissen nicht sein, sondern GOttes sey, daß GOtt in der Seele des Menschen wisse, was und wie Er will"[2]. Oder kurz: „GOtt hat mir das Wissen gegeben. Nicht ich, der ich der Ich bin, weiß es, sondern GOtt weiß es in mir"[3]. Böhme beschreibt 1612 in seinem ersten Werk *Aurora oder Morgenröthe im Aufgang*, zuerst den Zustand vor seiner geistigen Schau: Ich „bin endlich gar in eine harte Melancholey und Traurigkeit gerathen, als ich anschauete die grosse Tieffe dieser Welt, darzu die Sonne und Sternen, sowol die Wolcken, darzu Regen und Schnee, und betrachtete in meinem Geiste die gantze Schöpfung dieser Welt. Darinnen ich dann in allen Dingen Böses und Gutes fand, Liebe und Zorn; in den unvernünftigen Creaturen, als in Holtz, Steinen, Erden und Elementen sowol als in Menschen und Thieren"[4].

---

2   Böhme, ep.12, 11. Die Zitierung erfolgt nach Jakob Böhmes *Sämtlichen Schriften*, Faksimile-Neudruck der Ausgabe von 1730 in elf Bänden, begonnen von August Faust, neu herausgegeben von Will-Erich Peuckert, Stuttgart 1955–1961.
Es gelten folgende Abkürzungen:
Clavis = Cl; Dreifaches Leben des Menschen = 3fL; Drei Prinzipien = 3P;
Gnadenwahl = Gw; Mysterium Magnum = Mm; Morgenröte = Mr;
Menschwerdung Jesu Christi = Mw; 6 theosophische Punkte = 6Pk;
Signatura Rerum = Sg; Tafeln der 3 Prinzipien = Tab;
177 theosophische Fragen = Th.Fr.
3   Böhme, Mr, Rechenschaft des Schreibens 1.
4   Böhme, Mr, 19, 4 f.

Dann schildert Böhme das eigentliche Durchbruchserlebnis, das ihn „bis in die innerste Geburt der Gottheit"[5] führt. Neun Jahre später schildert er das Erlebnis dieser Schau noch einmal: „Dann ich sahe und erkante das Wesen aller Wesen, den Grund und Ungrund: Item, die Geburt der H. Dreyfaltigkeit, das Herkommen und den Urstand dieser Welt, und aller Creaturen, durch die Göttliche Weisheit: Ich erkante, und sahe in mir selber alle drey Welte, als (1.) die Göttliche Englische oder Paradeisische; Un dann (2.) die finstere Welt, als den Urstand der Natur zum Feuer; Und zum (3.) diese äussere, sichtbare Welt, als ein Geschöpf und Ausgeburt, oder als ein ausgesprochen Wesen aus den beyden inneren geistlichen Welten. Ich sahe und erkante das gantze Wesen in Bösem und Guten, wie eines von dem andern urständete, und wie die Mutter der Gebärerin wäre, daß ich mich nicht allein hoch verwunderte, sondern auch erfreuete"[6]. Um die Bedeutung von Böhmes Aussagen über Gut und Böse und damit verbunden die Frage nach dem Anfang oder Ursprung des Bösen verstehen zu können, wird zunächst ein kurzer Überblick über das Ganze der Gottesweisheit (Theosophie) Jakob Böhmes gegeben.

2. Ein Überblick über das Ganze von Jakob Böhmes Gottesweisheit

Zur Gottesweisheit gehören 1. Die Lehre vom Ungrund und der klaren Gottheit, 2. Die Lehre von der ewigen Natur und den drei Prinzipien, 3. Die Lehre von der Schöpfung der Engel, der Welt und des Menschen und 4. Die Lehre von der Wiedergeburt. Die Lehre von der klaren Gottheit und der ewigen Natur beinhalten innergöttliche Offenbarungsstufen jenseits von Raum und Zeit, während die Schöpfung der Welt sich in Raum und Zeit ereignet. Weil das menschliche Denken nicht imstande ist, Überzeitliches unmittelbar zu erfassen, beschreibt Böhme die innergöttlichen gleichewigen Offenbarungen nacheinander.

---

5   Böhme, Mr, 19, 11.
6   Böhme, ep. 12, 8.

2. 1. Der göttliche Ungrund und die klare Gottheit

Für Böhme ist alles in der Selbstoffenbarung oder Selbstgebärung Gottes gegründet. Dieser Gott in seiner Tiefe und Unendlichkeit hat keinen Grund und wird deshalb von Böhme auch als Ungrund bezeichnet. Die absolute Wirklichkeit des Ungrundes kann sich aber nicht offenbaren, weil jede Offenbarung die Unterscheidung zwischen Inhalt und Offenbarung voraussetzt. Eine solche Unterscheidung innerhalb der absoluten Wirklichkeit würde die unbedingte Freiheit aufheben und eine erste Bedingung schaffen. Demnach ist der Ungrund „Nichts und das Alles, und ist ein Einiger Wille, in deme die Welt, und die gantze Creation lieget"[7]. Böhme erklärt den Übergang vom Ungrund zum einigen Willen, der vom Denken nicht erfasst werden kann, mit Hilfe des ungründlichen Willens. Dieser ungründliche Wille ist nicht der Ungrund selbst, sondern jener Anblick der ungründlichen Wirklichkeit, die sich offenbaren will. Der ungründliche Wille, der sich als solcher nicht unmittelbar offenbaren kann, vermittelt sich durch eine Selbstbegründung oder Selbstfassung in und durch sich selbst. So gebärt „der erste unanfängliche Einige Wille, welcher weder Böse noch Gut ist ... in sich das Eine ewige Gute, als einen faßlichen Willen, welcher des ungründlichen Willens Sohn ist, und doch in den unanfänglichen Willen Gleich-Ewig; und derselbe andere Wille ist des ersten Willens ewige Empfindlichkeit und Findlichkeit, da sich das Nichts in sich selber zu Etwas findet: und das Unfindliche, als der ungründliche Wille, gehet durch sein ewig Gefundenes aus, und führet sich in ewige Beschaulichkeit seiner selber. Diesen Vorgang der Selbstfassung und Selbstfindung erklärt Böhme auch mit Hilfe der göttlichen Dreiheit: Der ungründliche unfassliche Wille heißt Vater, der gefasste Wille, der mit dem unfasslichen Willen des Vaters gleich-ewig ist, heißt Sohn und der Ausgang des unfasslichen Willens durch den fasslichen Willen oder Grund heißt Geist. „Dieses dreyfal-

---

7   Böhme, Gw, 1, 3.

tige Wesen in seiner Geburt, in seiner Selbst-Beschaulichkeit der Weisheit, ist
von Ewigkeit je gewesen, und besitzt in sich selber keinen andern Grund noch
Stätte, als nur sich selber; es ist ein Einig Leben, und ein einiger Wille ohne
Begierde, und ist weder Dickes noch Dünnes, weder hoch noch tief; es ist kein
Raum, Zeit noch Stätte, besitzet auch in sich weder Dickes noch Dünnes, weder Höhe noch Tieffe, noch Raum oder Zeit, sondern ist durch alles in allem,
und dem Allem doch als ein unfaßlich Nichts"[8].

In dieser ersten Phase der Selbstoffenbarung Gottes, die Böhme als klare
Gottheit, ewige Freiheit, ewige Dreiheit oder Dreizahl, ewigen Verstand oder
freie Lust bezeichnet, herrscht einzig und allein der „einige Wille, nemlich der
einige GOtt, welcher sich in eine Dreyheit selber einführet, als in eine Faßlichkeit seiner selber; (welche Faßlichkeit das Centrum, als ewige gefassete Eine
ist) und wird das Hertze oder der Sitz des ewigen Willens GOttes geheissen, da
sich der Ungrund in Einen Grunde besitzet, welches die einige Stätte GOttes
ist, und doch in keine Theilichkeit oder Schiedlichkeit, auch gantz unmeßlich,
ohne einige Form oder Gleichheit) denn es ist nichts darvor, damit es möchte gegleichet werden"[9].

In dieser ersten Phase der Selbstoffenbarung Gottes, in der sich Gott aus
seiner Unbedingtheit in die Selbstbedingtheit seines innersten Grundes Mitte
oder Herzens vermittelt, gibt es keine Gegensätze, denn die Fülle und Vielheit
aller Eigenschaften und Kräfte liegt noch still und ungeschieden in der einen
Kraft des ungründlichen Willens. Aus dieser ungeschiedenen Einheit offenbaren sich die Kräfte und Eigenschaften in ihrer Vielheit zunächst als rein geistige Möglichkeiten. Dann treten auch die ersten Gegensätze auf, wenn nämlich aus dem Willen die Begierde hervorgeht. Damit tritt die Selbstgebärung
oder Selbstoffenbarung Gottes in die nächste Phase, die als die ewige Natur
bezeichnet wird.

---

8 Böhme, Gw 1, 7.
9 Böhme, Gw, 1, 9.

2. 2. Die Geburt der ewigen Natur

Durch die Selbstfassung des ungründlichen Willens, das heißt durch die Eingangs- und Ausgangsbewegung dieses Willens entsteht die Lust, die in der klaren Gottheit ruhende innere verborgene Fülle von Eigenschaften und Kräften zu offenbaren und auszusprechen. Die Lust dazu weckt die Begierde, die „das Centrum Naturae machet"[10]. Das Begehren zieht sich in sich zusammen: „und da es doch nichts hat als sich selber, und das Angezogene ist des Begehrens Schwängerung, und machet das Begehren voll; und da es doch nichts ist als eine Finsterniß, denn das Angezogene ist dicker als der Wille, darum ists des dünnen Willen Finsterniß: dann der Wille ist dünner als ein Nichts, und gantz stille, aber das Begehren macht ihn voll"[11]. Durch diese Bewegungen des Begehrens entsteht die ewige Natur, in der ihre sieben Gestalten oder Eigenschaften zusammenwirken, und sie bilden die gesamte überräumliche und überzeitliche Wirklichkeit der ewigen Natur in Gott. Außer der Bezeichnung *Eigenschaften* gebraucht Böhme noch andere Bezeichnungen, nämlich *Qualitäten, Haupt-Gestalten, Quellgeister, Species, Gradus, Geister, Haupt-Quellen* und *Naturgeister*. Diese sieben Eigenschaften der ewigen Natur sind in ihrer linearen Reihenfolge: 1. Die Begierde, 2. Die Beweglichkeit der Begierde, 3. Die Angst, 4. Das Feuer, 5. Liebe-Begierde, 6. Schall, Wort, 7. Wesen, Gehäuse. Die einzelnen Bedeutungen dieser Eigenschaften oder Gestalten hat Böhme in folgender Weise kurz beschrieben und zusammengefasst:

2. 2. 1. Die erste Eigenschaft oder Gestalt

Die erste Eigenschaft oder Gestalt der ewigen Natur ist Begierde. Sie entsteht durch die Bewegung des ungründlichen Willens, „da der Wille etwas seyn will,

---

10 Böhme, Mw, 2, 8, 9.
11 Böhme, 3fL, 2, 13.

und hat doch Nichts, daraus es ihm etwas mache"[12], so fasst er sich selbst; weil er aber nichts findet, zieht er sich selber in sich zusammen und ist finster. Von diesem durch das Begehren zusammengezogenen finster gewordenen Willen, der in sich Herbe, Schärfe und Härte bildet, will sich der erste Wille wieder befreien, denn er begehrt das Licht.

2. 2. 2. Die zweite Eigenschaft oder Gestalt

Aus diesem Gegensatz entsteht die zweite Eigenschaft oder Naturgestalt, die von Böhme als Bewegung oder Bewegnis bezeichnet wird. Diese Bewegung zerbricht die Härte, „zerscheidet [zertrennt] die angezogene Begierde, und bringet sie in Vielheit"[13] und erweckt zugleich auch das Leben. Während sich also der Wille in der ersten Naturgestalt zusammenzieht, breitet er sich in der zweiten Naturgestalt aus.

2. 2. 3. Die dritte Eigenschaft oder Gestalt

Indem beide Gestalten gegeneinander wirken, entsteht die dritte Eigenschaft in Gestalt der ewigen Natur, die Böhme als Angst oder Angst-Qual bezeichnet. Die Angst entsteht dadurch, dass sich die Begierde in sich selber zusammenzieht und hart wird. „Die Härte ist haltend, und das Ziehen [der Bewegung] ist fliehend; Eins will in sich, und das Ander will aus sich: So es aber nicht voneinander weichen und sich trennen kann, so wird's ineinander gleich einem drehenden Rade"[14]. Böhme betont in diesem Zusammenhang, dass diese drei ersten Naturgestalten nicht Gott selber sind, sondern sie sind Kundgebungen der ungründlichen Willensbewegungen.

---

12 Böhme, Cl, 38.
13 Böhme, Cl, 30.
14 Böhme, Mm, 3, 15.

2. 2. 4. Die vierte Eigenschaft oder Gestalt

Auf die dritte Gestalt folgt das Feuer oder der Feuerblitz als die vierte Gestalt. Der Blitz entsteht aus der Sehnsucht der Angst, wieder in die ewige Freiheit des Ungrundes zu gelangen. Im rasenden Drehen des Angst-Rades der dritten Gestalt wird die Herbigkeit oder Herbe finster, aber „der bittere Stachel im Rade zersprenget die Finsterniß: Also erscheinet des stillen Willens Freyheit in dem Rade der Wirrung als ein Feuerblitz: Dann von der Herbigkeit schärfet er sich also, daß er also streng wird, denn es ist gleich als würden Stein und Stahl in einander gerieben, daß es Feuer gäbe"[15]. Damit entsteht die vierte Gestalt der ewigen Natur. „Wenn der Blitz in der herben Angst so erscheinet, so ist es ein sehr großer Schrack"[16]. Denn im Blitz bricht die ewige Freiheit des göttlichen Ungrundes durch. Dieser Feuerblitz überwindet die Finsternis der ersten drei Naturgestalten. Das ist ein Vorgang „wie das Leben aus dem Tode urstände: Es wird kein Leben, es zerbreche dann das enige daraus das Leben gehen soll; Es muß alles in die Angst-Kammer ins Centrum eingehen, und muß den Feuer-Blitz in der Angst erreichen, sonst ist keine Anzündung, wiewol das Feuer mancherley ist, also auch das Leben: aber aus der grössesten Angst urständet auch das grösseste Leben, als aus einem rechten Feuer"[17]. Im Feuerblitz „wird der ewige Wille, der kein Grund ist, offenbar"[18]; mit anderen Worten, im Aufgang des Feuerblitzes erscheint der Ungrund, der gleichsam alle drei Naturgestalten in sich verschlingt. Im Aufgang und Durchbruch des Feuerblitzes werden drei Momente unterschieden: 1. negativ als grimmiger Feuerblitz, 2. positiv als mildes Lichtfeuer und 3. das sich wandelnde Feuer mit den beiden Möglichkeiten des Blicks[19]. Weil im Durchbruch des grimmigen Feuerblitzes der Grund der drei ersten Na-

---

15 Böhme, 3fL, 2, 23.
16 Böhme, 3fL, 2, 27.
17 Böhme, Mw, 2, 5, 10.
18 Böhme, Mm, 4, 11.
19 Vgl. Hans Grunsky, *Jacob Böhme*, Stuttgart 1956, S. 213.

turgestalten gleichsam verschlungen wird, entsteht daraus ein anderer oder neuer Anfang, der drei Welten oder Prinzipien bildet, nämlich das Feuer- und das Lichtprinzip und dann mit der Schöpfung das dritte Prinzip, das seinen Anfang mit dem Anfang der Zeit genommen hat.[20] Prinzip bedeutet in diesem Zusammenhang alles das, „da sich ein Leben und Beweglichkeit findet da keines ist; das Feuer ist ein Principium mit seiner Eigenschaft, und das Licht ist auch ein Principium mit seiner Eigenschaft, denn es wird aus dem Feuer erboren, und ist doch nicht des Feuers Eigenschaft; Es hat auch sein Leben in sich, aber das Feuer ist Ursache daran; und die grimmige Angst ist eine Ursache der beyden"[21]. Im Feuerprinzip herrscht Gottes Zorn und das Höllische Feuer[22]; das bedeutet aber nicht, dass in Gott der Zorn herrscht. Vielmehr gilt: „In GOtt ist kein Zorn, es ist eitel lauterliche Liebe; Allein im Fundament, dadurch die Liebe beweglich wird, ist Zorn-Feuer, aber in GOtt ists nur eine Ursache der Freudenreich und der Kräfte; und im Centro des Zorn-Feuers ist die gröste erschrecklichste Finsteniß, Pein und Quaal"[23]. Beide Anfänge oder Prinzipien sind „einander wie Tag und Nacht, da keines das ander begreiffen mag, sondern eines wohnet im andern"[24]. Beide Prinzipien bezeichnet Jakob Böhme auch als Ja und Nein. „Das Eine, als das Jah ist eitel Kraft und Leben, und ist die Wahrheit GOttes oder GOtt selber ... Das Nein ist ein Gegenwurf des Jah, oder Wahrheit, auf daß die Wahrheit offenbar, und etwas sey, darinnen ein Contrarium sey, darinnen die ewige Liebe wirckend, empfindlich, wollende, und das zu lieben sey. Und können doch nicht sagen, daß das Jah vom Nein abgesondert, und zwei Dinge neben einander sind, sie sind nur Ein Ding, scheiden sich aber selber in 2 Anfänge (Principia) und machen zwey Centra, da ein iedes in sich selber wircket und will. Gleichwie der Tag in der Nacht, und die Nacht in dem Tage zwey Cen-

20 Vgl. Böhme, Mm, 11, 12.
21 Böhme, 6Pk, 1, 2, 1.
22 Vgl. Böhme, Th.Fr, 3, 15.
23 Böhme, Th.Fr, 3, 27.
24 Böhme, Th.Fr, 3, 28.

tra sind, und doch ungeschieden, als nur mit Willen und Begierde sind sie geschieden"[25].

Dieses Ineinander und die Verwandlung von Feuer in Licht hat Böhme mit einem Gleichnis zu verdeutlichen versucht. An einer brennenden Kerze kann beobachtet werden, wie „das Feuer die Kertze in sich zeucht und verzehret, alda das Wesen erstirbet, das ist, in dem Sterben der Finsterniß sich im Feuer in einen Geist, und in eine andere Qual (als im Lichte verstanden wird) transmutiret; da man in der Kertzen kein recht fühlich Leben verstehet, aber mit des Feuers Anzündung sich in das Ens der Kertzen in die Verzehrung in ein peinlich fühlich Weben und Leben einführet, aus welchem peinlichen, fühlenden Leben das Nichts, als das Eine, in einem grossen Gemach scheinlich und lichte wird"[26]. Dieses Gleichnis zeigt, dass sich die Finsternis vertikal in Licht verwandelt. Dazu muss noch einmal betont werden, dass es sich bei dieser Verwandlung (transmutatio) nicht um ein Nacheinander handelt, sondern vielmehr um einen gleichewigen Vorgang, der jeglichen Dualismus in Gott ausschließt und der als solcher vom begrifflichen Denken nicht erfasst werden kann.

2. 2. 5. Die fünfte Eigenschaft oder Gestalt

Die fünfte Gestalt ist „das wahre Liebe-Feuer, das sich in dem Lichte aus dem peinlichen Feuer scheidet, darinnen nun die Göttliche Liebe im Wesen verstanden wird"[27]. Diese fünfte Gestalt „hat alle Kräften der Göttlichen Weisheit in sich, und ist das Centrum, darinnen sich GOtt der Vater in seinem Sohne durchs sprechende Wort offenbaret"[28].

---

25 Böhme, Th.Fr. 3, 2f. Diese Zusammenhänge werden durch die altchinesische Symbolik der Yin-Yang-Lehre sehr klar und deutlich veranschaulicht. Vgl. R. Pietsch, „Wandlungen und Verwandlungen der Gegensätze. Zhou Dunyi: Yin Yang – Jakob Böhme: Feuer- und Lichtprinzip. Eine Gegenüberstellung", in: *Gnostika* 69 (2023), S. 43–57.
26 Böhme, Gw 2, 15.
27 Böhme, Gw, 3, 26.
28 Böhme, Gw, 3, 29.

2. 2. 6. Die sechste Eigenschaft oder Gestalt

Alle fünf Gestalten oder Eigenschaften, die im Licht stehen, freuen sich, und dadurch wird ihre Kraft in der sechsten Gestalt als Laut, Ton, Hall oder Schall lautbar „und freuen sich alle Eigenschaften ineinander, je eine der andern, und also führet sich die Liebe der Einheit in Wircken und Wollen"[29].

2. 2. 7. Die siebente Eigenschaft oder Gestalt

Nach dem Laut, Ton, Hall oder Schall vollendet sich der Reigen der sieben Gestalten in der siebenten Naturgestalt. Sie ist das Wesen, in der alle anderen Gestalten ineinander verbunden sind und wirken. In der siebenten Gestalt wird das dritte Prinzip offenbart, sofern alle sieben Gestalten in ein Wesen gebildet werden, „welch Wesen in sich selber heilig, rein und gut ist, und der ewige, ungeschaffene Himmel heisset, als die Stätte GOttes, oder das Reich GOttes"[30]. Das dritte Prinzip ist „aus dem ersten Principio der peinlichen, finstern Feuer-Welt, und aus der heiligen licht-flammenden Liebe-Welt ausgesprochen"[31]. Diese drei Prinzipien verknüpft Böhme mit der Heiligen Dreifaltigkeit, die aufgrund der ewigen Natur in Gott aus dem Bereich des Möglichen in den Bereich der äußeren Wirklichkeit hervorzutreten vermag. Die erste Person ist Gott der Vater, der Schöpfer aller Dinge, der seinen Sohn von Ewigkeit aus sich geboren hat. Die dritte Person ist der Heilige Geist, der vom Vater und vom Sohn ausgeht. Der Vater entspricht dem ersten Prinzip, und der Sohn entspricht dem zweiten Prinzip. Wenn dieses zweite Prinzip nicht „in der Geburt des Sohnes anbräche und aufginge, so wäre der Vater ein finsteres Thal. Also siehest du ja (2) daß der Sohn, welcher des Vaters Hertze, Liebe, Licht, Schöne und sanfte Wolthun ist, in seiner Geburt

---

29 Böhme, Tab, 48.
30 Böhme, Gw, 4, 10.
31 Böhme, Gw, 4, 11.

ein ander Principium aufschleust ... Nun siehest du ja auch wol (3) wie der H. Geist vom Vater und Sohne ausgehe"[32] und auf diese Weise die Grundlage für das dritte Prinzip darstellt. Dieses Prinzip wird von Böhme im Zusammenhang mit der siebenten Naturgestalt auch als wesentliche Weisheit bezeichnet. „Die siebente Eigenschaft ist das Wesen, als ein Subjectum oder Gehäuse der andern sechs, darinen sie alle wesentlich sind, wie die Seele mit dem Leibe, und ist vornemlich nach der Licht-Welt das Paradeis oder grünende wirckende Kraft damit zu verstehen; ... und in der siebenten stehen alle Eigenschaften im Temperamento [im rechten Maß], als in einem einigen Wesen; Gleichwie sie aus der Einheit alle entspringen, also gehen sie wieder alle in Einen Grunde ein"[33].

3. Die Schöpfung

Mit der Schöpfung offenbart sich Gott aus seiner Ewigkeit „auch aus sich"[34] in der äußeren zeitlichen Natur. Diese äußere von Gott geschaffene Natur oder Welt spiegelt die ewige Natur wider. Allerdings ist geschaffene Natur durch den zerstörerischen Einfluss Lucifers in ihrem äußeren Bereich beschädigt. Die äußere Natur oder Welt besteht in sieben Eigenschaften oder Gestalten. Alle sieben Eigenschaften in der äußeren Welt „begreiffen in ihrem Cirk oder Raum den Himmel und diese Welt, und die Weite und Tieffe ausser und über den Himmel über der Welt, unter der Welt und in der Welt; ja den gantzen Vater, der weder Anfang noch Ende hat. Sie begreiffen auch alle Creaturen im Himmel und in dieser Welt; und alle Creaturen im Himmel und in dieser Welt sind aus diesen Geistern [Eigenschaften] gebildet, und leben darinnen als in ihrem Eigenthum: Und ihr Leben und Vernunft wird auf eine solche Weise in ihnen geboren, wie das Göttliche Wesen geboren wird, und auch in dersel-

---

32 Böhme, 3P, 4, 58.
33 Böhme, Cl, 73.
34 Böhme, 6Pk, 1, 2, 19.

ben Kraft. Und aus demselben Corpus der 7 Geister GOttes sind alle Dinge gemacht und herkommen, alle Engel, alle Teufel, der Himmel, die Sternen, die Elements"[35] und die Menschen und alles, was da ist. Die Schöpfung erfolgt in drei Stufen 1. Die Erschaffung der Engel, 2. Der Abfall Lucifers und 3. Die eigentliche Weltschöpfung.

3.1. Die Erschaffung der Engel

Gott hat die Engel aus allen sieben Eigenschaften oder Qualitäten geschaffen. Der Schöpfungsakt besteht darin, dass durch das Zusammenziehen der Qualitäten gleichsam eine Vertrocknung bewirkt wird, die eine himmlische Substanz bildet, welche den ganzen Kosmos belebt. Diese Substanz wird von Böhme als Salitter bezeichnet. Aus ihr werden die Engel erschaffen. Das Wort Salitter setzt sich aus Sal = Salz und Nitrum = Natron zusammen und bedeutet wörtlich Salpeter. Für Böhme bezeichnet es den Vorgang. wie „aus dem ewigen Centro Naturae das andere Principium aus dem ersten ausgrünet, gleichwie das Licht aus dem Feuer, da 2 Geister verstanden werden, als (1) ein hitziger, und (2) ein luftiger: da in dem Luft-Leben das rechte Wachsen stehet, und in dem Feuer-Leben die Ursache der Qualität. Also wenn geschrieben ist: Die Engel sind aus GOtt geschaffen; so wird's verstanden aus GOttes ewiger Natur, darinnen man 7 Gestalten verstehet; und wird doch die Göttliche, heilige Natur nicht verstanden im Feuer, sondern im Lichte. Und gibt uns das Feuer ein Geheimnis der ewigen Natur, und auch der Gottheit da man 2 Principia verstehet, zweyerley Quell; eine hitzinge, grimmige, herbe, bittere, ängstliche, verzehrende im Feuer Quelle; und aus dem Feuer das Licht, welches im Feuer wohnet, und wird doch vom Feuer nicht ergriffen; und hat eine andere Quelle als die Sanftmuth, darinnen eine Begierde der Liebe ist: da denn in der Liebe-Begierde ein anderer Wille, als das Feuer hat, verstanden wird"[36]. So wie

---

35 Böhme, Mr, 9, 4.
36 Böhme, Mr, 11, 47. Später von Böhme eingefügte Anmerkung, die nur in der Ausgabe

diese Engel aus allen Kräften, aus allen sieben Gestalten und den drei Prinzipien erschaffen worden sind, so gestaltet Gott gemäß der Dreiheit seines göttlichen Wesens jeden Engel dreifaltig und ordnet die Gesamtheit der Engel in drei Königreiche. Das erste Königreich ist nach dem König oder Großfürsten Micha-El benannt. Micha-El bedeutet Gottes Stärke und Kraft und steht nach Qualität, Art und Eigenschaft des Vaters im Bereich der geschaffenen Engel.[37] Der zweite und schönste unter den drei Königsengeln ist der nach Qualität, Art und Eigenschaft des göttlichen Sohnes geschaffene König Luzifer [Lichtträger], der dem zweiten englischen Königreich vorsteht[38]. Das dritte Königreich ist nach dem Engel Uri-El benannt und nach Art und Eigenschaft des Heiligen Geistes gebildet.[39] Während die Reiche Micha-Els und Uri-Els von Böhme über dem Bereich des erschaffenen Himmels betrachtet werden, befand sich das Reich Luzifers an jenem Ort, wo sich heute das sichtbare Universum befindet. Alle drei Reiche bildeten vor der Rebellion und dem Sturz Luzifers eine lebendige lichtvolle Einheit. Die Erschaffung der Engel bedeutet grundsätzlich, dass sich der ungründliche Gott mit seinen geoffenbarten Eigenschaften in seinen Engeln eingeführt hat: „sie sind seine Saiten in dem allwesenden sprechenden Worte, und sind allesamt in die grosse Harmoney seines ewig-sprechenden Worts gerichtet. Also daß in allen Gradibus und Eigenschaften die Stimme des unerforschlichen GOttes offenbar und erkant werde, sie sind alle ins Lob GOttes erschaffen"[40]. Alle diese Engel haben ihren geistigen Körper „für sich", was sowohl auf die unüberbrückbare Kluft zwischen Schöpfer und Geschöpf hindeutet und zugleich auf ihr gegenseitiges Verhältnis. Im Prozess des geschöpflichen Für-Sich-Werdens ist die Möglichkeit der Verselbständigung und Abwendung gegeben, die aber nicht wirksam werden kann, solange das Band der Liebe zwischen Schöpfer und Geschöpf aufrecht-

---

sämtlicher Schriften von 1730 abgedruckt ist.
37 Vgl. Böhme, Mr, 12, 86 f.
38 Vgl. Böhme, Mr, 12, 99 f
39 Vgl. Böhme, Mr, 12, 108 f.
40 Böhme, Mm, 8, 31.

erhalten bleibt. In der Kraft dieser Liebe kann das verborgene Böse nicht offenbar werden und sich gegen Gott stellen. Wenn sich aber ein Engel wider Gott erheben will, das heißt sich gänzlich verselbständigen will, muss vorher das Band der Liebe zerrissen werden: „wenn aber das geschicht, so muß ein Geist verschmachten und verderben, glaich als wenn einem Menschen die Luft, die auch seine Mutter ist, entzogen wird, so muß er sterben; also auch die Engel können ausser ihrer Mutter nicht leben"[41].

3. 2. Luzifer und sein Fall

Nach seiner Erschaffung stand Luzifer ganz vollkommen da, „und war der schönste Fürst im Himmel, geschmückt und angethan mit der schönsten Klarheit des Sohnes GOttes. So aber Lucifer in der Bewegung der Schöpfung wäre verdorben, wie er fürgibt, so hätte er seine Vollkommenheit, Schönheit und Klarheit niemals gehabt, sondern wäre alsbald ein grimmiger finsterer Teufel gewesen, und nicht ein Cherubin"[42]. Böhme weist damit klar und deutlich den Gedanken zurück, dass bereits bei der Erschaffung Lucifers der Wandel vom Engel zum Teufel grundgelegt worden sei.

Der Engel Lucifer war wie alle anderen Engel durch seine sieben Naturgestalten oder Qualitäten, die in ihm wirkten, „mit dem gantzen GOtt verbunden, daß sie nicht sollen anders oder höher oder sehrer qualificiren als GOtt selber"[43]. Als aber Lucifer im „Spiegel eigener Erkentniß"[44] sah, „daß er also schöne ist, und hat empfunden seine innerliche Geburt und grosse Gewalt, so hat sein Geist, den er in seinem Corpus geboren hat [das heißt sein eigener freier Wille] ... sich enthebet, in willens über die Göttliche Geburt zu triumphiren, und sich über das Hertze GOttes zu erheben"[45]. Er vermochte sich

---

41 Böhme, Mr, 4, 38.
42 Böhme, Mr, 13, 90
43 Böhme, Mr, 13, 38.
44 Böhme, Mm, 9, 14.
45 Böhme, Mr, 13, 32.

aber nicht unmittelbar zu erheben, sondern musste dafür die sieben Naturgestalten anzünden. Dadurch erhoben sich auch diese Gestalten oder Quellgeister gegen Gott. „Sie wusten wol, daß sie nicht der gantze GOtt wären, sondern wären ein Stück darvon; so wusten sie auch wol, wie weit sich ihre All-
macht erstreckte: aber sie wollten nicht mehr das Alte, sondern wollten höher
seyn als der gantze GOtt und vermeinten, sie wollten ihr Revier über die gantze Gottheit über alle Königreiche haben. Darum erhuben sie sich, in willens
den gantzen GOtt zu regieren"[46]. In dieser Erhebung wurden alle sieben Naturgestalten Luzifers von ihm angezündet und verbrannten, sodass aus ihm
ein schwarzer Teufel wurde[47].

Von diesen sieben angezündeten Naturgestalten wurden vier negative Kräfte geboren, die das böse Wirken Luzifer maßgeblich bestimmt haben,
nämlich Hoffart, Geiz, Neid und Zorn. Doch trotz aller Anstrengungen vermochte Luzifer die Gottheit nicht zu überwinden: „Nein, sondern er hat den
Zorn GOttes angezündet, welcher wol in Ewigkeit hätte im Verborgen geru-
het; und hat aus dem Salitter GOttes eine Mordgrube gemacht: denn wenn
man Feuer ins Stroh stecket, so brennet es"[48]. Die Anzündung erfasst auch
alle sieben Naturgestalten: „aber nur in der äusserlichen und begreiflichen
Qualificirung [Wirkungsweise]. Denn das Hertze konnte der Teufel nicht be-
rühren: so konte er auch die innerste Geburt der Quellgeister nicht berüh-
ren, denn seine Herrlichkeit der 7 Geister war im ersten Blitz des Anzündens
schon erstorben"[49]. Als in der Folge Lucifer „aus dem Licht verstossen ward,
fiel er in das Reich der Phantasey, ins Centrum der Natur, ausser der Tempe-
ratur in die Finsterniß. ... Denn das ist Lucifers Fall, daß er mit eigenem Willen
das Reich der Phantasey in seiner Creatur offenbarte"[50]. Durch den Fall Luzi-

---

46 Böhme, Mr, 14, 14 f.
47 Vgl. dazu Ananda K. Coomaraswamy, „Wer ist der ‚Teufel' und wo ist die ‚Hölle'". Aus
    dem Englischen übersetzt von Felix Herkert, in: Gnostika 65 (2010), S. 71–84.
48 Böhme, Mr, 16, 59.
49 Böhme, Mr, 16, 63.
50 Böhme, Mm, 4, 29.

fers aus dem Lichtreich in die Finsterwelt zog er das höllische Reich in die kreatürliche Nachmodelung oder Nachformung des Lichtreiches und zündete es mit seinem Grimm- oder Zornfeuer an, wodurch die „alleräusserste Materiam der Erden"[51] entstanden ist. In dieser äussersten Materia, das heißt in der Erde gibt es nun zum ersten Mal Gutes und Böses. Und Böhme stellt grundsätzlich fest: „Also ist König Lucifer ein Anfang der Sünden, und ein Stachel des Todes, und eine Anzündung des Zorns GOttes, und Anfang alles Bösen, eine Verderbung dieser Welt; und was je Böses geschicht, da ist er der erste Ursacher dran"[52].

4. Die Schöpfung dieser Welt

Die Folgen der Anzündung des Zorn-Feuers in der äußeren Natur sind furchtbar. Als Gegenschlag gegen den Fall Luzifers erfolgt die Schöpfung dieser Welt, die ein „Bildniß und Gleichniß"[53] der ewigen Natur ist, wobei die Bosheit und der Böse selbst nicht vernichtet werden. Böhme verneint in diesem Zusammenhang eine creatio ex nihilo, denn wo „Nichts ist, da wird auch nichts; alles Ding muß eine Wurtzel haben, sonst wächst nichts: wären nicht die 7 Geister der Natur von Ewigkeit gewesen, so wäre kein Engel, auch kein Himmel, und auch keine Erden worden"[54]. Die Erde, in welche sich die lebendig machenden Wurzeln der sieben Naturgestalten zur Schaffung der Welt einsenken können, ist der verbrannte Salitter der äußersten Geburt. Gerade diese durch das Böse hervorgerufenen Verwüstungen bilden von nun an eine Seite des neuen, von den sieben Naturgestalten wiedererweckten Lebens mit ihrem Neben- und Ineinander von Gut und Böse in der verdorbenen äußeren Natur. Durch das Eingreifen Gottes wird die Welt aus einem dumpfen vor sich Hindämmern herausgerissen und damit der Fortgang der Schöpfung gewährleis-

---

51 Böhme, Tab, 60.
52 Böhme, Mr, 16, 87.
53 Böhme, 6Pk, 1, 2, 15.
54 Böhme, Mr, 19, 56.

tet. Böhme folgt bei der Darstellung des Schöpfungsvorgangs weitgehend dem biblischen Bereich. Weil er diesen Bericht aber im Licht seiner geistigen Schau betrachtet, kommt es zu Abweichungen und Ergänzungen, auf die hier im Einzelnen nicht einzugehen erforderlich ist. Böhmes eigenständige Deutung von der Schöpfung dieser Welt enfaltet sich auf der Grundlage zweier Prinzipien, nämlich von Licht und Finsternis oder Liebe und Zorn, die miteinander verflochten sind. Gerade dieses Verflochtensein macht das Neue der geistigen Schau Böhmes aus. Zwischen Liebe und Zorn besteht keine Wesensgleichheit, die aber auch nicht als ein starres Nebeneinander verstanden werden darf. Denn diese Welt ist aus dem Ineinander von Liebe und Zorn oder Gut und Böse gebildet und bewegt sich auf eine künftige und endgültige Entscheidung zu. Der Zorn oder das Böse in dieser Welt ist aber nicht nur einer in die Grundbestandteile dieser Welt eingemengter Rückstand aus dem verbrannten Salitter, sondern aus dem Bösen oder dem Teufel selbst mit seinen dämonischen Legionen und Kräften. Dieser Teufel, oder wie die Schrift sagt, der Menschenfeind, ist mit seinem Gefolge noch in dieser Welt, aber nicht mehr mit dem göttlichen Licht verbunden. Die Entscheidung über sein Schicksal wurde bereits endgültig gefällt, jedoch noch nicht restlos vollzogen. Die bis zum Ende dieses Weltalters verbleibende Zeit bedeutet aber kein Zögern Gottes, sondern den Vollzug der Menschwerdung als Vollendung der Schöpfung.

5. Die Erschaffung des Menschen

Die Erschaffung des Menschen steht für Böhme mit der Verstoßung Luzifers aus dem Bereich der ewigen Natur in engstem Zusammenhang, „denn GOtt hat an des verstossenen Lucifers Legionen Stelle, aus demselben Loco, darinnen Lucifer saß, und daraus er gemacht ward, einen andern Engel gemacht; das war Adam"[55]. Dieser erste Mensch Jungfrau Sophia musste aber alle drei

---

55 Böhme, Mr, 5, 4.

Prinzipien in sich haben, „sollte er GOttes Gleichniß seyn; (1) Die Quall der Finsterniß, und (2) auch des Lichtes, und (3) auch die Quall dieser Welt: und sollte doch nicht in allen dreyen leben und qualificiren, sondern in einer, als in der Paradeisischen, in welcher sein Leben aufging"[56]. Diese drei Prinzipien befanden sich im ersten Menschen in vollkommenem Gleichgewicht, „aber ausser ihme nicht; auch so ward der Teufel in GOttes Zorne im ersten Principio geschäftig mit seiner falschen Begierde, und führete seine Imagination stets in die Seele, und in das äussere Fleisch, als in den Limus der Erden, und in das erste Principium, als in die feurische Eigenschaft der Seelen, in die ewige Natur ein, davon das erste Principium in der Seelen beweget ward, sich in des Teufels Einbildung zu bespeculiren, als in der Magischen Geburt zu beschauen, wie auch was Böses und Gutes wäre, wie es in der Ungleichheit der Essentz schmeckte und wäre; davon die Lust in der Seelen entstund"[57].

Durch diese Lust wurde die äußere Seele erweckt, „daß der Hunger in ihre Mutter einging, daraus sie war gezogen, und in eine andere Qual eingeführet worden"[58], nämlich in die verdorbene tote Erde, sodass die Begierde den Versuchsbaum hervorbrachte. Da erging das strenge Gebot an Adam, nicht vom Baum der Erkenntnis von Gut und Böse zu essen. Adam aß aber nicht mit seinem Mund, sondern mit seiner Imagination. Dadurch zerbrach die Harmonie und das Gleichgewicht im ersten Menschen, in dem der äußere Mensch aufwachte und zu herrschen begann. Die Jungfrau Sophia wandte sich von ihm ab, und er sank bewusstlos in einen tiefen Schlaf, der den Verlust vom Wissen des göttlichen Freudenreichs versinnbildlicht. Zugleich wurde sein Leib zu „Fleisch und Blut"[59]. Dem einsam gewordenen Adam schafft Gott mit Eva eine Gefährtin. Der Mensch ist nun in Mann und Frau gespalten und aus der göttlichen Welt in die äußere Welt gesetzt. Verführt vom Teufel, aß

---

56 Böhme, 3P, 10, 11.
57 Böhme, Mm, 18, 29.
58 Böhme, Mr, 21, 31.
59 Böhme, 3P, 13, 2.

Adam und von den verbotenen guten und bösen Früchten vom Baum der Erkenntnis von Gut und Böse, um zu erkennen „wie alle Kräften in ihren Eigenschaften schmecken"[60]. Dadurch werden an Adam und Eva alle Eigenschaften von Gut und Böse offenbar, und sie werden endgültig irdisch und sterblich. Der Mensch fiel aufgrund seines Hochmuts in die Finsternis, ähnlich wie Luzifer. Franz von Baader (1765–1841), der Wiederentdecker Jakob Böhmes sieht aber einen „mächtigen Unterschied zwischen dem Falle Lucifer's und dem des Menschen, Lucifer fiel ascendendo, der Mensch descendendo, Lucifer aus Hochfahrt, der Mensch aus Niedertracht, Lucifer brachte die Sünde [Sünde bedeutet in diesem Zusammenhang die ethische Form des Bösen.] in die Welt, der Mensch setzte sie verführt nur fort. Darum blieb der Mensch erlösbar"[61]. Was Baaders Lehre vom Ursprung des Guten und Bösen im Menschen betrifft, so ist sie „namentlich der Kantischen, Fichteschen, Hegelschen und Schellingschen Lehre gänzlich entgegengesetzt"[62].

Der Mensch, dem die Freiheit der Entscheidung gegeben ist, wird in dieser Welt ständig von den Angriffen des Bösen bedrängt, und „er lebt in dieser Welt zwischen Gut und Böse. Wohin er sich wendet, davon wird er beeinflusst, „in heiliger oder höllischer Kraft. Denn Christus spricht: Mein Vater will den Heil. Geist geben denen, die Ihn darum bitten. (Luc 11: 13.) Auch so hat GOtt dem Menschen das Gute befohlen, und das Böse verboten, und lässet noch täglich predigen, ruffen und schreyen, und den Menschen vermahnen zum Guten. Darbey ja man wol erkennet, daß GOtt das Böse nicht will, sondern will, daß sein Reich zu komme, und sein Wallen geschehe, wie im Himmel, also auch auf Erden"[63].

---

60 Böhme, Gw, 6, 49.
61 Franz von Baader, *Sämtliche Werke*, Bd. 12, Leipzig 1855, S. 93. Im Folgenden abgekürzt: Baader, SW.
62 Baader, SW, Bd. 9, S.19. Zu Baaders Lehre vom Bösen und der Sünde siehe: Hermann Spreckelmeyer, *Die philosophische Deutung des Sündenfalls bei Franz Baader*, Würzburg 1938.
63 Böhme, Mr, Vorrede 17f.

5. 1. Vom Streit zwischen Gut und Böse im Menschen

Der Fall Luzifers und der Fall von Adam und Eva hat das Gleichgewicht der sieben Naturgestalten oder Qualitäten, aus denen der Mensch gemacht wurde, in hohem Maße gestört und böse Wirkungen von weitreichendem Ausmaß hervorgebracht. Böhme sieht diesen Streit im Grunde genommen als den „Streit des Geistes wieder das Fleisch, da das Fleisch wieder den Geist lüstert, und der Geist wieder das Fleisch"[64]. Die Frage nach dem Ursprung dieses Streits beantwortet er mit dem Hinweis auf die Begierde, die „das Centrum Naturae machet"[65], die sich vom ewigen Willen Gottes abzweigt. Während dies im Bereich der ewigen Natur in Gott den ewigen Fortgang der göttlichen Selbstoffenbarung bewirkt, führt es im Bereich des gefallenen Menschen zu einem furchtbaren Kampf zwischen Gut und Böse. Die erste Gestalt der Natur ist die Herbigkeit, „die zeucht immer an sich, und nimt da Nichts ist; da sie nichts gemachet hat, da nimt sie, und raffet es zusammen, und mags doch nicht essen, ist ihr auch nichts nütze, sie machet ihr selber also Angst, Marter und Unruhe damit, wie auch der Geitz im Menschen"[66]. Die zweite Gestalt der Natur auf dieser Ebene ist die Ausdehnung, die sich gegen das Zusammenziehen der ersten Gestalt wehrt. Das Ringen der zweiten Gestalt mit der ersten verdeutlicht Böhme mit dem Kampf zwischen Herrn und Knecht. Die zweite Gestalt gleicht dem Knecht, „der ist der Arbeiter, bedeut den untern Menschen[67], der ist bös, zornig, wütende, sticht und tobet in der Herbichkeit, das mag die Herbichkeit

---

64 Vgl. Gal 5, 16 f.
65 Böhme, Mw, 2, 8, 9.
66 Böhme, Mw, 2, 8, 9.
67 Vgl. Leopold Ziegler, *Menschwerdung*, Bd. 2, Olten 1947, S. 356–359. Ziegler deutet hier die Gestalt des unteren Menschen und die Dialektik von Herr und Knecht mit Blick auf Lothrop Stoddards Darstellung der bolschewistischen Revolution in Russland, Franz von Baaders ‚Proletair‘, Friedrich Georg Jüngers ‚Titanen‘ und ‚Die Perfektion der Technik‘, Ernst Jüngers ‚Der Arbeiter‘. Vgl. dazu Julius Evola, *L'operaio nel pensiero di Jünger*, Rom 1960 und Martin Heidegger, *Zu Ernst Jünger, Gesamtausgabe* Bd. 90, Frankfurt am Main 2004.

vom Knecht nicht leiden, zeucht ihn nur heftiger, also wird der Knecht nur böser und toller, und stürmet dem Herrn das Haus: also will der Herr den Knecht binden und halten, und der Knecht reisset mit Bosheit überaus. Und so ihn dann sein Herr, als die Herbichkeit, nicht mag bewältigen, gerathen sie miteinander in eine grosse Angst, Feindschaft, und Wiederwärtigkeit, fangen ein stehend Rad an zu machen, sich zu würgen, morden und tödten: Und das ist die dritte Gestalt der Natur, davon urständet Krieg, Streit, Zerbrechung Land und Städte, Neid und ängstliche Bosheit, da je einer den andern will todt haben, will alles fressen und in sich ziehen; er wills alleine haben, ist ihme doch alleine nichts nütze, sondern schädlich, er thut wie der Grimm der Natur thut, derselbe frist sich auch also in sich selber, verzehret und zerbricht sich, gebieret sich doch auch also: davon kommt alles Böse, der Teufel mit allem bösen Wesen kommt daher, also hats seinen Urstand"[68]. Um dieser Katastrophe, von der die ganze Menschheit fortwährend heimgesucht wird, zu entgehen, muss der Mensch „in seiner bösen Angst einen andern Willen schöpfen, von der geitzigen Bosheit auszugehen in die Freyheit GOttes, da immer Ruhe und Friede genug ist"[69]. Das kann ihm dann gelingen, wenn er in den Angst-Tod [Dieser Tod führt zur Auslöschung der Ichhaftigkeit und dann zur Verwandlung.] sinkt und in die göttliche Freiheit fällt. Wenn dann seine Angst diese Freiheit kostet, „so erschricket die Angstqual; und im Schrecken zerbricht der feindige herbe Tod, denn es ist ein Schrack grosser Freuden und eine Anzündung des Lebens GOttes"[70]. Durch diesen Schrack scheidet sich die Natur in zwei Reiche, nämlich 1. in das Freudenreich und 2. in ein Finsterreich. Der Schrack ist ein Blitz und zugleich auch die Ursache des Feuers. Aus der Anzündung des Feuers geht einerseits das Leben mit der Wesenheit dieser Welt hervor und andrerseits das Licht der Freiheit. Die Licht- und Liebe-Geburt des Freudenreichs ist die fünfte Gestalt. Der Schall oder die „Offenbarung der Farben, Wunder und

---

68 Böhme, Mw, 2, 8, 9.
69 Böhme, Mw, 2, 8, 11.
70 Böhme, Mw, 2, 8, 11.

Tugenden, davon die fünf Sensus, als Sehen, Hören, Riechen, Schmecken und Fühlen entstehen"[71], bildet die sechste Gestalt. Die siebente Gestalt wird von der Wesenheit des Lichts, in der das göttliche Element enthalten ist, gebildet. In ihr befindet sich „die Englische Welt, sowol das Paradeis oder rechte Himmelreich, darinn das Wesen der Gottheit offenbar ist, und alles, was die Licht-Welt beschleust"[72]. Alle sieben Naturgestalten oder Qualitäten und das Centrum Naturae scheiden sich in das Licht- und das Finster-Reich; beide dürfen aber nicht als Gegensatz von Gut und Böse missverstanden werden. Der Gegensatz entsteht erst in der äußeren Welt und im Menschen durch die Hoffart (Hochmut) Lucifers und die Niedertracht des Menschen. Ohne den Fall von Lucifer gäbe es kein Böses in der Welt und im Menschen. Weil dem Menschen ein freier Wille gegeben ist, verfügt er über die Fähigkeit sich zwischen Gut und Böse zu unterscheiden: „Machen wir einen Engel aus uns, so sind wir das; machen wir einen Teufel aus uns, so sind wir das auch"[73]. Und weiter:

> „Denn ein ieder Mensch ist frey, und ist wie ein eigener GOtt, er mag sich in diesem Leben in Zorn oder ins Licht verwandeln: Was einer für ein Kleid anzeucht, das verkläret ihn; und was der Mensch für einen Corpus in die Erde säet, ein solcher wird auch aufwachsen"[74].

Die Menschen, die sich für den Weg zum göttlichen Licht entschieden haben, sind in dieser Welt „fremde Gäste, und sind auf der Pilgrams-Strasse; wir müssen durch grosse wüste, wilde Einöden wanderen, und sind mit bösen Thieren umgeben, mit Nattern und Schlangen, Wölfen und eitel greulichen Thieren, und das böseste Thier tragen wir im Busen"[75]. Dieses böse Tier im Menschen ist das irdische Ich und sein Eigenwille, der das göttliche Leben in der Seele ermorden will.

---

71 Böhme, Mw, 2, 8, 14.
72 Böhme, Mw, 2, 8, 14.
73 Böhme, Mw, 2, 9, 2.
74 Böhme, Mr, 18, 39.
75 Böhme, Mw, 1, 13, 13.

5. 2. Der neugeborene Wille als Blume der Seele

Der Weg zum Lichtreich ist nicht leicht. Vor allem geht es darum, den Eigenwillen zu zerbrechen: „das thut wehe, denn Adam will nicht: so will der Zorn und der Teufel auch nicht"[76]. Der Mensch mit seinem Eigenwillen ist sein eigener Feind: „Du bist dein Selbst-Feind, was du für Freund hältest, das ist dein Feind: Und wilt du selig werden und GOtt schauen, so must du deines besten Freundes ärgester Feind werden, als des äussern Leben; nicht das du es zerbrechest, sondern seinen Willen. Du must thun, was du nicht wilt, du must dein Feind werden, oder kanst nicht GOtt schauen"[77]. Der Mensch muss also seinem Eigenwillen absterben. Dadurch kann er in Gott einen neuen Willen schöpfen und mit ihm „ins Feuer GOttes eingeführet werden, verstehe, der Willen-Geist, der wird deine Seele anzünden: alsdenn greiff nach dem Leben und Geiste Christi, so wirst du ihn empfahen, der wird dich neugebären, mit einem neuen Willen, der dir bleiben wird. Derselbe ist die Blume deiner Seele, darinne das neue Kind stehet, in der Bildniß GOttes"[78].

6. Zum Abschluss

In diesem kurzen Überblick zur Frage nach dem Ursprung des Bösen in der Theosophie Jakob Böhmes wird deutlich, dass das Böse nicht in Gott ist und auch nicht von ihm herrührt. Wenn Böhme vom Zorn Gottes im Finsterreich spricht, so handelt es sich um eine Stufe der Selbstoffenbarung Gottes in der ewigen Natur. Diese Natur ist nicht Gott selber, sondern sein Werkzeug. „Gott durchwohnet wol die Natur, aber die Natur begreiffet Ihn nur so weit, als sich die Einheit GOttes mit in das natürliche Wesen eingiebet"[79]. Und Franz von

---

76 Böhme, Mw, 2, 9, 2.
77 Böhme, Mw, 2, 9, 3.
78 Böhme, Mw, 2, 9, 3.
79 Böhme, Cl, 25.

Baader betont in diesem Zusammenhang gegen Hegel, der von Böhme sagte, dass dieser, weil „Gott alles ist, das Böse im Guten, den Teufel in Gott zu fassen"[80] suchte, dass das Böse erst mit der Zweiheit wirklich werden konnte, „sobald Gott im Geschöpf eine Existenz ausser sich selbst anfing oder hervorbrachte. Damit war die Möglichkeit eines feindlichen Dualismus gegründet, welche sich und zwar durch beiderseitige Opferung zur unzertrennlichen, inneren, wesentlichen, nicht formalen Einheit und zum freundlichen Dualismus wieder auflösen sollte. Dass nun aber die Möglichkeit des feindlichen Dualismus zur Wirklichkeit wurde, geschah weder durch eine Wirkung, noch durch eine Mitwirkung Gottes, obwohl gewiss durch eine Zulassung, es war die Folge der freien Wahl desjenigen geistigen Geschöpfs, welches zuerst sündigte"[81]. Und dieses Geschöpf war Luzifer. Der Ursprung des Bösen liegt somit in der frei gewollten Abkehr und Trennung Luzifers von Gott. Die freie Entscheidung ist dann „nicht mehr frei, sich wieder Ihm zuzukehren; so wie sie bei gutem Gebrauche die Freiheit nicht mehr hat, sich von ihm wieder abzukehren"[82]. Böhme selbst hat zu seiner Lehre vom Guten und Bösen in seinem Werk *Von der Gnadenwahl*, das er als sein klarstes Werk bezeichnet hat, zusammenfassend festgestellt:

„Denn man kann nicht von GOtt sagen, daß Er dis oder das sey, böse oder gut, daß er in sich selber Unterscheide habe: Denn Er ist in sich selber Naturlos, sowol Affect- und Creatur-los. Er hat keine Neiglichkeit zu etwas, denn es ist nichts vor Ihme, darzu er sich könnte neigen, weder Böses noch Gutes: Er ist in sich selber der Ungrund, ohne einigen Willen gegen der Natur und Creatur, als ein ewig Nichts; es ist keine Qual in Ihme, noch etwas das sich zu Ihme oder von Ihme könnte neigen. Er ist das Einige Wesen, und ist nichts vor Ihme oder nach Ihme, daran oder darinnen Er Ihme könnte einen Willen schöpfen

---

80 Georg Wilhelm Friedrich Hegel, *Vorlesungen über die Geschichte der Philosophie III*, Frankfurt am Main 1986, S. 105.
81 Baader, SW, Bd. 12, S. 90.
82 Baader, SW, Bd. 12, S. 91.

oder fassen; Er hat auch nichts das ihn gebäret oder giebet: Er ist das Nichts und das Alles, und ist ein Einiger Wille, in dem die Welt, und die gantze Creation lieget, in Ihme ist alles gleich-ewig ohne Anfang, in gleichem Gewichte, Maße und Ziel; er ist weder Licht noch Finsterniß, weder Liebe noch Zorn, sondern das ewige Eine"[83].

Jacob Böhme: *Theosophia Revelata. Das ist: Alle Göttliche Schriften Des Gottseligen und Hocherleuchteten Deutschen Theosophi Jacob Böhmens.* Band II. 2 Bände (ohne Ort), 1715. Diese Grafik steht dem sechsteiligen Anhang mit den biografischen Berichten voran. Die **Drei-Prinzipien-Lehre Böhmes**: In den Winkelecken befindet sich links oben die göttliche Sphäre, vertreten durch die Engel Michael und Uriel, unten die Welt Luzifers und oben rechts die kosmische, unsere sichtbare Welt, vertreten von den Planeten des Sonnensystems. Das Zentrum bildet Christus am Kreuz, dessen ausgestreckte Arme mit den Beinen ebenfalls ein auf der Spitze stehendes Dreieck bilden. Drei Spiralen umkreisen wie ein Strudel die Christus-Figur. Optisch dominiert die finstere Sphäre mit Würmern, feuerspeienden Drachen und fliegenden Ungeheuern, nah angrenzend an den Strudel der Putti und Engelsköpfe. In der strudelnden Bewegung ist das Böse mit dem Guten verströmt.

---

83 Böhme, Gw, 1, 3.

RENÉ GUÉNON:
Die Krise der modernen Welt
Nachwort Mark J. Sedgwick
Übersetzt von Ulrich Kunzmann
190 S., Geb. Berlin: Matthes
& Seitz, 2020. 978-3-95757-851-8

Vom Ende dieser Welt

Andreas-Renatus Hartmann

Ɛin Geruch von Pech und Schwefel um-
gibt diesen französischen Metaphysiker, der 1886 in Blois als RENÉ
GUÉNON geboren wurde und 1951 als SCHEICH ABDEL WAHID YAHIA in
Kairo starb. Zu Lebzeiten nur in esoterischen Kreisen Frankreichs be-
kannt, erlangte er größere Berühmtheit, als Louis Pauwels, ein Gurd-
jieff-Schüler, und Jacques Bergier, ein Mitarbeiter des französischen
Auslandsgeheimdienstes, 1960 den Weltbestseller *Der Morgen der
Magier* publizierten, in dem sie in Analogie zu Lenins Definition des
Kommunismus als „Sowjetmacht plus Elektrizität", den Nationalso-
zialismus als „Guénonismus plus die Panzerdivisionen" definierten.
Seitdem tobt ein Krieg um die Deutungshoheit über diesen im Alter
von 26 Jahren in einen Sufi-Orden aufgenommenen und anschließend
mit indischen und taoistischen Lehren vertraut gewordenen Denker.
Steve Bannon, ehemaliger Chefberater von US-Präsident Trump, sagte von Guénon, er habe sein Leben verändert. Aus Kreisen des „Grand
Orient" kam hingegen 2009 das zornige Pamphlet „Contre Guénon",
das Guénon vehement angriff, weil seine Metaphysik „reaktionär" sei
und daher in den Logen nichts zu suchen habe.

Die Krise der modernen Welt (*La Crise du monde moderne*), die
1927 in Paris erschien und einen Höhepunkt der Revolte Guénons gegen die Moderne darstellt, traf auf eine damals in Europa einsetzende

zivilisationskritische Stimmung, für die Namen wie Oswald Spengler, Nikolai Berdjajew oder André Malraux stehen, die alle den gängigen Glauben an einen Fortschritt der Zivilisation in Frage stellten und vom vagen Gefühl eines kommenden Endes angetrieben waren. Auch für Guénon waren die Zeichen für eine tiefgreifende Krise und ein dadurch eingeleitetes Ende unübersichtlich. Allerdings sah er im nahenden Ende nicht den Abschluss einer historischen Epoche oder einer Zivilisation, sondern nur das Ende eines bestimmten kosmischen Zyklus. Ausgehend von den traditionalistischen Lehren von den „zyklischen Gesetzen", wie sie im alten Indien als die Motoren der Weltgeschichte gelehrt wurden und in den antiken Traditionen des Westens als das goldene, silberne, bronzene und eiserne Zeitalter bekannt waren, erwartete er daher nicht das Ende der Welt, sondern nur das Ende einer Welt.

Wie Helena Blavatsky und Rudolf Steiner, die sich ebenfalls von den hinduistischen Lehren inspirieren ließen, wies er darauf hin, dass die Menschheit in ihrem „Manvantara" genannten und in vier kleinere Zeitalter unterteilten Zyklus nicht einer aufsteigenden sondern einer absteigenden Linie folge, in der sich die geistige Welt für die Menschen zunehmend verdunkelt, bis schließlich das Bewusstsein für die Existenz der geistigen Welt vollständig verschwindet und einer rein materiellen Sicht Platz macht. Guénon zufolge befinden wir uns derzeit im letzten der vier Zeitalter, dem „Kali-Yuga" oder „dunklen Zeitalter", genauer gesagt sogar kurz vor dessen Ende, in dem das Wissen um die Ordnung stiftende Macht der geistigen Welt völlig verloren ist und das Chaos eintritt, von dem die heiligen Bücher Indiens sprechen. Aufgabe einer geistigen Elite kann es in diesem Zeitalter nicht mehr sein, das sich abzeichnende Ende der modernen Welt aufzuhalten, sondern nur noch darauf hinzuwirken, dass jene Elemente das Ende des „Kali-Yuga" überleben, die „zu Keimen für die zukünftige Welt werden können". Ein für viele überraschender Mitstreiter bei dieser Aufgabe dürfte König Charles III. sein, der bereits als Prince of Wales seine Wertschätzung für Guénon zum Ausdruck brachte und sich als Traditionalist Guénonscher Prägung zu erkennen gab.

Petr Kalač

Meister der Träume
in der modernen tschechischen
esoterischen Tradition*

Einführung des Übersetzers

*P*etr Kalač, Leiter des Dokumentationszentrums für tschechische Hermetik (kurz DCČH für „Dokumentační centrum českého hermetismu"), hat durch seine Arbeit eine bedeutende Rolle bei der Verbreitung esoterischer und historischer Kenntnisse übernommen. Das DCČH, 2001 von Josef Veselý, Aleš Česal und Petr Kalač ins Leben gerufen, widmet sich der Erforschung und Dokumentation der magisch-mystischen Traditionen Tschechiens. Herr Kalač, der dem Zentrum über die längste Zeit treu geblieben ist, hat seine Rolle insbesondere durch die erfolgreiche Leitung und das sorgfältige Kuratieren des Archivs geprägt. Er veröffentlichte außerdem mehrere aufschlussreiche Artikel und Rezensionen in der renommierten Zeitschrift *LOGOS* des Trigon Verlags in Prag, die erstmals 1934 erschien. Diese Zeitschrift wurde zunächst von der tschechoslowakischen hermetischen Gesellschaft Universalia zwischen 1934 und 1940, damals unter der Leitung von Jan Kefer, herausgegeben. Kefer erlitt während des Krieges im Konzentrationslager Flossenbürg im Jahr 1941 den Märtyrertod. Nach einer Pause wurde die

---

* Dokumentationszentrum der tschechischen Hermetik: www.dcch.grimoar.cz
Es wird ausdrücklich darauf hingewiesen, dass die Nachahmung der beschriebenen Übungen auf eigene Verantwortung erfolgt. Weder die Autoren noch die Herausgeber übernehmen eine Haftung für eventuelle physische oder psychische Schäden, die durch die Anwendung dieser Praktiken entstehen können.

Veröffentlichung der Zeitschrift 1990 vom Trigon-Verlag unter der Leitung von Vladislav Zadrobílek (*1932–†2010) wieder aufgenommen. Die Zusammenarbeit zwischen dem DCČH und der Zeitschrift *LOGOS* wurde noch mit ihm geplant. Das Magazin erscheint bis heute.

Als Autor in *LOGOS* und mit seiner über 31-jährigen Tätigkeit in der Bibliothek des Nationalmuseums, wo auch Jan Kefer wirkte, steht Herr Kalač in der Tradition dieser prägenden Persönlichkeiten. Seine Publikationen beleuchten die esoterischen Strömungen und Schlüsselfiguren sowie deren prägende Einflüsse innerhalb Tschechiens, indem er sowohl historisches als auch spirituelles Wissen zusammenführt und bewahrt.

Das DCČH unterstützt Akademiker, Studierende und Interessierte mit Leih-, Recherchediensten, der Veröffentlichung von Fachartikeln und der Organisation von Veranstaltungen. Das Zentrum ist bestrebt, seine kuratierten Ressourcen international zugänglich zu machen und fördert in Zusammenarbeit mit Fachkreisen die Entwicklung neuer Werke. Weitere Informationen finden sich auf www.dcch.grimoar.cz.

Der folgende Artikel von Herrn Kalač wurde 2017 als erster Teil einer dreiteiligen Reihe in der tschechischen Zeitschrift *LOGOS* veröffentlicht. Dieser Beitrag behandelt das Thema der Träume und Visionen aus der Perspektive etablierter tschechischer Mystiker und Hermetiker. Er bietet damit, insbesondere für uns im deutschen Sprachraum, einen seltenen und authentischen Einblick in die Arbeiten und Erfahrungen der Esoteriker des tschechischen Kulturraumes ab dem frühen 20. Jahrhundert.

In diesem ersten Teil gewähren uns die Arbeiten bekannter Mystiker wie Karl Weinfurter, František Drtikol, Bertold Reitinger, Jaroslav Kočí, Květoslav Minařík und Bedřich Hejhal Einblicke in ihre Erkenntnisse. Im zweiten Teil dieser Reihe begegnen wir einer etwas jüngeren Generation, darunter Eduard und Míla Tomáš, Jiří Vacek und Jaro Pippich. Dieser zweite Teil ist bereits erschienen und wird derzeit ins Deutsche übersetzt.

Der abschließende dritte Teil soll die Perspektiven von Petr Kohout, besser bekannt als Pierre de Lasenic, von Alois Sedláček, Franz Bardon, Josef Louda alias Theophanus Abba und František Kabelák behandeln. Dieser letzte Teil wurde von Herrn Kalač bisher nicht veröffentlicht. Ich hoffe jedoch, dass das neu geweckte Interesse im deutschen Sprachraum Herrn Kalač konstruktiv bei der Fertigstellung unterstützt.

Mit freundlicher Genehmigung und Unterstützung des Autors Petr Kalač, mit Hilfe von Übersetzungsprogrammen und durch das Korrekturlesen hilfsbereiter Weggefährten, insbesondere Herrn Walter Ogris, wurde diese Arbeit ermöglicht. Der Originalartikel erschien unter: Kalač, Petr „Uchopitelé snů v novodobé české esoterní tradici." In: *Logos* 2017, S. 69–77. Anmerkungen in Klammern, die als „(Anm.)" gekennzeichnet sind, stammen von mir, dem Übersetzer.

Sommer 2024

M.A.B.

In der Mystik gibt es zwei Arten von Lehren.
Die erste ist äußerlich, vermittelt durch Bücher und die Worte
eines Meisters oder fortgeschrittenen Schülers.
Die zweite Art der Lehre ist innerlich.
Sie erfolgt durch Symbole, die sich mit ihrer geheimen Bedeutung
in die Seele einprägen, ohne dass wir sie zunächst mit dem
Verstand erfassen können – bis wir sie plötzlich auch äußerlich verstehen.

(Karl Weinfurter: *Paměti okultisty*)

*f*ür einen tieferen Einblick in die Geschichte der modernen tsche-chischen Esoterik und die Suche nach den ersten Vertretern der verschiedenen ‚Traumpraktiken' ist es ratsam, sich zuerst auf die Persönlich-keit des ‚mystischen Führers' Karl Weinfurter zu konzentrieren.[1]

Bereits zu Beginn der 1880er-Jahre bewegte sich Karl Weinfurter im Bereich des Okkultismus und fasste seine zahlreichen Erfahrungen im Laufe der Zeit in seinem bedeutendsten literarischen Werk zusammen, das später in mehre-re Weltsprachen übersetzt wurde – *Ohnivý keř* (Anm.: im deutschen erschie-nen unter *Der brennende Busch: Der entschleierte Weg der Mystik*). In die-sem Buch, das erstmals im Jahr 1923 veröffentlicht wurde, fasste Weinfurter sein gesamtes bisheriges mystisches Wissen zusammen. Dabei ging er auch auf ein grundlegendes Thema der inneren Entwicklung des Menschen ein, der den spirituellen Weg eingeschlagen hat: die TRÄUME. In diesem Kontext wa-ren und sind Träume immer ein aktuelles, von uns zu erforschendes Thema:

„Sobald ein Schüler den Weg beginnt, muss er seine Aufmerksamkeit vielen Dingen widmen, die er zuvor entweder kaum oder gar nicht be-achtet hat. Zuallererst sind es Träume, die die ersten Verbindungen un-seres äußeren Selbst mit unserem göttlichen Führer darstellen. Der Hei-

---

1   Karl Weinfurter (27. Mai 1867–14. März 1942) war zunächst Spiritist, Theosoph (Mitglied der ersten Prager theosophischen Loge), Martinist und anerkannte Auto-rität im gesamten Bereich des Okkultismus. Er wirkte als Übersetzer, Kompilator und Autor von Werken wie *Ohnivý keř*, *Odhalená magie*, *Tajná tradice a učení bratrů Rosekruciánů*, *Astrologie všeobecná*, *Astrologie speciální*, *Paměti okultisty* usw. Zu-dem war er Herausgeber und Förderer esoterischer Werke. Er redigierte die ersten beiden Jahrgänge der Zeitschrift *Okultní a spiritualistická revue* (die von 1921–1923 veröffentlicht wurde) und setzte sie mit seiner Zeitschrift *Psyche* (1924–1940, 1946–1948) fort. Später gründete er auch die Gesellschaft „Psyché" (die am 27. November 1929 gegründet, während des Krieges am 9. Juni 1941 aufgelöst und nach dem Krieg von 1946–1948 wieder reaktiviert wurde, allerdings ohne Weinfurter).

lige Geist in uns strebt ständig danach, in Kontakt mit uns zu treten, und nur unsere groben Sinne und unsere Nachlässigkeit ignorieren diese feinen Einflüsse, sodass sie uns entgehen. Wenn wir unsere Aufmerksamkeit mehr nach innen richten, beginnen wir, die Aktivitäten des Geistes durch verschiedene Dinge wahrzunehmen, und zu den ersten, doch sehr wichtigen, gehören unsere Träume. Ein Schüler muss von Anfang an auf seine Träume achten und jeden Traum aufzeichnen, denn man weiß nie, welcher Traum für seine Entwicklung wichtig sein könnte, auch wenn er auf den ersten Blick unbedeutend erscheint. Dies gilt auch für jeden, der sich ohne Führer seiner mystischen Entwicklung widmen möchte."[2]

In seinen späteren Werken reagierte Weinfurter oft auf die neugierigen Fragen seiner Leser, die ihm in einer umfangreichen Korrespondenz aus aller Welt zugegangen waren:

„Für den Geist gibt es nichts Unreines, denn nichts kann ihn beflecken oder verletzen. Deshalb erscheinen dem Schüler in Träumen und später auch in Visionen Dinge, die er in seiner Unerfahrenheit für Bilder aus der sexuellen Sphäre halten und zurückweisen könnte, in der Annahme, sie gehörten nicht zur Mystik. Ich weise absichtlich auf diese Tatsache hin, da ich oft erlebt habe, dass einige Schüler zögerten, bestimmte Erfahrungen aus diesen Bereichen zu teilen. Es manifestieren sich mitunter Träume und Visionen, ebenso wie körperliche Zeichen beim Schüler, die eine metaphorische ‚spirituelle Befruchtung' symbolisieren können. Diese symbolischen Träume oder Visionen sind mit Bildern verbunden, die man in seiner Unwissenheit als unangemessen betrachten könnte, doch der Geist spricht durch diese Symbole in seiner eigenen Sprache und berücksichtigt dabei nicht unsere herkömmlichen Ansichten. Es ist

---

2   Karl Weinfurter, *Ohnivý keř – odhalená cesta mystická*. Jablonec nad Nisou: Psyche, 1992, S. 49.

bekannt, dass in alten Zeiten und bis heute in Indien Symbole der Zeugung, nämlich Phallus und Yoni, als Zeichen der göttlichen Macht verehrt wurden – natürlich im mystischen Sinne."[3]

Mit dem Fortschreiten seines Alters und der Sammlung von Erfahrungen vertiefte sich Weinfurters Verständnis naturgemäß zunehmend, was sich deutlich in seinen späteren Werken zeigte. Schließlich umfasste sein umfangreiches Schaffen mehrere hundert Schriften (79 eigene Werke, über 200 Übersetzungen und unzählige kürzere Artikel):

„Nicht jeder Traum ist mystischer Natur, selbst wenn er von einem Schüler erlebt wird, der schon lange übt und vielleicht bedeutende Fortschritte gemacht hat. Manche Träume entstammen dem Astralbereich, andere können durch körperliche Beschwerden oder eine ungünstige Schlafposition entstehen. Echte mystische Träume zeichnen sich durch einen besonderen Charakter aus und

Karel Weinfurter im Lotussitz. Die Flexibilität seines Körpers und seiner Gelenke behielt er bis ins hohe Alter – das Bild stammt aus dem Jahr 1934. Basierend auf diesem Foto, das in *Der Mystische Korpus* (1935) veröffentlicht wurde, zwangen ihn die Nazis nach seiner Verhaftung im Jahr 1941 im Alter von 74 Jahren, dieselbe Position einzunehmen.

werden vom Schüler in der Regel gut erinnert. Wer nicht über den ‚Ersten mystischen Grundkurs verfügt'[4], der Schlüssel zu Visionen, Träu-

---

3   Johan Baptist Kerning, *Testament*; Karel Weinfurter, *Praktická mystika* (Ohnivý keř II. díl). Jablonec n. Nisou: Psyche, 1994, S. 88.

4   Karel Weinfurter, *Mystický slabikář – výklad mystických snů, symbolů a značek tajných*

men und Symbolen bietet, sollte seinen Traum dennoch aufzeichnen und sich, mündlich oder schriftlich, bei einem fortgeschrittenen Schüler nach dessen Bedeutung erkundigen."[5]

In den 1930er-Jahren befand sich Weinfurter auf dem Höhepunkt seiner „okkulten Karriere", als seine mystische Gesellschaft Psyché mehrere hundert Anhänger zählte. Im Magazin dieser Gemeinschaft aus dem Jahr 1933 erlaubte sich der „große Guru" folgende Worte zu schreiben:

„Ähnlich verhält es sich auch mit dem „Bild" des Lehrers. Rama Krishna[6] erwähnt dies an mehreren Stellen und sagt, dass die Erscheinung des Lehrers oder Gurus das göttliche Selbst annimmt und sich somit die Gottheit anfangs im Bild des eigenen Lehrers (Guru) im Schüler manifestiert. Der große Meister fügt hinzu, dass der Schüler dieses Bild wie seinen Gott verehren muss. Dies ist der ‚unsichtbare Lehrer', der immer bei uns ist, über uns wacht und sich dem Schüler zunächst in Träumen offenbart, immer häufiger und später auch in der Konzentration, wenn der Geist ausgeglichen ist, und schließlich im vollen Wachsein. Viele Schüler berichten mir, sie hätten mich in Träumen oder Visionen gesehen und irrtümlich angenommen, dass ich es wirklich war, der erschien, um sie auf einer anderen Ebene des Lebens zu unterrichten. Doch dies

---

charakterů rosikruciánských, jichž užívá Duch svatý, mluvě k člověku. Praha: Psyche, 1930. (Anm.: In der deutschen Ausgabe erscheint Karl Weinfurters *Mystische Fibel* als zweibändiges Werk, in dem die Bedeutungen von Symbolen und mystische Geheimnisse in ‚unverhüllter Form' dargelegt werden. Diese Fibel dient vorrangig als Handbuch zur Überprüfung der Träume und Visionen.)

5   Karel Weinfurter, *Paměti okultisty*. Brno: A. Pohlodek, 1999, S. 232. (Die erste Ausgabe wurde 1933 veröffentlicht.)

6   Sri Ramakrishna (18. 2. 1836–16. 8. 1886) war ein indischer Mystiker und Philosoph, eine bedeutende Figur des Hinduismus im 19. Jahrhundert, mit dem Titel Paramahansa („höchster Schwan"). Er war der Lehrer des späteren indischen Philosophen Swami Vivekananda (12. 1. 1863–4. 7. 1902). Neben dem Hinduismus praktizierte er auch den Islam und das Christentum.

ist ein Irrtum! Ich bin kein Guru und achte nicht speziell auf den Fortschritt unserer Schüler, sondern überprüfe nur ihre Ergebnisse, wenn sie mir berichtet werden. Dennoch ist diese Erscheinung wichtig, denn in solchen Fällen nimmt mein Bild das innere Göttliche dieser Schüler an, da dies ein spirituelles Gesetz ist. Warum mein Bild? Weil die Schüler und Schülerinnen mich als ihren Lehrer betrachten, da sie aus meinen Büchern mystische Übungen gelernt haben. Das ist alles. Aber auch darin liegt ein Gesetz, denn immer ist die Person, von der wir die mystische Wahrheit erfahren – wer auch immer das sein mag – für immer mystisch und spirituell mit uns verbunden."[7]

Weinfurter bezog sich in „seinen" Werken sehr oft auf große spirituelle Autoritäten, deren Erkenntnisse er geschickt in seinen Kompilationen nutzte, die er in zahlreichen Neuauflagen fast massenhaft verbreitete. Er war vielleicht der einzige tschechische Okkultist, der dank seines literarischen Engagements ein gutes Leben führte:

„Jakob Böhme führt in *Čtyřicet otázek o duši* (Anm.: im Original ‚Psychologia vera' oder ‚40 Fragen von der Seelen'; die folgende Zusammenfassung stellt eine persönliche und kreative Interpretation von Karl Weinfurter dar und entspricht möglicherweise nicht dem Originaltext von Jakob Böhme) aus, dass es drei Arten von Seelen gibt, die nach dem Tod aus dem Körper scheiden. Die erste Gruppe befasst sich mit weltlichen Angelegenheiten, wie ihrem Erbe und ihrer Familie, sie sind die niedrigsten, tatsächlich ihre astralen Körper. Die zweite Gruppe umfasst jene, die bestimmte religiöse Vorstellungen hatten und in Bereiche der astralen Welt gelangen, wo falsche Himmel verschiedener Glaubensrichtungen existieren. Dort finden sich Christen, Katholiken, Protestan-

---

7   Karel Weinfurter, „Neviditelný učitel", in: *Psyche – revue věnovaná mystice, okultismu a metapsychice* 1933, S. 14–15.

ten usw. und die Bilder katholischer Heiliger. Dies ist ein falscher Himmel, doch die Seelen erleben dort einen gewissen Grad an Glückseligkeit. Ähnliche ‚Himmel' existieren auch für Buddhisten und alle Menschen, die zu einer Kirche gehörten und fest an deren äußere Lehren glaubten. Die dritte Art der Seelen, die Wiedergeborenen, verlassen diese Welt zu ‚Abrahams Schoß' und gelangen ins wahre Himmelreich. Die Seelen der zweiten Kategorie können manchmal große Macht besitzen und in Träumen auf Menschen einwirken, sich ihnen offenbaren und sie über verschiedene Geheimnisse der Natur belehren. Diese Seelen können, befreit vom physischen Körper, sich selbst und alle Kräfte sehen und einige davon einem lebenden Menschen offenbaren. Doch diese Seelen zeigen sich nie bei spiritistischen Sitzungen, sondern nur bestimmten Menschen in Träumen."[8]

Neben J. B. Kerning[9], Sri Ramakrishna, J. Boehme und anderen, verwies Weinfurter auch sehr häufig auf die Autorität von Paracelsus:[10]

„Die Träume eines gewöhnlichen Menschen und die eines Mystikers sind völlig unterschiedlich. Paracelsus schreibt in *Philosophia Occulta* über Träume und Visionen, dass es zwei Arten gibt: natürliche und übernatürliche. Natürliche Visionen und Erscheinungen im Schlaf und in Träumen gibt es viele. Sie entstehen aus Traurigkeit, Melancholie oder unreinen Gedanken, das heißt, aus der Arbeit unseres Geistes in Träu-

---

8   Weinfurter, Karel, Ohnivý keř – odhalená cesta mystická. Jablonec n. Nisou: Psyche, 1992, S. 191–193.

9   J. B. Kerning, eigentlich Johann Baptist Krebs (12. April 1774– 2. Oktober 1851), war ein deutscher Opernsänger und Komponist, ein Freimaurer, der sich bemühte, das „prophetische Wort im Menschen" mithilfe einer speziellen Lautpraxis-Technik zu erwecken.

10 Paracelsus, eigentlich Philippus Aureolus Theophrastus Bombastus von Hohenheim (1493–1541), war ein bedeutender Schweizer Arzt, Astrologe und Alchemist, der als Wegbereiter der modernen europäischen Medizin gilt.

men, die sich mit dem beschäftigt, womit der Mensch tagsüber beschäftigt war und was sein Herz erfüllt hat. Spieler träumen von Würfeln und Karten, dass sie viel Geld gewinnen oder verlieren. Diebe träumen von Diebstählen und Verführer von Liebschaften. Dies alles tut ihr nächtlicher Geist (die tierische Seele oder Kama im astralen Körper), der mit ihnen so spielt, sie in ihren Begierden weiter treibt und sie reizt, sodass schließlich ein solches Feuer im Geist entsteht, das sehr schwer zu löschen ist, wie wir es besonders bei flatterhaften Menschen sehen. Fast alle Künstler haben im Schlaf und in Träumen viele Anleitungen und Offenbarungen erhalten, als sie sich mit brennendem Verlangen dafür begeisterten. Dann schuf ihre Vorstellungskraft Wunder über Wunder, so dass sie das Evestrum (der siderische Körper) vieler Philosophen anzog, die sie dann in ihrer Kunst unterrichteten. Zu diesem ‚siderischen Körper‘ von Paracelsus sollte angemerkt werden, dass es wahrscheinlich nicht der astrale Körper eines verstorbenen Menschen ist, sondern sein geistiger Körper, der nicht in den der Erde nahen Sphären, sondern im Himmel oder, wie Theosophen es ausdrücken, im Devachan, in der Sphäre der Götter, verweilt. Im Schlaf ist auch der siderische Körper des Schlafenden gelöst, und daher kann er sich mit den siderischen Körpern derjenigen verbinden, die diesen erdnahen Zustand schon lange verlassen haben. Was die umherirrenden astralen Körper verstorbener Menschen betrifft, kann man von ihnen nichts Zuverlässiges erfahren, wie aus vielen spiritistischen Manifestationen ersichtlich ist. Künstlerische Inspiration im Traum kommt oft vor, aber das meiste davon bleibt nicht im Gedächtnis haften. So wacht man morgens auf und sagt: ‚Heute hatte ich einen seltsamen Traum.‘ Merkur erschien mir im Traum und lehrte mich diese oder jene Kunst, aber ich habe alles komplett vergessen. – Wenn jemand Ähnliches erlebt, sollte er nach dem Aufwachen sein Zimmer nicht verlassen, mit niemandem sprechen und fasten, bis er sich an alles erinnert ... Paracelsus schreibt weiter, dass Träume rein oder unrein, fantastisch, böse oder gut, vernünftig oder töricht sein können, je nach der Natur des Menschen und seinem Verhältnis zu seiner eigenen Natur. Die Traumdeutung ist eine große Kunst, denn Träume sind niemals bedeutungslos, egal ob sie durch die Elemente, die Fantasie oder als Offenbarungen entstehen. Andere Träume, die übernatürlichen, dienen als Hinweise und Botschaften von Gott oder wurden uns von göttlichen Boten gebracht, die uns meist in größter Not im Traum erscheinen ... Man sollte wissen, dass man in großer Not göttliche Offenbarungen erbitten kann. Wenn man mit wahrem Glauben betet, sendet Gott in seiner Barmherzigkeit einen Boten, der uns erscheint, warnt, tröstet, lehrt oder eine Nachricht bringt. Weiterhin sollte man wissen, dass viele Menschen im Schlaf spirituell zu Gott entrückt werden und die Heiligkeit Gottes, die Freuden der Heiligen oder auch die Qualen der Verdammten sehen ... Denn all dies ist im Geist sichtbar, wenn wir mit wahrem Glauben um göttliche Barmherzigkeit bitten. So können wir noch hier auf Erden alle göttlichen Geheimnisse sehen, wie es Elija und Johannes taten. Das sind wahre und echte Visionen, denen wir glauben und vertrauen sollten, und sie sind wertvoller als alle Erscheinungen in der gesamten Magie, in Spiegeln, Kristallen, Steinen, Wasser und Ähnlichem ... So viel musste über Träume gesagt werden, die sich bei einem Mystiker sehr schnell verändern, sodass keine verworrenen Träume aus körperlichen Sphären mehr kommen, sondern fast ständig symbolische Träume, die ihn anfangs über seinen Fortschritt auf dem Weg lehren und später auch zu hellseherischen Träumen werden, die ihm zukünftige Ereignisse korrekt vorhersagen ... Aber ich warne jeden davor, nach diesen spirituellen Kräften zu streben, denn dann würden sie zu seinem Ziel werden, anstatt Gott zu erreichen, was für einen Mystiker oberste Priorität hat."[11]

---

11   Johan Baptist Kerning, *Testament*; Karel Weinfurter, *Praktická mystika* (Ohnivý keř II. díl). Jablonec n. Nisou: Psyche, 1994, S. 89–91.

Weinfurters Erfolg basierte nicht nur auf seiner umfassenden schriftstelleri-
schen Tätigkeit, sondern vor allem auf den zugänglichen Informationen und
den technisch leicht nachvollziehbaren, spezifischen mystischen Übungen.
Diese führten bei den Ausübenden in relativ kurzer Zeit zu tatsächlich nach-
weisbaren Veränderungen in ihrem inneren Leben.

Eine der Persönlichkeiten, deren Übungen Weinfurter adaptierte, war
Bertold Reitinger, ein Freimaurer und Rosenkreuzer aus České Budějovice.[12]
Reitinger hatte persönlichen Kontakt nicht nur mit Karl Weinfurter, sondern
auch mit einem weiteren namhaften Praktiker mystischer Übungen, dem
weltberühmten Fotografen František Drtikol.[13]

---

12 Bertold Reitinger (17. Februar 1896–1958) war ein Freimaurer und Rosenkreuzer aus
    České Budějovice (Anm.: Budweis). Er hatte seine eigene „Hausloge" in der Slavíko-
    va-Straße. In seinem zivilen Beruf arbeitete er als Polizist (während der Besatzung be-
    wachte er das Mirošov-Lager). Er war zweimal verheiratet, hatte einen Sohn aus ers-
    ter Ehe, der früh verstarb, und eine Tochter aus zweiter Ehe. In seinem spirituellen Le-
    ben bevorzugte er die sogenannte „stille Konzentration" und die Buchstabenübungen
    nach Weinfurter, den er persönlich kannte, ebenso wie Drtikol. Sein großes Vorbild
    war Gustav Meyrink (19. Januar 1868–4. Dezember 1932), und er besuchte oft den
    Wallfahrtsort Svatá Hora bei Příbram. Er war ein herausragender Astrologe und sag-
    te seinen eigenen Tod zehn Jahre voraus. Er verfasste Schriften über das Erwachen
    des inneren Wortes. Seine umfangreiche Bibliothek enthielt auch mehrere originale
    handschriftliche Blätter aus den Geheimen Figuren der Rosenkreuzer, aus denen der
    Mystiker Petr Klíma Toušek (1901–1976) später übersetzte. Reitinger hatte mehrere
    Schüler, darunter die Herren Sova, Svoboda und Josef Prokopec (*1925), die er indi-
    viduell betreute.
13 František Drtikol (Christoforos, 3. 3. 1883–13. 1. 1961), ein weltbekannter Fotograf und
    Maler, war Mitglied in der Theosophischen Gesellschaft, in Weinfurters Psyché, der
    Gesellschaft für mystische Studien, bei Universalia und wurde später Buddhist. Er er-
    reichte den Zustand des Erwachens um die Wende der Jahre 1928/29, nach langjäh-
    rigem Studium alter indischer Veden, Upanishaden, buddhistischer Texte, des Taois-
    mus und esoterischer Auslegungen der Evangelien. Während des Zweiten Weltkriegs
    wurde sein Anwesen in Spořilov zu einem Zentrum spiritueller Schulung und Reifung
    für zahlreiche Menschen, denen er half, ihre mentalen Blockaden abzubauen. Zu sei-
    nen ersten Schülern, denen er umfassende buddhistische Lehren vermittelte, gehör-
    ten J. Hešík, František Hein (1914–1984) und Evžen Štekl (1921–2001), der im Jahr
    1959 das Erwachen erreichte. Drtikol übersetzte viele grundlegende Werke der ost-

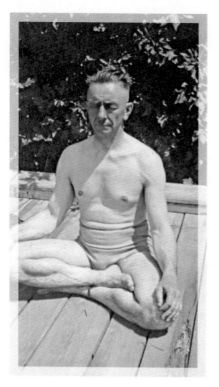

Bertold Reitinger in Meditationshaltung

Reitinger hatte einige Schüler, dank denen wir auch heute noch die mystische Technik des sogenannten „Písmenkování v nohách" (Anm.: Buchstabenübungen beginnend in den Füßen; in Weinfurters *Der brennende Busch* (S. 109–111, 4. Aufl, 1953) werden diese Buchstabenübungen beschrieben) genau rekonstruieren können, die sowohl von Weinfurter, Drtikol und Reitinger verwendet wurde. Diese Technik förderte in ihnen ein starkes inneres Erleben, das sich zunächst traditionell durch einen erhöhten Zufluss von Träumen mit ihrer spezifischen Symbolik äußerte, die, und das ist besonders interessant, bei allen Praktizierenden dieses Weges ähnlich – universell – war. Es ist sicherlich sinnvoll, sich diese praktische mystische Technik in Er-

---

asiatischen Philosophie, darunter das Bardo Thödol, die Dharma-Theorie (ursprünglich Buddhistische Probleme der Theorie), die Bedeutung der buddhistischen Nirvana, Mādhyamaka Śāstra, Astasahasrikā Prajñāpāramitā, Vajracchedikā Prajñāpāramitā, Yoga und geheime Lehren Tibets (Buch II und III), Milarepa der große tibetische Yogi, Atemübungen, das Buch der Armut, buddhistische Mysterien (auch als Diamantregel bekannt) und die Upanishaden. Er verfasste auch mehrere kürzere Abhandlungen, darunter das Werk *Od pudu k intuici*. All dies wurde später im Untergrund verbreitet. Mit seinen Ansichten und Taten beeinflusste er zahlreiche Suchende nach spiritueller Wahrheit, darunter auch bedeutende tschechische Mystiker wie RNDr. Mila Tomášová (24. 9. 1920 – 12. 5. 2001) und JUDr. Eduard Tomáš (25. 11. 1908 – 26. 5. 2002).
Es hat sich gezeigt, dass ein mangelndes Verständnis dieser mystischen Praxis bei einigen Menschen zu gesundheitlichen Problemen geführt hat, so dass Praktizierende dieser Übungen dringend davor gewarnt werden!

innerung zu rufen, da ihre praktische Anwendung aus Weinfurters *Ohnivém keře* (Anm.: *Der brennende Busch*) ohne direkte Anleitung eines Lehrers etwas unklar bleibt:

Buchstabenübungen in der Praxis von Bertold Reitinger

Der Übende beginnt, sich gleichzeitig auf beide Fußsohlen zu konzentrieren, wo er sich in Gedanken den göttlichen Namen IEOUA (Jehova) buchstabenweise vorstellt. Die Buchstaben sind etwa zwei Zentimeter groß und in ihrer Farbe heller als das Sonnenlicht. Die Vorstellung der Buchstaben wird zunächst auf die Haut der Fußsohlen projiziert, wo dann der gesamte göttliche Name im Geiste sozusagen an einer Stelle „fokussiert" wird (I - E - O - U - A). Jeder leuchtende Buchstabe wird in der Vorstellung etwa 4 Sekunden gehalten, bevor der Geist nach etwa 20 Sekunden ein kleines Stück neben der Stelle auf der Haut des Fußes weiter wandert. Es ist am besten, die Breite der Fußsohle in 5 Abschnitte zu unterteilen, in denen dann „buchstabiert" wird. Begonnen wird an der Außenseite der Ferse, wobei man in einer s-förmigen Bewegung in Richtung der Zehen fortschreitet und an den großen Zehen endet.

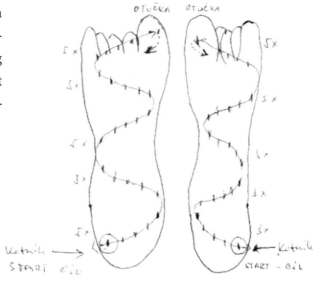

Schema der
Bewegungsführung
beim »Buchstabieren"
in den Füßen

Auszug aus den mystischen Tagebüchern Bertold Reitingers

An diesem Punkt kehrt der bisherige Verlauf um, und der Weg wird auf demselben Pfad zurückverfolgt. Die „Schlange" windet sich also zweimal in fünf Biegungen. Auf jedem einzelnen Zeh wird immer der gesamte Name Gottes „IEOUA" buchstabiert. Wenn dieser Zyklus abgeschlossen ist, muss er wiederholt werden, jedoch wird die Vorstellung der Buchstaben diesmal nicht auf die Fußhaut angewendet, sondern tiefer ins Fleisch. Nach Abschluss des zweiten Zyklus wird dies ein drittes Mal wiederholt, diesmal jedoch in den Fußknochen selbst. Nach etwa 45 Minuten sollte der gesamte Fuß in allen drei Schichten (Haut, Fleisch, Knochen) „durchbuchstabiert" sein. Um die „Belebung der Füße" zu erreichen, muss täglich gearbeitet werden, mindestens ein bis zwei Monate, aber möglicherweise auch ein halbes Jahr, je nachdem, wie schnell der innere Lebensprozess des Übenden aktiviert wird. Zuerst treten mystische Träume auf. Später können sich sogenannte Stigmata zeigen. Auf Basis dieser Zeichen verlagert sich die Konzentration dann auf die Knöchel und höher (siehe *Der brennende Busch*). Träume, die aus diesen Übungen entstehen, sollten aufgeschrieben und später analysiert werden. Dies wurde in den 1930er-Jahren auch von Bertold Reitinger durchgeführt, von dem bis heute fünf solcher Journale erhalten geblieben sind. Heutzutage sind sie in digitalen Kopien im Archiv des Dokumentationszentrums der tschechischen Hermetik gespeichert (Abb. links).

Lassen wir vorerst den mystischen Pfad der Buchstabenübungen hinter uns, genauso wie es Fráňa Drtikol getan hat, nachdem er irgendwann in den mittleren 1920er-Jahren aus Weinfurters Gesellschaft Psyché

Drtikols „Traum" (© František Drtikol – Erben, Traum, etwa 1931, Tempera und Aquarell auf Papier. Aus dem Buch František Drtikol, *Duchovní cesta*, svazek 1, Band 1, erschienen bei Svět 2004).

ausgestiegen ist und den Weg eines Buddhisten eingeschlagen hat.[14] Ein entscheidender Wendepunkt für Drtikol in dieser Hinsicht war das Jahr 1928, als seine christlichen mystischen Visionen sich in Richtung der Mystik des Ostens verlagerten:

> „Am Abend des 15. Mai 1928, während meiner Konzentration zwischen 7 und 8 Uhr, stieg eine grüne Schlange aus den Tiefen auf, wo die Wirbelsäule endet, und bewegte sich in die Mitte meiner Brust. Dann erschien ein schreckliches Ungeheuer mit Krallen, die sich in meine Schultern bohrten, und andere Schrecken. Aber ich war innerlich ruhig und mein Körper spürte nichts, als wäre er fremd."[15]

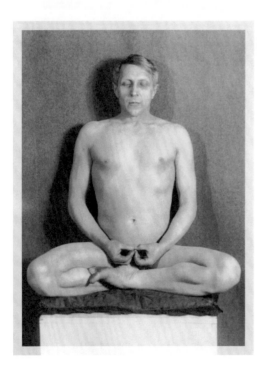

Drtikol hat seine Visionen, Träume und andere spirituellen Erfahrungen ähnlich wie Bertold Reitinger sorgfältig aufgezeichnet. Dank dieser Aufzeichnungen wissen wir, dass christliche Motive noch zwischen den 1920er- und 1930er-Jahren in seinen Träumen auftraten:

František Drtikol in meditativer Haltung (© František Drtikol – dědicové, Autoportrét, březen 1933, bromostříbrná fotografie. Z knihy František Drtikol, Duchovní cesta, svazek 1, vydané nakladatelstvím Svět v roce 2004.)

---

14 Josef Sanitrák, *Dějiny české mystiky 1 – legenda Karel Weinfurter*. Praha: Eminent, 2006, S. 274–275.
15 František Drtikol, *Duchovní cesta*, sv. 2. Praha: Svět, 2008, S. 38.

„14. Januar 1929 – Mir träumte, ein Priester kam zu mir und sagte, ich solle zur Kirche in Březové Hory gehen. Ich folgte ihm. Die Kirche war voller Unordnung und allerlei Särge und Leichen, und plötzlich, als ich mich umsah, sah ich etwas von oben herab hängen. Ich schaute hin und sah, dass es eine Schlange (Drache) war, die hoch hinauf reichte. Ich packte ihren Schwanz (als ob ich läuten wollte) und schaute nach oben, sah helles Licht und dort den Himmel. Gott in der Mitte und vier Heilige an den Seiten, und die Schlange breitete sich plötzlich in die Höhe zu einem der Heiligen (Prokop) aus, und sobald sie ihn erreichte, bewegte sich dieser Heilige und stieg höher zu Gott auf …"[16]

Aber bereits im Jahr 1936 hatte er eine klare Meinung zu diesem Bereich der spirituellen Praxis: „4. März 1936 – Wer die Macht mystischer Träume hat, ist noch weit entfernt von der wahren Erkenntnis, von der unmittelbaren Wahrnehmung der Gottheit …"[17]

Der Weg eines Schülers, der von einem alten Lehrer zu einem neuen wechselte, also von Weinfurter zu Drtikol, wurde vom Mystiker Jaroslav Kočí[18] demonstriert. Noch im Jahr 1935 veröffentlichte er einen Artikel über Somnambulismus in der Zeitschrift seines langjährigen Gurus[19], um ein Jahr später bereits den Lehren des neuen Meisters zu lauschen.

---

16 František Drtikol, *Duchovní cesta*, sv. 2. Praha: Svět, 2008, S. 50.
17 František Drtikol, *Duchovní cesta*, sv. 1. Praha: Svět, 2004, S. 115.
18 Jaroslav Kočí (17. 5. 1908 – 8. 6. 1989) war ein bedeutender Mystiker aus Ostrava. Von Beruf Arbeiter, gelangte er zu tiefen inneren Erfahrungen und Einsichten in das, was gemeinhin als Geheimnis bezeichnet wird. Dabei verließ er nie die Logik, hinterfragte kritisch und gab sich nie dem Verzicht auf das greifbare, weltliche Leben hin (Zitat aus der Einführung von F. R. Jirman zu *Náboženství, mystika, filosofie*). Ein gewisser Professor Bořík führte ihn in die Mystik ein. Später engagierte er sich in Weinfurters Gesellschaft Psyché und traf sich ab 1936 mit F. Drtikol. Nach dem Krieg hielt er Vorträge in der Ostrauer Zweigstelle von Psyché, bis die Gesellschaft 1951 aufgelöst wurde. Er hatte mehrere Schüler, darunter den später bedeutenden Mystiker Jiří Vacek (* 25. Mai 1931). Aus seinen Werken ist *Náboženství, mystika, filosofie* (Praha: literární sekce Kruhu duchovního bratrstva, 1949) hervorzuheben.
19 Kočí, Jaroslav. Mé začátky v somnambulismu. In: *Psyche – revue věnovaná mystice, okultismu a metapsychice* 1935, S. 34–35.

Er veröffentlichte seine Erinnerungen an die Jahre seiner spirituellen Entwicklung in seinem Werk *Cesta za pravdou*[20], in dem er über die Arbeit mit Träumen spricht, die im Geist von Weinfurter durchgeführt wurden, wie folgt:

„Da das Ziel der christlichen Mystik in der Suche nach Gott und der Verbindung mit ihm liegt, hat sie auch einen einzigartigen Verlauf. Die Suche besteht darin, die Aufmerksamkeit nach innen zu lenken, wo sich der hypothetische Sitz Gottes befindet. Durch diese Konzentration entsteht eine Art innerer Kontakt mit diesem Zentrum, der sofort auf diese Aktivität reagiert. Diese Reaktion ist wunderbar, wunderbar deshalb, weil etwas geschieht, was zuvor nicht bewusst gegeben war. Dies äußert sich in besonderen Träumen oder Visionen im Halbschlaf oder in bestimmten Zuständen. Es handelt sich, wie es in der Mystik heißt, um eine Art Korrespondenz Gottes mit dem Menschen. Diese Korrespondenz hat den Vorteil, dass sie den Suchenden auf seinem Weg der inneren Suche stärkt und im Suchenden eine Art äußere Demut vor diesem inneren Göttli-

Jaroslav Kočí in Meditationshaltung

---

20 Jaroslav Kočí, *Cesta za pravdou*. Uspořádal Jiří Vacek. Praha: ORFEUS Szalai & Goll, 1993.

chen weckt. Diese äußere Demut ist sehr nützlich, da sie im Menschen den spirituellen Hochmut überwindet, der ein häufiges Phänomen ist. (...) Ich hatte unzählige symbolische Träume und Visionen, die für mich stets eine Ermutigung zu weiterer Konzentration und Meditation waren. Ich werde nur die wichtigsten erwähnen. (...) Ich sah einen Adler hoch über mir kreisen, der plötzlich pfeilschnell auf mich zustürzte. Der Adler packte mit seinen Klauen meine Brust, riss mir die Zunge aus dem Mund und flog davon. Mir wurde dadurch angedeutet, dass Schweigen auf meinem Weg eine große Rolle spielen wird. (...) Und weiter, ich lag im Bett und dachte an Jesus. Plötzlich befand ich mich in einem merkwürdigen Zustand. Ich sah, wie Jesus aus der Ferne mit segnenden, zu mir gewandten Handflächen näher kam. Als er ganz nahe war, verwandelte er sich in den Eingang eines gewaltigen Berges, der in die Mitte meiner Stirn eindrang, und ich hörte eine Stimme ... Ich bin dein unpersönliches Selbst, dein reines Sein – ich bin Christus – dein waches, reines Bewusstsein."[21]

Drtikol wählte im Jahr 1936 Herrn Jaroslav Koči als einen seiner potenziellen „Schüler" aus, wie dieser „Novize" in seinen Erinnerungen berichtet:

„Ich erzählte Drtikol alles über mich und meine Erfahrungen, über mein Streben, mich Gott zu nähern ... Drtikol hörte aufmerksam zu und erklärte mir dann, dass sich die christliche Mystik durch eine Symbolik äußert, die jeden Anhänger mit einem erhabenen Gefühl zu Gott erfüllt und so auf seinen Geist wirkt, Vorstellungen schafft, die ihm das Erkennen der Wahrheit über Ihn erschweren. Er erläuterte, dass die Personifizierung Gottes oft ein Hindernis darstellt, das uns von der Wahrheit entfernt. Er fragte mich, ob ich jemals über mich selbst als mein ‚Ich' nachgedacht habe, ob ich wisse, wer ich bin. Er betonte, dass ich von aller Symbolik

---

21   Jaroslav Koči, *Cesta za pravdou*. Praha: ORFEUS Szalai & Goll, 1993, S. 21–24.

zu einem realen Gefühl von ‚Selbst', zur Erkenntnis des ‚Selbst' überge-
hen muss. Dazu ist ein stiller Geist erforderlich, frei von allen Vorstellungen und Vorurteilen sowie jeglicher Symbolik. Auf die Frage, ob ich
mich kenne, antwortete ich natürlich mit Ja und deutete auf mich selbst.
Drtikol lächelte nur und sagte, dass das, was ich denke, was ich bin, nicht
ich bin. Er sagte, es sei nur ein Haufen Knochen, Fleisch, Lumpen und
nichts weiter. Er betonte: ‚Wenn ihr herausfindet, wer der Eigentümer
dieses Haufens aus Fleisch, Knochen und Lumpen ist, werdet ihr euer
spirituelles Problem lösen. Es ist eine Barriere, die uns daran hindert zu
verstehen, wer wir sind'."[22]

Wie aus dem Vorhergehenden ersichtlich, interessierte sich Drtikol schließlich mehr für den „Weg der absoluten Ungebundenheit" als für das „Traum-
Yoga". So spricht zumindest einer seiner weiteren Schüler, Evžen Štekl[23], in
seinem Buch *Síla moudrosti* darüber:

„Träume sprechen zu uns – es ist gut, auf sie zu achten, zu versuchen,
sie zu verstehen und herauszufinden, was sie bedeuten sollen. Dies gilt
jedoch nur für diejenigen, die sich bereits auf dem spirituellen Weg befinden – für gewöhnliche Menschen sind Träume (einfach ausgedrückt)
nur ein Abbild eines ungerichteten Bewusstseins. Einmal erzählte ich

---

22 Jaroslav Kočí, *Cesta za pravdou*. Praha: ORFEUS Szalai & Goll, 1993, S. 26.
23 Evžen Štekl (1921–2001) stammte aus einer tschechisch-russischen Familie, die seit
    1922 in Prag lebte. Von Geburt an hatte er körperliche Einschränkungen, aber neben
    seiner Arbeit als Tabakwarenhändler konnte er sich seinen Lebensunterhalt auch als
    Musiker, Komponist, Maler und Fotograf verdienen. Im Jahr 1942 heiratete er und zog
    zwei Töchter mit seiner Frau auf. Im Zuge seiner persönlichen Suche wurde er Mit-
    glied der Weinfurter-Gesellschaft Psyché und traf sich ab 1944 mit Drtikol, wobei er
    zu seinem treuesten Schüler wurde. Unter seiner Anleitung begann er den buddhisti-
    schen Weg des Kundalini-Yoga, den er 1959, ein Jahr vor Fráňa's Tod, erfolgreich ab-
    schloss. Evžen Štekl hatte zahlreiche Schüler, die seine und Drtikols Lehren bis heute
    weitertragen: Karel Vostatek (1933–2008), Karel Funk (*1948), Jan Lípa (*1975), Pa-
    vel Šolc und viele andere.

Fráňa von meinem Traum. Mir schien, ich sei auf den Kronleuchter gestiegen, bis zur Beleuchtungseinrichtung, und dort habe ich mich mit einem Seil festgebunden. Fráňa hörte aufmerksam zu und sagte nach einer Weile: ‚Du hast dich ans Licht gebunden – und was nun?‘ Er meinte wohl, was ich damit anfangen werde – denn auch das ist eine Bindung. Dieser Traum lehrte mich, dass wir uns an nichts klammern sollten, nicht einmal an das Licht der Erkenntnis – wir sollten alles aufgeben. Aber auch dies erfolgt ohne jede äußere Zurschaustellung. Der Buddhismus ist ein Weg des inneren Lebens.

Wenn wir wirklich auf dem spirituellen Pfad sind, sollten wir versuchen, uns an den Traum zu erinnern, den wir hatten. Die Deutung des Traums soll uns zeigen, auf welcher Stufe wir uns befinden, oder sie kann uns auf eine wichtige Gegebenheit hinweisen oder warnen. Zum Beispiel träumen wir, dass wir im Wasser stehen; hier kommt es darauf an, ob das Wasser klar ist, wie hoch das Wasser am Körper steht und auch der Kontext des Traums kann bewertet werden. – Wir träumen, dass wir mit einem starken Tier kämpfen. Das zeigt unser inneres Ringen und auch hier kommt es auf den Kontext im Traum an. Wir sehen im Traum sieben Fackeln – oder sieben Räume – das sind alles Chakren – das kann uns anzeigen, welchen Grad wir erreicht haben. Wir stehen am Rande einer hohen Klippe – das bedeutet, dass wir beginnen, eine innere spirituelle Perspektive zu entwickeln – das sind alles Reflexionen aus der spirituellen Praxis – wir blicken von dieser Klippe hinunter und empfinden Angst – das ist unser Ego. Feuer bedeutet Göttlichkeit – ein Seil bedeutet Bindung, wir sehen im Traum eine anmutige Frau – das ist Kundalini-Shakti, die sich verheißt. Ein Gang, an dessen Ende Licht ist – das ist eine Bestätigung der Richtigkeit des Weges. Ein Gang, der nirgendwohin führt, bedeutet, dass die Art oder Richtung des Weges nicht richtig ist …“[24]

---

24 Evžen Štekl, *Síla moudrosti – interpretace učení Fráni Drtikola*. Praha: Dharmagaia, 1994, S. 25–26.

Auf ähnlichen spirituellen Pfaden wie Drtikol bewegte sich auch Bedřich Hejhal[25]. Er betrachtete jedoch die Thematik des „Traums" aus einer noch etwas höheren Perspektive als Fráňa:

„Der Tod ist der Herr selbst, der kommt, um den Leuchter zu bewegen – infolgedessen erwacht der bisher tote Dharma,[26] weil wieder ein Lebenstraum zu Ende ging. Wieder ist ein Teil des Karmas gelöst. Dieser aus dem Traum erwachte Dharma blickt zurück auf das Leben, das er zuletzt geführt hat, und richtet darüber. Nach dem Urteil fällt Dharma wieder in einen Schlummer, um einen neuen Traum zu träumen, der sich als weiteres Glied in die Kette des individualisierten Lebensstroms einfügt. So wird es immer wieder geschehen, bis nach einem Lebensraum und dem Urteil Dharma nicht in Schlummer fällt, sondern in den Himmel aufsteigt. Und der Körper, der dabei nicht starb, wird mit dem Heiligen Geist erfüllt. Dann hat ein eventueller späterer Tod des Körpers keine Macht mehr.[27]

---

25 Bedřich Hejhal (25.9.1895–3.9.1960) war der „Vorsitzende" eines geschlossenen und bis heute geheimen Kreises von „Spiritualisten". Anfangs war er wahrscheinlich bei den Theosophen engagiert, dann bei Weinfurter, in dessen Gesellschaft Psyché er die Position des Schatzmeisters innehatte. Er arbeitete eine Zeitlang mit Drtikol zusammen und war gleichzeitig Mitglied der Universalia sowie wahrscheinlich auch des nachkriegszeitlichen Kreises der spirituellen Bruderschaft (Anm.: im Originaltext: „Kruh duchovního bratrstva"). In den 1940er-Jahren gründete er seine eigene spirituelle Schule, in der er Lehren aus ägyptischem, christlichem und östlichem Wissen vermittelte. Er soll beachtliche astrologische und mathematische Kenntnisse besessen haben, war ein Experte als Interpret von Tarotkarten und hatte bestimmte psychische Fähigkeiten. Mit einer gewissen Praxis konnte er in seine Anhänger „hineinschauen", ihren inneren Fortschritt erkennen und ihr „inneres Feuer" entfachen. Es gab an die hundert solcher Schülerinnen und Schüler. Als Hejhals bester Schüler galt Miloš Cafourek (1901–16.5.1973), ein weiterer erfolgreicher Heiler war František Vrba (4.12.1877–19.4.1973). Schließlich wurde sein Erbe von den Eheleuten Karel (12.12.1927–13.6.2010) und Zdenka Víto (3.2.1930–6.4.2010) weitergegeben.

26 Der tote Dharma im menschlichen Körper (Praduch – schlafend, residierend in der „Stirn") kann durch das Wirken des Lichts erweckt werden, zum Beispiel durch einen Menschen, in dem sich die Göttlichkeit spiegelt.

27 Mirota (Dominikus) Zvírotický, *Z apokryfů.* [Nevydaný strojopis.] Praha: 2005, S.104.

Bedřich Hejhal führte seine Schüler zu der Erkenntnis, dass unsere Welt eigentlich von unwirklicher Natur ist, die sich letztendlich wie ein Traum darstellen kann. Durch dieses Bewusstsein sollten sie zur wahren Befreiung gelangen. Ein weiterer Mystiker, der so eigenständig war, dass er in seiner Zeit als junger Mann mit kühnem Antlitz sowohl an Weinfurter als auch an Drtikol und Hejhal vorbeiging, ohne größere Beachtung zu finden, war Květoslav Minařík.[28] Obwohl er zum Zeitpunkt des Verfassens seiner Memoiren, die später unter dem Titel *Kéčara* veröffentlicht wurden, eine ablehnende Haltung gegenüber Träumen einnahm, spielten sie während seiner persönlichen Transformation eine wesentliche Rolle:

„Nun komme ich zu den Träumen zurück, die meine spirituelle Entwicklung begleitet haben. Ich erinnere daran, dass ich auf Träume mit Verachtung blicke und sie nur als Kuriosität anführe, die vielleicht wirklich mit jener Art von Realisierung zusammenhängt, die ich durchlaufen habe. Einige Träume waren eigenständig, andere erstreckten sich über mehrere Tage. Einige waren tatsächlich Träume, andere Visionen im Halbwachzustand und daher eigentlich Erlebnisse ...

Ich lief durch die Landschaft und fühlte mich bereits, als wäre ich wiedergeboren, obwohl der Strom schrecklicher Erlebnisse offensichtlich

---

28 Květoslav Minařík (21.2.1908–4.7.1974), auch bekannt als „der tschechische Milarepa", beschäftigte sich sein ganzes Leben lang mit mystischen Lehren des Ostens, sowohl in der Theorie als auch in der Praxis. Er entwickelte eine originelle spirituelle Lehre, die auf der Psychologie und dem Denkstil des zeitgenössischen Europäers basierte, und verfasste etwa 80 literarische Werke unterschiedlicher Länge. Dazu gehören *Přímá stezka, Vnitřní smysl Nového Zákona, Cesta k dokonalosti, Světlo géniů, Beseda bohů, Mahajána, Milarepa, Tajemství Tibetu, Spása*, Autobiographie *Kéčara* usw. Während der sogenannten „Lockerung" in der Zeit des „Prager Frühlings" veröffentlichte der bis dahin vom Regime hart verfolgte Minařík eine Serie von Artikeln über Yoga in der Zeitung *Lidová demokracie*. Zu seinen bedeutenden Schülern gehören unter anderem Krista Ledrová (17. Juni 1897–9. Juni 1975), Dr. jur. M. Kovář (29. April 1910–13. November 1972), Jiří Viktor (4. März 1908–19. Juli 1988), Josef Studený (11. Juli 1919–27. November 2011), Dr. phil. Zora Šubrtová (6. August 1929–14. Februar 2017) und Ing. Roman Mandys (*1929).

nicht aufgehört hatte. Ich stand über einem Tal und blickte auf die Landschaft. Etwas Seltsames. Die Landschaft war grau und trist, aber nur, wenn ich mit offenen Augen hinsah. Als ich die Augen schloss, sah ich dieselbe Landschaft, aber in einem neuen, frühlingshaften Gewand. Aha, sagte ich mir, das geistige Auge, denn ich erkannte, dass ich mit der Stirn blickte. Ich werde also nicht mehr mit den alten Augen sehen, sondern mit dem neuen geistigen Auge auf die Welt blicken. Und diese Lehre nahm ich in den Wachzustand mit."[29]

Kvĕtoslav Minařík in Meditationshaltung

Im Jahr 1946 lernte Minařík Dr. Antonín Bajer[30] kennen, mit dem er anschließend langfristig auf dem Gebiet der EEG-Forschung zusammenarbeitete. In den Jahren 1966–1967 führten sie intensive Messungen in Bereichen verschiedenster Arten von Minaříks verfeinerter Konzentrationspraxis durch, mit einem vorrangigen Fokus auf den Zustand zwischen Wachsein und Schlaf.

---

29 Kvĕtoslav Minařík. *Kéčara – autobiografie mystika*. Praha: Canopus, 1997, S. 65–74.
30 Doc. MUDr. Antonín Bajer (7.2.1911–23.4.1994), ein Arzt der neurologisch-psychiatrischen Klinik des Universitätsklinikums Brünn, hat lange Zeit die Möglichkeiten der EEG-Forschung untersucht. Ab 1946 war er Schüler und später Mitarbeiter von Kvĕtoslav Minařík, mit dem er in den Jahren 1966–1967 verschiedene Arten der Konzentrationspraxis untersuchte, und zwar unter Einsatz von EEG. Leider wurden Bajers Texte zu dieser Forschung erst nach seinem Tod veröffentlicht.

1. Erstes Schlafstadium: Alphawellen (Frequenz 8–13 Hz) zerfallen teilweise oder sind vollständig zerfallen und fehlen. Leichte Schläfrigkeit mit leicht verminderter Wachsamkeit.

2. Zweites Schlafstadium: Beta-Aktivität mit einer Frequenz von 14–24 Hz dominiert, gemischt mit Theta-Wellen einer Frequenz von 4–7 Hz. Abhängig von den Anteilen der Theta-Wellen wird das Stadium in IIa, IIb, IIc unterteilt. Ausgeprägte Schläfrigkeit mit deutlich verminderter Wachsamkeit.

3. Drittes Schlafstadium: Wellen mit einer Frequenz von 3–4 Hz dominieren, innerhalb dieser Schlafspindeln mit einer Frequenz von 14–18 Hz, der sogenannte Sigma-Rhythmus, mittlere Amplituden. Entspricht dem eigentlichen Schlaf.

4. Viertes Schlafstadium: Hohe Delta-Wellen mit einer Frequenz von 2 Hz und bis zu 400–600 µV Höhe dominieren. Tiefschlaf. Paradoxer Schlaf: Es tritt die elektrische Aktivität der Stadien 1 und 2 auf, frontal erscheinen sägezahnartige Wellen, es treten schnelle Augenbewegungen auf, der Muskeltonus verschwindet. Traumschlaf (Traum-Bardo).

5. Am Anfang tritt synchroner Schlaf auf und dauert 60–90 Minuten, dann folgt der Traumschlaf, der 10–30 Minuten anhält; er wird von synchronem Schlaf abgelöst; diese Schlafphasen wechseln sich 4–5 Mal pro Nacht ab. Gegen Morgen nimmt der Traumschlaf zu und der synchrone Schlaf ab.

Die höchste Konzentrationspraxis, die Minařík und Bajer langfristig erfolgreich anwandten, bezog sich auf die Fokussierung der Aufmerksamkeit des Yogis auf die Füße. Somit sind wir wieder bei Weinfurters Übung zur Verlagerung des Geistes in die Füße des beginnenden Mystikers angelangt, wie sein

---

31 Antonín Bajer, *Styčné body mezi vědou a jógou školy kagjüpa*. Praha: Canopus, 2007, S. 101–102.

Ohnivý keř (Anm.: *Der brennende Busch. Der entschleierte Weg der Mystik*) beschreibt. Es ist nur natürlich, dass einige Jahrzehnte später die Überlegungen eines medizinisch gebildeten Menschen mit Zugang zu „modernen" Geräten auf einer etwas anderen Ebene sind als zu Beginn der 1920er-Jahre in der Gesellschaft Psyché.

Kurze Zusammenfassung der Phänomene
bei der Konzentration des Geistes in die Füße [32]

„Das Konzentrieren des Geistes in die Füße beeinflusst und verändert das gesamte Wesen (...). und stabilisiert: 1. den Geist, damit er nicht umherschweift und flüchtig ist; 2. das Bewusstsein, damit es nicht diffus und flüchtig, sondern klar und wach ist; 3. Prana – die Lebenskraft im Körper, damit sie nicht durch die Füße und andere Kanäle aus dem Körper entweicht. (...) Bei der Konzentration des Geistes in die Füße entsteht im ganzen Körper ein elektromagnetisches Feld, in dem elektrovitale Energie in einer Richtung von den Füßen zum Kopf fließt. (...) Dadurch werden statische Energien (fest an die Körperstrukturen gebunden) in kinetische Energien umgewandelt; differentielle Energien (Energie der Sexualität, Atavismen und andere negative Energien des Wesens) werden in indifferente Energien umgewandelt, die neutral oder positiv im Sinne von ‚sursum corda' (Erhebet die Herzen) sind. (...) Durch diese positiven Veränderungen im Körper werden auch genetische Faktoren – Desoxyribonukleinsäure, die wir von unseren Eltern geerbt haben – beeinflusst. Dadurch wird den Eltern im Sinne von ‚sursum corda' sehr wirksam geholfen, und dies wird ihnen als gute Karma in ihren weiteren Leben angerechnet ... Je intensiver das Bewusstsein in den Fü-

---

32 Antonín Bajer. *Styčné body mezi vědou a jógou školy kagjüpa*. Praha: Canopus, 2007, S. 35.

ßen ist, desto größer und stärker ist das elektromagnetische Feld, das das gesamte Wesen – sowohl den Körper als auch den psychischen Bereich – transformiert, bis hin zur ‚Umkehrung des Jordanflusses‘ nach oben zum Kopf. (...) Hierbei kommt es 1. zu einer Transformation des gesamten Wesens und dann 2. zur Erkenntnis und Auffindung des spirituellen Zentrums des Wesens – Atman. Voraussetzung für den Erfolg in den genannten yogischen Techniken ist die Wiedergeburt und Reinigung des gesamten Wesens durch eine kompromisslose moralische Disziplin (...), insbesondere die Eliminierung negativer Neigungen (...) einschließlich der Entpersonalisierung und des Verzichts auf die Welt. (...) Bleibt das Wesen im Bewusstsein seiner selbst, verbleibt es eigentlich im kosmischen Bewusstsein und findet letztendlich einen besonderen Weg, das gesamte Wesen darin zu absorbieren.“

Konzentration an der Grenze zwischen Wachheit und Schlaf [33]

„Erfordert sowohl Wachheit als auch Entspannung, was nur nach langem Üben in extensiver und intensiver Konzentration auf die Füße und den Körper möglich ist.

1. Glückseliges Samadhi – das Gleichgewicht zwischen Wachheit und Entspannung.
2. Nirvikalpa Samadhi a) das Gleichgewicht zwischen Wachheit und Entspannung, b) mit intensivem Körperbewusstsein und c) dem Stillstand geistiger Aktivität; es bringt Erleuchtung, Weisheit und unmittelbare Wahrnehmung der Realität.
3. Wenn geistige Aktivität nicht zum Stillstand kommt und die Wachheit höher ist als die Tiefe der Entspannung, tritt kein Nirvikalpa Samadhi auf, aber es ist möglich, ins Unterbewusstsein der psychologischen und tieferen Ebenen abzusteigen und sowohl die transzen-

---

33 Ebd., S. 105–106.

dente Welt als auch die Gesetze der Kohärenz der psychophysischen Existenz der lebenden Natur zu erkennen ..."

Hier müssen wir unsere Arbeit unterbrechen und sie vorläufig als das erste Kapitel eines größeren Werkes bestimmen, das sich mit dem Thema der Traumpraktiken tschechischer Esoteriker des 20. Jahrhunderts befasst. Das zweite Kapitel sollte sich einer etwas jüngeren Generation tschechischer Mystiker widmen, namentlich Eduard und Míla Tomáš, Jiří Vacek und Jaro Pippich. Das abschließende Kapitel soll sich ganz anderen Techniken der Traumarbeit zuwenden, die von tschechischen Hermetikern angewandt wurden, insbesondere Petr Kohout (Lasenic), Alois Sedláček, Franz Bardon, Josef Louda alias Theophanus Abba und František Kabelák.

✠

Bertold Reitinger, Traumaufzeichnung, August 1931

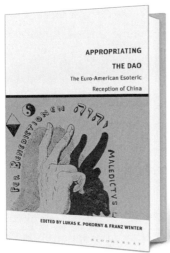

LUKAS K. POKORNY &
FRANZ WINTER (Hrsg.)
**Appropriating the Dao:
The Euro-American
Esoteric Reception of China**
230 S. Geb. mit s/w-Fotos
London: Bloomsbury Publishing, 2024
ISBN 978-1-3502-8956-7

Das Dao in Europa und Amerika

Andraž Marchetti

*W*ir alle sind Kinder unserer Zeit und geprägt von unserer Lebenswelt. Wenn man sich dem sprichwörtlichen „Anderen" gegenüber sieht, ist es schwer, sich von der eigenen Befangenheit zu lösen. Vor allem galt das aber für eine historische Epoche, in der Kolonialismus und Imperialismus als Ideologien vorherrschten. China galt neben Indien (vor allem in esoterischen Kreisen Europas und Amerikas) als das archetypische „Fremde", in dem Wunder und Magie noch möglich waren. Der entzauberte, rationalistische und materialistisch geprägte Westen des 19. und 20. Jahrhunderts hungerte nach dem (in der eigenen Kultur) längst verlorenen Numen. Dieses suchte man (unter anderem) in nicht-westlichen Kulturkreisen wiederzufinden. Dabei vermischten sich Vorurteile, Projektionen, Halbwissen und Wünsche mit Wirklichkeit, Fakten und echtem Wissen. Genau diese Thematik versucht das vorliegende Buch aufzuarbeiten. *Appropriating the Dao* ... ist ein außerordentlich wichtiger Beitrag zur Rezeption des traditionellen chinesischen Gedankenguts in westlichen esoterischen Kreisen. Der Sammelband beinhaltet Texte namhafter Religionswissenschaftler und Religionshistoriker, welche so diverse Gebiete wie Éliphas Lévi, das *Yijing*, Matgioi, Aleister Crowley, C. G. Jung und Mesmerismus abdecken. Damit werden Schlüsselbereiche der westlichen Esoterik auf ihre Auseinandersetzung mit China hin untersucht. Noch wichtiger ist, dass es sich beim vorliegenden Buch um ein bahnbrechendes Werk handelt, das damit für das Gebiet der vergleichenden Religionswissenschaft Pionierarbeit leistet. Natürlich ist jede einzelne Abhandlung von großer Bedeutung, doch möchte ich diejenigen hervorheben, die für die Leserinnen und Leser von *Gnostika* von besonderem Interesse sein könnten.

FRANZ WINTERS „Looking Out for Magic in Ancient China: The *Yijing*, its Trigrams, and the Figurist Tradition in Éliphas Lévi"[1] setzt sich mit Lévis Verständnis der chinesischen Gedankenwelt auseinander und weist seine erhebliche Abhängigkeit von jesuitischen Quellen nach. Eine besondere Rolle spielte dabei der sogenannte Figurismus. Hier handelt es sich um eine im 17. und 18. Jahrhundert Jahrhundert von jesuitischen Missionaren propagierte Denkrichtung, die die These vertrat, das Yijing sei ein prophetisches Buch und enthalte die Geheimnisse des Christentums.[2] Einen ähnlichen Versuch unternimmt Éliphas Lévi in seiner *Histoire de la Magie* in Bezug auf den legendären chinesischen Kaiser Fuxi 伏羲[3] und Konfuzius. Er positioniert die beiden als Schlüsselfiguren in einer Erblinie der „wahren Magie", weil sie eng mit dem *Yijing* verbunden sind.

---

1 Lukas K. Pokorny & Franz Winter: *Appropriating the Dao: The Euro-American Esoteric Reception of China*. London: Bloomsbury Publishing, 2024, S. 35–59.
2 David E. Mungello: *Curious Land: Jesuit Accommodation and the Origins of Sinology*. Honolulu: University of Hawaii Press, 1989, S. 309.
3 Fuxi 伏羲 gilt in der chinesischen Tradition als Kulturbringer und Erfinder von Jagd, Musik, Fischerei, etc.

Das *Buch der Wandlungen* wiederum gilt Lévi als das grundlegende Werk der „wahren Magie" schlechthin.[4]

Ein weiterer sehr wichtiger Beitrag ist JULIAN STRUBES „Daoism and Kung Fu as Occult Sciences: Historical Comparisons between Chinese Practices and Mesmerism".[5] Hier werden mögliche Schnittstellen zwischen Mesmerismus und Daoismus bzw. Kung Fu thematisiert. Besonders möchte ich auf den Abschnitt „Mesmerism and Chinese Occult Sciences" verweisen, denn in der Tat zwingen sich diesbezüglich Vergleiche auf zwischen dem magnetischen Fluid der Mesmeristen und der alles durchdringenden Lebensenergie *qi* 氣 der Chinesen. Im Mittelpunkt von Strubes Analyse steht der Gedankenaustausch zwischen dem französischen Jesuiten Joseph-Marie Amiot (1718–1793) und dessen Freund, dem chinesichen Prinzen Hongwu 弘旿 (1743–1811).[6]

Leser werden sich vielleicht an Felix Herkerts Text über Albert de Pouvourville (Matgioi) aus der *Gnostika* Vornummer erinnern. DAVIDE MARINO untersucht hier in seinem „The Daoist Who Wasn't: Albert de Pouvourville, Matgioi, Nguyễn Văn Cang and the Problem of Indochinese Masters in *fin-de-siècle* Occultism"[7] die Authentizität von Matgiois vietnamesischen Informanten[8]. Das Verhältnis zwischen Albert de Pouvourville (1861–1939), Nguyễn Văn Luật 阮文律 (ca. 1850–1930) und seinem jüngeren Sohn Nguyễn Văn Cang 阮文亢 (ca. 1870–?) wird einer genaueren Prüfung unterzogen.

Schließlich möchte ich noch die Beiträge von GORDAN DJURDJEVIC: „Do What Dao Wilt: The Integration of East Asian Concepts

---

4   Lukas K. Pokorny & Franz Winter: *Appropriating the Dao: The Euro-American Esoteric Reception of China.* London: Bloomsbury Publishing, 2024, S. 41.
5   Ibid., S. 15–34.
6   Ibid., S. 6–7.
7   Ibid., S. 83–108.
8   Ibid., S. 8.

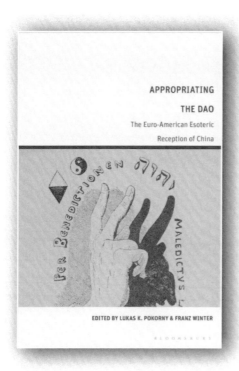

APPROPRIATING

THE DAO

The Euro-American Esoteric
Reception of China

EDITED BY LUKAS K. POKORNY & FRANZ WINTER

BLOOMSBURY

and Practices into Aleister Crowley's Thelema"[9] und KARL BAIER: „The Archetypal Dao: A Look at C. G. Jung's Reception of Chinese Thought"[10] hervorheben. Alles in allem kann ich das von LUKAS K. POKORNY (Universität Wien) und FRANZ WINTER (Universität Graz) herausgegebene Werk nur wärmstens empfehlen.

---

9   Ibid., S. 125–144.
10   Ibid. S. 163–200.

„China in the Euro-American Esoteric Imagination: Contouring a Lacuna" (LUKAS K. POKORNY / FRANZ WINTER)

1. „Daoism and Kung Fu as Occult Sciences: Historical Comparisons between Chinese Practices and Mesmerism" (JULIAN STRUBE)

2. „Looking Out for Magic in Ancient China: The Yijing, Its Trigrams, and the Figurist Tradition in Éliphas Lévi" (FRANZ WINTER)

3. „The Theosophical Daodejing: The Beginnings" (LUKAS K. POKORNY)

4. „The Daoist Who Wasn't: Albert de Pouvourville, Matgioi, Nguyen Van Cang, and the Problem of Indochinese Masters in fin de siècle Occultism" (DAVIDE MARINO)

5. „Turning Further East: C. H. A. Bjerregaard and the Esoteric Enthusiasm for Daoism" (JOHAN NILSSON)

6. „Do What Dao Wilt: The Integration of East Asian Concepts and Practices into Aleister Crowley's Thelema" (GORDAN DJURDJEVIC)

7. „An Exoticism of Rationality and Social Order? Examining the East-West Binary in Late Nineteenth- and Early Twentieth-Century Esoteric Representations of China" (JOHAN NILSSON)

8. „The Archetypal Dao: A Look at C. G. Jung's Reception of Chinese Thought" (KARL BAIER)

9. „Be Water My Friend: Esotericism, Martial Arts, and Entangled Histories" (TAO THYKIER MAKEEFF)

mit

Peter-Robert König
Erkenntnisse eines langjährigen OTO-Forschers
Im Bermuda-Dreieck

Herr König, sagen Sie was ...

PRK: Ich muss eingestehen, dass ich noch niemals eine Ausgabe der *Gnostika* zu Ende gelesen habe. Obwohl ich, so sagt man wohl, Autor der ersten Stunde bin ...

Es entzieht sich meinem Verständnis, wie sich jemand ernsthaft mit all den Inhalten der Esoterik, des Okkultismus und den zahllosen Sophistereien identifizieren kann. Ein darüber Nachdenken? Ja, durchaus, aber nur im richtigen Kontext. Für mich bedeutet die Auseinandersetzung mit all dem, was ich seit 1985 so auf den Markt geworfen habe, immer ein Jonglieren mit und auf Meta-Ebenen. Eine Analogie wäre: Ich habe nicht vor, hatte es nicht und verstehe es auch nicht, wie sich jemand mit den Motiven auf den Zeichnungen oder Malereien der **art brut** beschäftigen kann. Sammeln: ja. Herstellen: ja. Warum: Ja. Aber was auf diesen Papieren und Leinwänden ist: entweder gefällt's oder nicht. Was drauf ist, ist mir egal. Wohlgemerkt: Ich liebe diese Kunstform, besitze etliche Originale, die mir unendlich viel mehr bedeuten als all die vielen Bücher, die in meinem Haus gestapelt an den Wänden stehen. Doch was bedeuten die Motive dieser Zeichnungen? Pfff. Aber: Worauf weisen die Inhalte der Werke von Adolf Wölfli oder Oswald Tschirtner? Es ist der Kontext, immer der Kontext, der hier entscheidend ist.

Warum entsteht Okkultismus? Wer sind diese Menschen, die darin ihre Lesezeit, ihr Leben, ihre Sozialisation finden? Was treiben sie miteinander, und vor allem: warum? Das *Womit* hat mich eigentlich nie so richtig interessiert. Sexuell konnotierte Pennälerzeichnungen und verklemmte Pausenhof-Witzchen von mehrheitlich jungen Männern in postpubertierenden Körpern? Mir doch egal, was die Okkultisten glauben und praktizieren. Es ist das Drumherum.

Das Nachdenken über Okkultisten, das Schreiben über sie, stellt mich vor Fragen, die mal mehr, mal weniger interessant sind. Muss man das Subjekt und das Objekt dieser Betrachtungen als Freund sehen, als Feind, als Versuchskaninchen, das man triezt, um das Quieken auf Ton, in Bild und Schrift festzuhalten? Nach welcher Methode? Es gibt viele kritische Theorien, aber ich wende keine bestimmte an, weil jede im Prinzip funktioniert. Ich gehe nicht an Texte, Ideen oder Menschen heran, als wären sie Patienten. Rationalität ist letztlich eine zutiefst subjektive Angelegenheit. Oder, wie es der österreichische Wissenschaftsphilosoph Paul Karl Feyerabend ausgedrückt hat: *Anything goes.*

Viele Leser finden meine Texte zusammenhanglos oder übermäßig technisch, als eine Ansammlung obskurer und komplizierter Konzepte, die wie eine Wortsuppe oder ein Haufen Unsinn wirken. Auch meine Website könnte den Eindruck erwecken, sie führe den Besucher in einen endlosen Kaninchenbau voller Details und technischer Minutien. Und in einen trüben Teich aus peinlichem Klatsch und miesem Tratsch.

Genau das hat mir am eigenen Recherchieren, Nachdenken und Schreiben gefallen: Alles war möglich. Sanfte Begegnungen. Lustige. Wütende. Wer oder was ist mir in Erinnerung geblieben? Vor allem Johannes Maikowski. Einer der Großmeister der **Fraternitas Saturni**: amüsant, gebildet, großzügig im Denken wie auch im Beschränken. Und dann dieser Moment, als ich mit dem Boot auf dem Amazonas an einen Baum im Wasser stieß, ein Klumpen Ameisen von oben herabfiel, und ich dachte: „Hier lebte Arnoldo Krumm-Heller?" Manchmal traf ich traurige Menschen in unerträglichen pekuniären Lagen. Und bin froh, dass das Essen auf meinem Teller mein eigenes ist.

Heute, im Jahr 2024, sitze ich in einem dreistöckigen Haus in den Schweizer Bergen. Im ersten Stock sind 12.000 CDs irgendwie an den Wänden untergebracht. Vom Tisch aus, eine Etage tiefer, an dem ich in einem neuen Oxknit-Hemd grad schreibe, sehe ich drei Stapel DDR-Science-Fiction an einer Wand. Das ist mehr Science-Fiction als jede andere Science-Fiction. Damals herrschte Papierknappheit. Jedes Manuskript wurde von einer Zensurbehörde kontrolliert, und der Staat lehnte alles ab, was nicht wissenschaftlich konzipiert oder daraus extrapolierbar war. Also keine Energiestrahlen, Aliens, Gedankenlesen etc. Jeder Text musste im Dienste der sozialistischen Revolution stehen. Was blieb da noch übrig? Und was bleibt vom Okkultismus übrig, wenn man Strahlungen, mystische Schwingungen, Engel, Dämonen, Hellsehen, Astrologie, Astralebenen etc. wegnimmt? Jeder okkulte Text muss einem vorgestanzten Schema dienen (hallo, DDR). Jedes Sachbuch über Okkultismus quillt über vor Namen, die Fußnoten bedeuten. Das Selbstreferenzielle ist hier Währung. Nennst Du mich Goethe, nenn' ich Dich Schiller.

Ich besitze 22 Laufmeter Science-Fiction-Heftchen aus den Jahren 1930 bis Mitte der 1970er. Für mich ist das komplett unleserliches Deutsch (beim Englischen und Französischen bin ich mir da nicht so sicher), eingeschränktes, reaktionäres Gedankengut. Raumschiffe und Aliens haben mich nie interessiert. Bei mir zuhause lehnt eine Anzahl **cover art**, also die Originalzeichnungen, die für die Umschläge dieser Heftchen verwendet wurden, an Wänden auf den Bücherstapeln. Gefallen mir die Motive? Nicht unbedingt. Aber all das weist auf den Kontext hin. Man stelle sich das zerbombte Deutschland nach dem Zweiten Weltkrieg vor: Not an allen Ecken und Enden. Und trotzdem schreiben und publizieren ein paar wenige Menschen schon ab 1948 auf dünnem Papier, zuerst noch ohne Werbung auf den Innenseiten, ihre Fantasien.

An wen richten sich diese Schriften? An Jugendliche, deren Eltern diesen so genannten Schund in der Tonne verbrennen. An Johannes Maikowski, der sich im Keller mit dem Rücken an die Heizung lehnt, um Inspiration für seinen späteren pornografischen Science-Fiction-Roman zu holen. Er ist Katharer. Sein Roman trieft nicht nur davon. Hat nicht auch A.M.O.R.C. seine Mitglieder in amerikanischen Pulp-Magazinen gefischt? Ich besitze ein paar dieser uralten Magazine aus den 40er-Jahren. Man kann sie kaum auseinanderklappen, da das Papier geradezu zerfällt. Dort finden sich Aufforderungen, *The Strange Keys to the Powers of the Universe* zu kaufen. *The Secret of Mental Creating. A Secret Method for the Mastery of Life.* Auf den Umschlägen die BEMs (bug-eyed monsters). Schämen sich später hochrangige Mitglieder deswegen? Und das ist es, was ich interessant finde. Der Rest ist Religion als Dekoration. Okkultes Material und SF liegen bei mir herum als Design-Objekte. Nice to have.

Ansonsten gab es nie eine Verbindung zwischen meinem persönlichen Leben und dem, worüber ich recherchiere und publiziere. Mein Lieblingsbuch ist grad *The Monk* des damals 23-jährigen Matthew Gregory Lewis, erschienen 1796. Auf keinen Fall die gekürzte deutsche Übersetzung, die ist ein Verbrechen an der Sprache. Eigentlich möchte ich sogar hiermit enden. Mit einer Kurzzusammenfassung des Schlusses dieses Buches:

schnell rast der roman seinem ende zu. ein mini-subplot mit raymonds minderjährigem kammerdiener, der im frauenkloster spioniert. dort wird nämlich die hochschwangere agnes ins finsterste verliess unter dem altar verfrachtet, kriegt einsam ihr baby, das sofort nach der geburt stirbt, aber noch wochenlang verrottend am busen seiner wehklagenden mutter ruht, die halbblind im von würmern durchsetzten verwesenden fleisch ihres säuglings wühlt. ambrosius erwürgt elvira, die mutter von antonia und vergewaltigt letztere in der gruft nebenan zwischen fauligen leichen, die böse klosterpatronin wird vom wütenden mob auf der strasse in tausend kleine stücke zerrissen und das frauenkloster niedergebrannt, der aufgewühlte mönch erwürgt antonia und wird darob ausgiebig von der inquisition gefoltert, der teufel erscheint ihm im verliess in seiner wahren gestalt, der monk schwört endlich seinem glauben ab, erfährt vom triumphierenden teufel, dass elvira seine eigene mutter und antonia seine leibliche schwester waren und die transvestitennonne einer des teufels unterdämonen und wird vom Evil Himself in eine schlucht geworfen, wo er wehrlos mit zerschmetterten gliedmassen noch 7 tage von insekten angeknabbert liegt und the most exquisite and insupportable qualen erleidet, bis ihm adler die augen aushacken und ihn vollends zerfleischen. finis.

Ui, ein Blick auf die Uhr, den Kalender: Ich sollte mal endlich vorwärts machen. 22.000 Dokumente, Fotos etc. habe ich fotografiert. Nicht gescannt. Ich liebe die Schatten, die bei Fotos entstehen. Das wird alles mal auf meine Website gepostet. Ich bin ja erst 65 Jahre alt. Zeit genug dafür sollte ich ja noch haben, meinen Sie nicht auch?

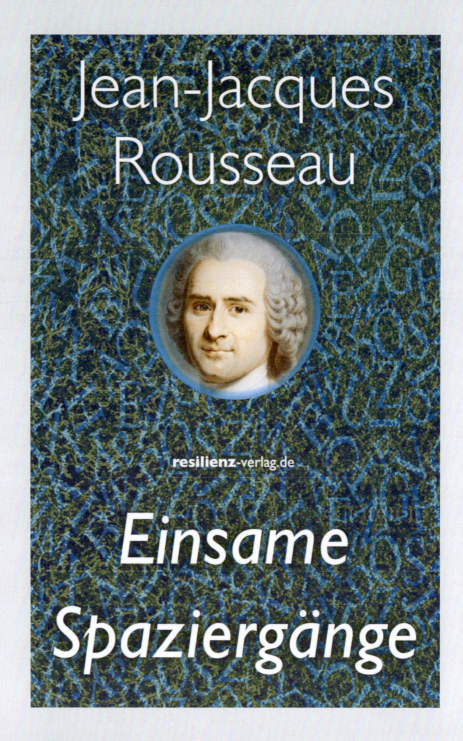

Jean-Jacques Rousseau

resilienz-verlag.de

Einsame Spaziergänge

168 Seiten / Pb / 978-3-911069-02-1 / Bestellen bitte auf: https://buchshop.bod.de

Bücher-Spiegel

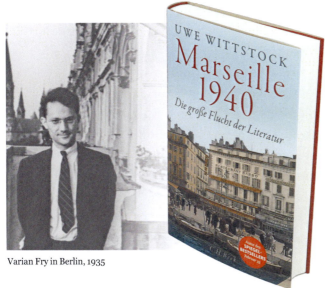

Varian Fry in Berlin, 1935

UWE WITTSTOCK:

**Marseille 1940.
Die große Flucht
der Literatur**

352 S. Geb. m. Abb.
München:
C. H. Beck, 2024
978-3-406-81490-7

Die Jahre der Vertreibung und Flucht während des Zweiten Weltkrieges werden von Uwe Wittstock in all ihrer Beklemmung und Auswegslosigkeit dargestellt. Vertriebene wie Lion Feuchtwanger, Anna Seghers, Alma und Franz Werfel, Heinrich und Nelly Mann oder Walter Benjamin, um nur einige zu nennen, werden in ihrem Überlebenskampf begleitet. Für manche hat es kein gutes Ende, andere erhalten die ersehnten Ausreisevisa aus dem besetzten Europa. Viel Bürokratie, viel Willkür, viel Leid und wenig unkonventionelle Hilfe prägten diese Zeit: „In einer Kooperation von SS, französischer Polizei und der Regierung in Vichy wurden ab 1942 insgesamt 75.000 französische und ausländische Juden an die Nazis ausgeliefert und ermordet." Nur dank einiger wohlhabender Mäzene konnten viele gerettet werden. Dabei spielt der amerikanische Journalist Varian Fry eine besondere Rolle, der früh erkannte, dass „einige der wichtigsten Vertreter der Moderne [...], eine ganze Generation europäischer Kulturgrößen [...] innerhalb der nächsten Wochen [droht] ermordet zu werden." Fry gelang es, ein Büro vor Ort und einige in den USA einzurichten, um Gelder für unkonventionelle Hilfsmaßnahmen zu akquirieren. Dabei spielte Mary Jayne Gold eine große Rolle, die sich entschlossen hatte, diese Befreiungsaktionen mit ihrem Vermögen zu unterstützen, da die USA kein großes Interesse daran hatten, darin verwickelt zu werden: „Die Amerikaner interessieren sich nach wie vor nicht für die zerrissene politische Lage in Europa und wollen vor allem um keinen Preis in das Kriegsgemetzel dort hineingezogen werden." Wittstock schreibt weiter: „Zugleich wird hier erzählt von einer Gruppe erstaunlicher Menschen, die unter erheblichen Gefahren versuchten, so viele Exilanten wie möglich aus der tödlichen Falle zu retten, zu der Frankreich für sie geworden war. Die Geschichte dieser Gruppe um den Amerikaner Varian Fry führt über einen größeren Zeitraum und in etliche Länder zurück, bevor die Helfer schließlich 1940 in Marseille zusammenfanden. Sie gaben ein Beispiel unbeirrbarer Menschlichkeit in Zeiten denkbar größter Unmenschlichkeit"(8). – Im Rückblick waren es die endlosen Tage und Nächte, die die Menschen auf der Flucht erschütterten, während sie mit Warten, Hoffen, Rettung und Scheitern einhergingen.

GERD KRUMEICH:
Als Hitler den Ersten Weltkrieg gewann.
Die Nazis und die Deutschen 1921–1940
352 S. Geb., m. Abb.
Freiburg: Verlag Herder, 2024
978-3-451-38568-1

Der Autor räumt im Vorwort ein, dass der Titel eine Provokation darstelle, aber er wolle auf die Bedeutung des Ersten Weltkrieges für das

Erstarken des NS-Regimes, die weitere Entwicklung und den Ausbruch des Zweiten Weltkrieges aufmerksam machen. Seine Hauptthese: „Ohne das Versprechen, die Niederlage von 1918, den ‚schandhaften' Friedensvertrag von Versailles 1919 zu tilgen, Deutschland wieder zu alter und neuer Größe zu führen, die zwei Millionen Gefallenen des Krieges zu ehren und ihrem Tod für das Vaterland einen neuen Sinn zu verleihen, hätte Hitler niemals die Unterstützung gefunden, die dazu führte, dass er 1933 die Macht übertragen bekam" (11). Eine einleuchtende These, die allerdings seit Jahren bekannt sein dürfte und deren Überzeugungskraft historisch nachvollziehbar ist. Dass es bisher keine Geschichte der Weimarer Republik gibt, die das „Trauma des verlorenen Krieges" durchgängig verarbeitet, mag als These berechtigt sein, aber die Thematik der Weimarer Republik als Kontrapunkt von Erklärung und Ursache des Zweiten Weltkrieges mündet in das Geschichtsbewusstsein ein. Wie dem auch sei, der Historiker Krumeich arbeitet hier die Aneignung und Verdrehung Versailles durch das NS-Regime auf, sodass der Leser ein detailliertes Bild dieses Entwicklungsprozesses erhält. Die Geschichte

der Epoche kann auf diese Weise neu erzählt und damit eingängiger und argumentativ stringenter dargestellt werden. Ob eine Neuinterpretation der Geschichte des Aufstiegs des Nationalsozialismus bis zum Ausbruch des Zweiten Weltkrieges vorliegt, kann offengelassen werden.

MICHAEL GRÜTTNER:
Talar und Hakenkreuz.
Die Universitäten im
Dritten Reich
704 S. Geb. München:
C. H. Beck, 2024
978-3-406-81342-9

ᗠie Rolle der Universitäten und Hochschulen im Dritten Reich wird hier anhand einer großen Materialfülle und Genauigkeit ausgewogen dargestellt. Grüttner unterscheidet zwischen institutionellen, personellen und wissenschaftlichen Bereichen. Er analysiert, wie das „wissenschaftliche Personal" nach und nach instrumentalisiert wurde und sich die Machtübernahme des NS-Regimes auf Hochschulen auswirkte, welche Strukturen und Herrschaftssysteme Zugriff auf die „Freiheit der Lehre" erhielten, um sie zu lenken und zu steuern. Hinsichtlich der Frage, inwieweit sich die Wissenschaft „in den Dienst des Nationalsozialismus stellte" (501), erhält der Leser ein differenziertes Bild. Der Schlussteil fasst zusammen und gibt einen Ausblick auf die Zeit nach 1945 und den damaligen Umgang mit nationalsozialistischen Hochschullehrern, die in der BRD und DDR wieder in Amt und Würden eingesetzt wurden. Dass der Nationalsozialismus nicht nur zersetzend und einflussreich war, sondern auch die Atmosphäre und die Lehre an den Universitäten bestimmte, mag selbstverständlich sein. Überraschend ist jedoch die Einschätzung der Lehrenden durch den Sicherheitsdienst der SS. So wurde Heidegger als „politisch positiver Professor" eingestuft, Arnold Gehlen hingegen als „nationalsozialistischer Philosoph",

Hans-Georg Gadamer fiel unter „indifferente Philosophen" und Eduard Spranger zählte zu den „liberalen Professoren" (437). International habe der wissenschaftliche Einfluss des Deutschen Reiches nach 1933 rapide abgenommen (502). Konkret: „Der selbstgestellte Anspruch der Universitäten, ‚Hüterinnen von Wahrheit und Gerechtigkeit' zu sein, war nach zwölf Jahren Diktatur bis zur Unkenntlichkeit verblasst" (506). Das hat Folgen bis heute, und zwar in allen Bereichen.

Wie gingen die Universitäten in der Nachkriegszeit mit den in der NS-Diktatur Entlassenen um? Jene, die noch in Deutschland lebten, wurden oft relativ schnell wieder integriert. Anders bei den Emigranten: Die britische Militärregierung erstellte Listen mit jenen, die von den Hochschulen zurückgerufen werden sollten. Sie fanden bei den Universitäten selbst wenig Widerhall. „Der Grundgedanke, der die Besatzungsoffiziere bewegte, durch Rückberufungen nationalsozialistisches Unrecht so weit wie möglich wiedergutzumachen, blieb den deutschen Universitäten 1945/46 offensichtlich fremd" (525). Dieser Umstand trug nicht unerheblich dazu bei, die Universitäten beinahe direkt zu den Studentenrevolten um 1968 zu führen. Ein gründlich recherchiertes Buch, dessen Gegenwartsbezug sich leicht herstellen lässt, denn weder ist 1933 zu vergessen noch die damit einhergegangene Instrumentalisierung der Talare durch das Hakenkreuz.

EWALD FRIE / BORIS NIESWAND:
Keplerstraße 2.
Innenansichten geisteswissen-
schaftlicher Forschung
172 S. Geb. mit 2 Diagrammen
München: C. H. Beck, 2024
978-3-406-82189-9

Ein kleines Büchlein beleuchtet die Höhen und Tiefen akademischer Gelderbeschaffung: „Um Drittmittel und Forschungsprojekte geht es in diesem Buch" (11). Die DFG (Deutsche Forschungsgemeinschaft) als Synonym für ein Instrument zur Verteilung von Forschungsgeldern und wie sie arbeitet, wird ebenso beleuchtet, wie die Besoldung von Hochschullehrern, deren Gehalt mittlerweile auch leistungsbezogen abgebildet werden kann, Stichwort „Basistarif" und „Zulagen" (18). Dass Forschungsgelder nicht einfach so vergeben werden, sondern auf Kooperation und Interdisziplinarität angelegt sind, wohl auch, um der zunehmenden Vereinzelung der Wissenschaftler entgegenzuwirken, aber auch, um international mithalten zu können, sei nur am Rande erwähnt. All dies erscheint dem naiven Beobachter als eine Ansammlung nachvollziehbarer Entscheidungen, die zu Sonderforschungsbereichen und zeitgebundenen, drittmittelgestützten Projekten führen. Doch inwieweit wird die Universität in Richtungen gedrängt, die sich als akademisch wichtig darstellen, deren Relevanz sich dem „Steuerzahler" aber nur bedingt erschließt? Ein Blick auf die Förderprogramme der DFG-Website zeigt, dass Forschung um der Forschung willen wichtig ist, aber auch sinnvoll hinterfragt werden muss. Es ist jedenfalls ein Mythos, dass es allein auf die Inhalte der Forschung ankomme. *Networking* ist das Schlüsselwort. Der Interessierte erhält hier einen Einblick in die komplexe Welt, der sich Akademiker stellen müssen, um überleben, sprich: forschen zu können. Die Covergestaltung ist übrigens KI-generiert: „Während das Manuskript im Verlag kursierte, brach ChatGPT […] in die Geisteswissenschaften und die Künste ein […]. Sind wir nun „Bedrohte Ordnungen"? Werden wir effizienter, normierter, berechenbarer werden oder schneller, kreativer, bunter", fragen sich die beiden Autoren im „Dank" des Buches.

Vorstellung einer Maschine, die wie ein Kind lernt (13), führt dies zu der Annahme, Menschen seien „Fleischmaschinen" (Marvin Minsky) oder „Informationsverarbeitungssysteme". Diese auf Descartes zurückgehende Grundüberlegung blieb lange Zeit unhinterfragt und führte zur KI, der Künstlichen Intelligenz. Die Technisierung der Intelligenz scheint dabei notwendig, denn ohne Verletzbarkeit im doppelten Sinne, als Wunde und Verletzung und als Schutzmöglichkeit: keine Ergebnisse. Intelligenz und Rationalität hängen eng zusammen, so dass KI auch darauf basiert. Letzten Endes geht es um die Generierung von Wachstum; und der Weltraum ist dabei die derzeit letzte Grenze, über die

KATE CRAWFORD:
Atlas der KI.
Die materielle Wahrheit hinter
den neuen Datenimperien
336 S. Geb. mit 31 Abb.
München: C. H. Beck, 2024
978-3-406-82333-6

⟡ie zentrale Frage der Autorin lautet: „Wie wird Intelligenz ‚gemacht' und welche Fallen können sich dabei auftun?" (12) Ausgehend von der

hinaus man sich ausdehnt, um ihn zu nutzen, zu assimilieren und mittels KI auch zu erobern. Dies passt zu Crawfords Aussage, KI sei wie ein Atlas zu betrachten (18). Das bedeutet: „Ein besseres Verständnis von der Rolle der KI in der Welt gewinnen wir eher dadurch, dass wir uns mit ihren materiellen Architekturen, kontextuellen Umgebungen und der in Bezug auf sie vorherrschend betriebenen Politik auseinandersetzen und nachzeichnen, wie diese untereinander verbunden sind" (21). Die Autorin gibt nicht nur einen entwicklungsgeschichtlichen Überblick, sondern setzt sich kritisch und produktiv mit dem Phänomen auseinander. Ihre neutrale Distanz hebt sich wohltuend vom allgegenwärtigen Hype um KI ab.

ANDREAS SCHWAB:
Freiheit, Rausch und schwarze Katzen.
Eine Geschichte der Boheme
297 S. Geb. mit 28 Abb.
München: C. H. Beck, 2024
978-3-406-81435-8

„Das Leben ist kurz, und die Verhältnisse sind nicht geeignet, die großen Werke zu schaffen, die sie, wären die Umstände anders, leichthändig aus den Ärmel schütteln würden. Also ist ihrer Geisteshaltung, aller ausgelebten Leichtigkeit zum Trotz, immer auch ein Schuss Melancholie und fatalistische Bitterkeit beigemischt." (11). *La Bohème*, die Oper von Puccini, handelt vom Leben dreier Künstler und einer dem Leben entrissenen und dem Tod verfallenen Frau, die sich in materieller Bedeutungslosigkeit, um nicht das Wort bitterster Armut zu gebrauchen, mittels Kunst und Hoffnung zur Kunst und zum Bohemien als Lebensentwurf aufschwingt. Erwachsensein ist etwas für Feiglinge, die Peter Pan nicht verstanden haben. Die Boheme ist der

gebrochene Versuch, sich dem Leben nicht zu stellen und doch im Leben zu sein. In ihrer Ausweglosigkeit ähneln sich die Lebensentwürfe, die Schwab nachzeichnet, und doch ist es ein „Leben für die Galerie" (17), das sie führen, denn ihr Dasein ist nicht einfach Leben, sondern Inszenierung, Überschwang, Lust und Besinnungslosigkeit. Die Boheme lebt in der Großstadt, vor allem in Paris. Ein Mythos von Henri Murger begründet, der sich bis heute als Vorurteil und Sehnsucht hält. Exzentrik, Leidenschaft und eine eigentümliche Solidarität sind es, die Bohemiens zusammenhalten. Über Ibsen, Jehan-Rictus, Laura Marholm, Else Lasker-Schüler, Edvard Munch, Franziska zu Reventlow, Steinlen, Strindberg oder Wedekind schwebte wie ein schützender Engel: Nietzsche. „Ich will in das Grenzenlose / Zu mir zurück", dichtet Else Lasker-Schüler und thematisiert damit Rausch und Geborgenheit, die als Leitideen fungieren. Hinzu kommt, dass immer mehr Frauen sich zur Kunst bekennen und Gehör verschaffen. Avantgarde ist Boheme, ein sublimiertes Durcheinander von Träumen und Hoffnungen, die mit dem Ersten Weltkrieg untergehen. Die Realität hat gesiegt. Die Boheme nimmt vieles vorweg, was sich die Weimarer Republik, die „Rory Twenties", aneignen wird. Ein Buch, das sich an Lebensläufen, Geschichten und Menschen orientiert und lebendig zeigt, was verloren war: eine laute Sehnsucht nach dem Anderen des Lebens.

THOMAS STEINFELD:
Goethe. Porträt eines Lebens, Bild einer Zeit
784 S. Geb.
Berlin: Rowohlt, 2024
978-3-7371-0059-5

Schwierig, heute noch ein Buch über Goethe zu schreiben. Jedenfalls positioniert sich Steinfeld beinahe gegen Rüdiger Safranskis Goethe-

Biografie. Steinfeld hat durchaus originelle Sichtweisen, z. B. auf den *Werther*, aber es bleibt ein gewisses Unbehagen, das sich jedoch im Feuilleton zum besprochenen Werk nicht niederschlägt. Dort wird das Buch und seine Erzählweise einhellig gelobt. Doch bei allem Verständnis fällt es dem Rezensenten schwer, auf den Punkt zu kommen. Immerhin, es liegen stolze 782 Seiten und einiges an Sekundärliteratur vor, eine Leistung, die es zu würdigen gilt? Sicher ist auch: der Stil hebt sich wohltuend von anderen Biografien ab. Aber warum sollte jemand, der etwas Neues erfahren will, der Goethes Werk, seine Biografie und die Umstände, unter denen er gelebt hat, kennt, zu diesem Buch greifen? Als Einstieg ins Thema Goethe ist das Buch hervorragend geeignet. Vermisst wird aber der Kick, das Ergreifende, das Ungeahnte? Nehmen wir zum Beispiel die Kafka-Biografie von Reiner Stach. Hier gelang es einem Geniestreich, großzügig über drei Bände verteilt, das Kafka-Bild so nachhaltig zu erschüttern, dass eine andere Sichtweise auf den einsamen Helden gezeichnet werden konnte. Steinfelds Buch ist, wie gesagt, ein guter Einstieg. Ob es mehr sein will? Ich bezweifle es.

JEREMY EICHLER:

Das Echo der Zeit.
Die Musik und das Leben im
Zeitalter der Weltkriege
464 S. Geb. m. zahlr. Abb.
Stuttgart: Klett-Cotta, 2024
ISBN: 978-3-608-96586-5

Über die Musik der Zwischenkriegszeit ist noch viel zu wenig bekannt. In den 1920er- und 30er-Jahren wurden die Grundlagen für das gelegt, was heute als Neue Musik, Filmmusik oder Avantgarde bezeichnet wird. Jedes Land hatte seine Komponisten. Eichler widmet sich vier Protagonisten: Arnold Schönberg, Richard Strauss, Benjamin Britten und Dmitri

Schostakowitsch. Er schreibt: „Während der Kriegsjahre standen diese vier an völlig verschiedenen Fenstern und blickten auf ein und dieselbe Katastrophe. Jeder reagierte auf den Bruch mit einem extrem aufgeladenen Mahnmal in Tönen – was eine Reihe von Werken ergab, die, speziell vor dem Hintergrund ihrer bemerkenswerten Entstehung und Rezeption, mit die wichtigsten moralischen und ästhetischen Stellungnahmen des 20. Jahrhunderts darstellen" (16). Eichler will „diesen Musikwerken aufs Neue ein paar der Geschichten, Leben und Landschaften einschreiben, auf die sie selbst Licht werfen können" (16 f). Dies tut er sehr ausführlich, indem er die Entstehung mancher Werke kongenial begleitet bzw. die biografische Umgebung der Komponisten offenlegt. Der Leser erhält ein Verständnis für eine Musiksprache, die sich mit ihrer Zeit auseinandersetzt, ohne den künstlerischen Ausdruck aufzugeben. Einblicke in das Komponistenleben von Schostakowitsch entbehren nicht einem aktuellen Zeitbezug: „Ich behandle diese Gedenkwerke einerseits für sich, als eigenständige Gebilde, im weiteren Sinn aber auch als *Räume der Begegnung,* als veränderliche Klang- und Bedeutungskonstellatio-

nen, welche die Zeit überbrücken". Musik ist mehr als nur Klang. Sie ist ein Gedächtnisspeicher, der das Lebendige, Grausame, Zerstörerische und das Unaussprechliche thematisieren und im Hörenden wachzurufen vermag. „Im Licht der Musik erblickt die Seele das Gute und Schöne; das Herz wird zum Glauben an den Menschen und seine bessere Zunkunft erweckt. Beraubt man die Menschen der Musik – so wie man ihnen Ehre, Würde, Menschenrechte, Gewissen, Glaube und Freiheit geraubt hat –, wird man den Niedergang der Welt in einen Zustand der Brutalität und Barbarei erleben. Nur die Musik kann das Tier im Menschen zähmen – sie ist unser Trost und unsere Hoffnung" (215). Ein Zitat des russisch-amerikanischen Musiker-Komponisten Sergei Alexandrowitsch Kussewizki, nachdem er die beiden Weltkriege erlebt hatte.

KLAUS BÖLDL:
Odin.
Der dunkle Gott und seine
Geschichte. Von den
Germanen bis Heavy Metal
315 S. mit 25 Abb. und 1 Karte
München: C. H. Beck, 2024
978-3-406-82168-4

Odin, der nordische Gott, wird in seinen Ausprägungen und Erscheinungsformen von den Anfängen bis zur Gegenwart durchdekliniert. Dabei bezieht Böldl die Okkultforschung (z. B. Guido von List) ebenso ein wie mythologische Tendenzen, die im Medium Odin unreflektiert ein Ventil oder einen Anknüpfungspunkt sehen, um ihre zum Teil bizarren Botschaften zu transportieren, und zwar ohne die notwendigen mythologischen und historischen Kenntnisse. Dennoch macht es sich Böldl ein wenig zu einfach, wenn er den Blick auf die Odin-Tendenzen der Gegenwart richtet.

Unbestritten ist, dass nordische Mythen und Sagen in der „rechten Szene" Gehör finden, und zwar im wahrsten Sinne des Wortes als Heavy Metal oder andere Musikrichtungen. Ebenso unbestreitbar ist, dass auch in Filmen, Serien und Büchern auf Mythologeme wie Odin, Wotan, Thor, Loki etc. zurückgegriffen wird. Überhaupt scheint die altgermanische Urwelt heute präsenter zu sein als früher. Warum das so ist, darauf kann auch Klaus Böldl keine überzeugende Antwort geben. Dass sein Fach, die Skandinavistik, gerade in der NS-Zeit instrumentalisiert und missbraucht wurde, steht außer Frage. Dass sich auch die Mythologie von destruktiven und rassistischen Tendenzen abgrenzen muss, wird im Buch mehr als deutlich. Die Methode, die Böldl wählt, ist allerdings gewöhnungsbedürftig. So weist er darauf hin, dass C. G. Jung in seinem Aufsatz über „Wotan" darin den „deutschen Mythos" sieht. Böldl argumentiert, dass mit der archetypischen Ergriffenheit in den 1930er-Jahren auch eine Entlastung einherging (241), indem die Verantwortung auf den Archetyp abgeschoben wurde. Eine solche Denkweise entspricht nicht der Jungs. Ganz im Gegenteil. Jung suchte nach einer Erklärung für die Verstrickung der Deutschen in die NS-Zeit und fand eine mythologische Erklärung im Wotan-Mythos. Genau dieses Mythos gelte es sich bewusst zu werden, um sich von der Ergriffenheit zu befreien. Dieser Bewußtseinsprozess ist die Magna Charta der Jungschen Psychologie. Sie wird von Böldl leider unterschlagen. Denn anstatt zu sagen, dass „das Erkenntnispotential solcher tiefenpsychologischen Mythenforschung (…) hier nicht weiter diskutiert werden" soll (244), sollte genau das geschehen. Warum ein solch ausweichender „Abwehrzauber" gegen einen hoch umstrittenen Aufsatz, der 90 Jahre nach seinem Erscheinen immer noch nicht sachlich diskutiert werden kann? Ein anderes Thema sind die „Männerbünde" (268), die nicht einfach als „verschreckt vom stärker werdenden Feminismus auf der Suche nach Konzepten der Maskulinität" abgetan werden können. Das ist sicher nicht falsch, aber auch nicht ganz richtig. Oder: Led Zeppelin und Jethro Tull „dürfen" sich der „nordischen Mythologie" bedienen (269), aber die Brücke zum Rechtsruck wird unweigerlich geschlagen, ohne dass andere Bands daraufhin abgeklopft werden (269 f). Das ist im Kern richtig, aber

zu kurz gegriffen, denn es geht den Bands nicht um eine fachliche Auseinandersetzung mit dem Sujet der nordischen Mythologie auf der Basis aktueller Forschung („In einem Großteil der Metalsongs zeichnen sich die Odin-Bezüge weder durch Originalität noch durch vertiefte Quellenkenntnis aus", 269), es geht lediglich um Faszination. Dass der Rechtsruck diese Faszination bewusst instrumentalisiert und lenkt, wäre eine Überlegung wert und dass die Verkürzung daran das „Gefährliche" darstellt und nicht Odin! Der kritische Unterton ist berechtigt, wenn auch in Teilen zu pauschal. Nichtsdestotrotz erhalten wir einen historischen Abriss über eine dunkle Gottheit, die als Odin/Wotan bis heute fasziniert und das Buch von Klaus Böldl ist ein lesenswertes, geschrieben von einem Kenner der Materie, allgemein verständlich und mit Gegenwartsbezug.

JÓHANNA KATRÍN FRIÐRIKSDÓTTIR:
Walküren.
Frauen in der Welt
der Wikinger
304 S. Geb. mit s/w- und Farbabb.
München: C. H. Beck, 2024
978-3-406-81754-0

Ein bemerkenswertes Buch voll Leben und Wissen über eine Zeit, aus der nur wenig überliefert ist. Die Autorin tritt nicht mit bloßer Sachkenntnis auf, sondern vermischt Wissen und Erzählung. Zu Recht stellt Friðriksdóttir abschließend fest: „Was wir über die Wikingerzeit wissen, ist allerdings zu einem großen Teil das komplette Gegenteil von aufregendem Heldentum, sondern vielmehr ein von profaner, oft stumpfsinniger und harter Arbeit geprägtes Leben. Gleichzeitig öffnen uns jedoch die Grabfunde von Wikingerfrauen [...] die Augen für die Vielfalt des Erlebens, der Kompetenz und der individuellen Überzeugungen von Frauen. Altnordische Gesetze sind durchdachte Normen von Gesellschaften, in denen Frauen (zumindest theoretisch) beträchtliche Rechte besaßen. Auch wenn sie in Teilen die benachteiligte Stellung von Frauen bestätigen, war die Eigenständigkeit von Frauen gesamtgesellschaftlich anerkannt und für ihr Wohlergehen wurde gesorgt. Die wunderbar komplexen weiblichen Porträts aus der Literatur schildern Frauen keinesfalls nur als Karikaturen oder Gegenpole von Männern, sondern als Individuen, deren facettenreiche Identitäten und Lebenserfahrungen sie zu dem machen, was sie sind und darstellen. [...] Eine Kultur, die eine derartige narrative Tradition und kollektive Vorstellungskraft besaß, dass sie Gedichte wie das *Darraðarljóð* hervorbrachte, muss zweifellos von einflussreichen Frauen geprägt gewesen sein" (259). Friðriksdóttir zeichnet das Leben und Sterben, die Heirat, die Ehe, Schwangerschaft und Geburt, den Kampf, das Alter und den Tod nach. Dabei orientiert sie sich an den schriftlichen Quellen literarischer Vorgaben und auch an Fundstücken über die Wikingerzeit. Mit emphatischer Distanz schreibt sie über das wirkliche Leben

der Wikingerinnen, die mit der Sagenwelt der „Walküren" nichts zu tun hat. Die Frauen der Wikinger bedürfen in ihrer Eigenständigkeit keiner Unterscheidung von den Wikinger-Männern.

DAVID GARRICK /
FRANK-DANIEL SCHULTEN:
TOM. Leben und Abenteuer eines Katers: Der erste Katzenroman der Weltliteratur
208 S. Pb. mit Abb.
Iserlohn: Verlag
Frank-Daniel Schulten, 2024
978-3932961-663

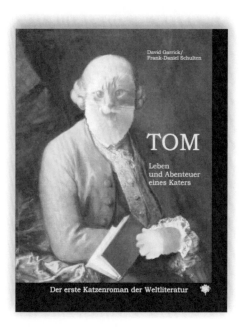

Wie stellt man sich den ersten Katzenroman der Weltliteratur aus dem Jahre 1760 vor? Tom – seither heißen alle (!) Kater in England Tom – wird später zum Vorbild für viele Geschichten, geschrieben aus der Sicht einer Katze. Nur am Rande erwähnt sei, dass die Popularität von „Katzenliteratur" bis heute ungebrochen blieb. Denken wir nur an die bekanntesten Protagonisten wie „Kater Murr", „Kater Mikesch", „Aristocats", „Cats" usw. Dieses Buch über das Leben und die Abenteuer des Katers Tom im London des 18. Jahrhunderts liest sich leicht und anregend, ist ausgestattet mit Absurditäten und Komik, lässt sich aber auf mehreren Ebenen lesen. Wenn Tom das Haus des Mausefallenfabrikanten niederbrennt, so aus seiner moralischen Erwägung: „Maschinen sollen nicht an die Stelle des Lebendigen treten". Natürlich stellt der Roman auch eine Liebeserklärung an Katzen dar. Das Buch ist reich illustriert, sodass uns neben der Geschichte auch ein Zeitdokument bildhafter Art begegnet. Das Nachwort von Frank-Daniel Schulten gibt Einblicke in die detektivische Suche nach dem verschollenen Roman und erschließt die Rezeptions- und Sinngeschichte des Werkes.

ROBERT MEANS LAWRENCE:
Hufeisenzauber:
Mythen und Magie
eines Glücksbringers
180 S. Pb. mit zahlr. Abb.
Iserlohn: Verlag
Frank-Daniel Schulten, 2024
978-3932961-588

Es geht um Volksglauben und warum und wie gerade das Hufeisen die Bedeutung erlangte, die es bis heute hat. Legendär ist die Anekdote, dass Wolfgang Pauli bei Niels Bohr ein Hufeisen über die Tür hängen sah. Auf die Frage, ob er daran glaube, antwortete Bohr: „Natürlich nicht. Aber wissen Sie, Herr Pauli, es soll einem auch helfen, wenn man nicht daran glaubt". – Ist dem so, dass das Hufeisen einen Abwehrzauber ausübt, der das Bedrohliche bannt? Die Abhandlung aus dem Jahr 1898 offenbart dem Leser die Geschichte des Hufeisens und seine Bedeutung zur Abwehr magischer Angriffe („Die gehörnte Hand") bis hin zum Glücksbringer. Über die Schmiedekunst und die Verwendung des Eisens wird ein Bogen zu den Gottheiten der Antike geschlagen. So befremdlich uns das Hufeisen als Symbol erscheinen mag, so zeigt es doch eine gewisse Konstanz über die Zeiten hinweg. Insofern trifft es zu, was Frank-Daniel Schulten in seinem Nachwort schreibt: „In einer Welt, die oft von Unsicherheit und Wandel geprägt ist, bleibt das Hufeisen ein Zeichen der Beständigkeit und des Vertrauens in das Positive. Es ermutigt uns, an die Möglichkeit von Glück und Schutz zu glauben, und erinnert uns daran, dass die Symbole, die uns umgeben, eine tiefe und dauerhafte Kraft besitzen können. Indem wir diese Zeichen verstehen und schätzen, können wir ein tieferes Gefühl von Verbindung und Sinn in unserem Leben finden" (163 f).

Matthias Egeler:
Elfen und Feen.
Eine kleine Geschichte
der Anderwelt
192 S. Geb. mit Abb. und 2 Karten
München: C. H. Beck, 2024
978-3-406-81366-5

*D*ie aufgeklärte Welt hat keinen Platz für Feen oder Elfen. Es gibt sie nur im Märchen und Letztere, das weiß man, sind nicht nur Gift für Kinder, sondern erfundenes Material einer absurden Fantasie. Um so erstaunlicher war es, als in Island die „Elfenbeauftragte", das Medium Erla Stefánsdaóttir (1935–2015), das Land elefenbezogen kartografierte. Ihre „Elfenkarten" gibt es bis heute. Finden Elfen auch in unserem Alltag noch ihren Raum? „Wie man sich Elfen vorstellt, ändert sich jedoch sowohl in der Zeit als auch zwischen unterschiedlichen sozialen und geographischen Kontexten. In Island sind drei solche Kontexte grundlegend zu unterscheiden, in denen jeweils eigene Vorstellungen von Elfen vorherrschten: das mittelalterliche Island, das einen durchgehend ländlichen Charakter besaß und in dem es keine Städte gab, dessen Machteliten aber dennoch eine umfangreiche gelehrte Literatur hervorbrachten; die moderne Sagenüberlieferung des ländlichen Raums; und der moderne städtische Raum vor allem der Metropolregion um die Hauptstadt Reykjavík (18). Egeler geht im folgenden dem Bild jener „niedlichen Plastikfiguren von Blumenfeen" nach und versucht zu erklären, wie die Elfen nach Island kamen. Dass dabei Feen, Elfen und Elben synonym verwendet werden können, erwähnt sie nur am Rande. Geblieben ist, heute mehr denn je, die Sehnsucht nach jenem Reich, für das die Elfen oder Elben stehen: „Die traditionellen Elfen der isländischen Volkssage antworteten auf die erdrückende Leere des Landes, und die Naturgeister der städtischen Moderne antworten auf die Sehnsucht des vom Land entfremdeten Menschen nach ‚Natur'. Auf einer Ebene sind Elfen und Feen ein Mittel, Sehnsüchte zu artikulieren, die ansonsten vielleicht halb unbewusst bleiben. Damit sind sie Indikatoren dafür, was eine Gesellschaft bewegt. Vor diesem Hintergrund ist in einer Zeit wachsender Umweltsorgen vielleicht gerade die nach wie vor zu beobachtende Zähmung und Verniedlichung von Elfen und Feen bemerkenswert, die auch als moderne ‚Öko-Feen' erstaunlich ungefährlich bleiben" (182).

CLAUDIA GRAF-GROSSMANN:
Johannes Mario Simmel.
„Mich wundert, dass ich
so fröhlich bin".
Die Biografie
368 S. Geb. mit farb. Fotos
München: Droemer Verlag, 2024
978-3-426-27913-7

Zum Abschluss der Rezensionen eine Biografie über einen Schriftsteller, dessen Werke in den 1970er-Jahren in den deutschen Haushalten

präsent waren wie kaum etwas vor ihm. Titel wie *Und Jimmy ging zum Regenbogen, Alle Menschen werden Brüder, Liebe ist nur ein Wort* oder das legendäre Buch *Es muss nicht immer Kaviar sein* gehörten zum Lese-Establishment, das zugleich abgelehnt und angebetet wurde. Simmel war ein Autor, den man nur las, wenn man es nicht zugeben musste, auch wenn der legendäre Reich-Ranicki öffentlich eine Lanze für ihn brach. Simmel war ein Vielschreiber, einer, der die deutsche NS-Vergangenheit aufarbeitete, einer, der Liebesgeschichten erfand und zeitkritisch schreiben konnte. Simmel war auch

einer, der unglücklich verliebt, Alkoholiker, zu Gast bei „Wetten dass" und auch einsam war. Ich habe Simmel mit zwölf Jahren gelesen. Seine Ethik, die er in seinen Büchern darlegt, prägt mich bis heute, mehr als Gefühl denn als belastbare Analyse. Jedenfalls ist die Biografie aus mehreren Gründen lesenswert. Zum einen, wie sich Simmel als Halbjude in der NS-Zeit durchschlagen konnte, wie er es schaffte, in einem sich selbst ausbeutenden Schreibprozess zu überleben, und wie er als Mensch war; er galt als schüchtern und wortkarg. Auf der anderen Seite war er freigiebig und großzügig. Er verkaufte 73 Millionen Bücher, ein Umstand, der ihn als ernstzunehmenden Autor zu disqualifizieren schien, ebenso wie die Tatsache, dass seine Werke auf Platz 1 der Spiegel-Bestsellerliste standen. Kurz: Simmel war das personifizierte Vorurteil. Seine Biografin belegt dies mit der Reaktion des Feuilletons auf seinen Tod. Man weiß nicht so recht, was man mit ihm anfangen soll. Deshalb ist es höchste Zeit, ihn wiederzu-

entdecken als einen, der nicht nur Bücher geschrieben hat, sondern seine schreibende Stimme gegen Unrecht, gegen den Nazismus und gegen menschenverachtendes Handeln erhoben hatte. Ein solcher Autor fehlt in unserer Zeit.

Wolfram Frietsch

Zeichnung des 12-jährigen J. M. Simmel (4.4.1936): „Bettelnder Straßenmusikant". In: Claudia Graf-Grossmann: *Johannes Mario Simmel*, S. 121.

Bruno Bérard

ist Doktor der École Pratique des Hautes Études (Sorbonne) in Religionen und Denksystemen. Er verfasste zahlreiche Bücher über Metaphysik, die zum Teil auch ins Englische und Italienische übersetzt wurden und leitet die Reihe „Métaphysique au quotidien" bei L'Harmattan, Paris, die Metaphysiker wie Jean Borella, François Chenique, Jean Biès, Georges Brunon, Wolfgang Smith ... herausgegeben hat. Auf der Grundlage eines philosophischen Ansatzes – der per Definition offen ist – fördert die Reihe den Dialog mit anderen Wissenschaftsbereichen wie Psychologie, Physik, Logik, Kosmologie, Ethik oder Kunst. Siehe https://metafysikos.com/de/

Petr Kalač

(*1973) studierte Biologie und Chemie an der Naturwissenschaftlichen Fakultät der Karlsuniversität in Prag und studiert derzeit Bibliothekswissenschaften. Er arbeitet in der Bibliothek des Nationalmuseums Prag im Bereich Naturwissenschaften und im Dokumentationszentrum des tschechischen Hermetismus. 2017 erschien Teil I über Tschechische Geheimgesellschaften (*České tajné společnosti I.*). 2020 folgte das Lexikon des Tschechischen Tarot 1919–2019 (*Lexikon českého tarotu 1919–2019*).

Wouter J. Hanegraaff

Siehe das Interview in *Gnostika* 12. Ein ausführliches Curriculum vitae gibt es auf: https://www.uva.nl/en/profile/h/a/w.j.hanegraaff/w.j.hanegraaff.html?cb#Profile

Joscelyn Godwin

Siehe das Interview in *Gnostika* 3 und ein Autorenporträt in *Gnostika* 67.

Joachim Telle

Siehe das Interview in *Gnostika* 36 und das Autorenporträt in Gnostika 29.

Peter-Robert König

Siehe die Selbstdarstellung zu seinen Büchern in Gnostika 0 und die Website https://www.parareligion.ch/

Roland Pietsch

Siehe das Autorenporträt in Gnostika 69.

DAVID PANTANO

DIE
MAGISCHE
PFORTE

AAGW

Eine Studie über die *Italisch*-hermetische Tradition

216 Seiten / 978-3-937592-52-7 / Bestellen bitte auf: https://buchshop.bod.de

Emil Stejnars Lebenswerk ...

„Wirken für das ‚wache Ich' im Rahmen der gnostischen Hermetik" lautet eine Zuschreibung als Auszeichnung für sein Lebenswerk, von der wir bereits in der Nummer 68 berichtet haben. Hier findet sich eine Auswahl seiner Buchtitel, die neu aufgelegt wurden. Sie sind in deutscher, englischer und teilweise auch französischer Sprache erhältlich ...

Andy Mo. Der Sohn des Gnomenkönigs in der Menschenwelt. Für Kinder und Erwachsene.
Ein Junge findet im Keller seines Elternhauses DAS BUCH DER MEISTER. Wer dieses Buch gelesen hat, wird auch die Fortsetzung dieser Geschichte mit Vergnügen lesen und sich noch tiefer in die Mysterien der geheimnisvollen Welt der Geister und der Macht des menschlichen Geistes einweihen lassen. 978-3-900721-17-6. Nun auch auf Englisch erschienen: 978-3-900721-27-5.

Astrologie
Navigation für den Lebensweg. Genetischer Code von Geist und Seele. Der seit 5 Jahrzehnten astrologische Lebensberater zeigt den Zugang zur klassischen Astrologie und gibt neue Perspektiven. 978-3-900721-11-4. Auch auf Englisch erschienen.

Das Schutzengelbuch
Wie erlangt man Kontakt mit den höheren Wesen. Dass es Engel gibt, ist seit Jahrtausenden bekannt. Aber erst das „Schutzengelbuch" beschreibt ihre Namen, ihre Siegel und wie man sie rufen kann, wenn man Hilfe braucht. Es gibt für jeden Lebensbereich einen zuständigen Engel ...
978-3-900721-19-0.

Genauere Informationen und das gesamte Verlagsprogramm finden sich auf:
www.stejnar-verlag.com

OCTAGON

(84 Forschinnen und Forscher in 4 Sprachen und 4 Bänden):

Die Suche nach Vollkommenheit

im Spiegel einer religionswissenschaftlichen, philosophischen
und im besonderen Maße esoterischen Bibliothek
488 S. / Geb. / 77 Zeichnungen, Fotos, Tabellen / 978-3-935164-07-8

The Quest for Wholeness

456 p. / Hardcover / 68 drawings, photos, Tabellen / 978-3-935164-08-5

La ricerca della totalità

560 p. / edizione rilegata / 37 disegni, tabelle e fotogr. / 978-3-935164-10-8

La recherche de perfection

440 p. / reliure en dur / avec des illustrations / ISBN 978-3-935164-12-2

OCTAGON / 4 Bände / Gebunden / Hrsg. Dr. Hans Thomas Hakl / www.scientianova.de

Wolfram Frietsch

VER
SCHWÖRUNG

Eine kritische Betrachtung

scientia nova

130 Seiten / 978-3-935164-19-1 / Bestellen bitte auf: https://buchshop.bod.de

Resilienz

und

Literatur

Wolfram Frietsch

Methodisch
theoretische
Grundlagen

resilienz-verlag.de

248 Seiten / ISBN 9783-911069-045 / Bestellen bitte auf: www.resilienz-verlag.de